성서와 리더십

The Bible and Leadership

성서와 리더십

신우철 지음

좋은땅

머리말

    리더십이 위기를 맞았다.[*] 이 위기는 양극화의 시대라서 더 아프다. 현세태를 특징짓는 가장 대표적인 단어는 전 세계 어느 곳이나 양극화이다. 단지 소득이나 지역 간의 불평등만을 의미하지 않는다. 멀리 외국까지 갈 필요 없다. 같은 대한민국 내에서조차 나와 생각이 다르면 곧 적이다. 최근 끝난 대선과 총선은 우리가 지금 얼마나 위험한 대결의 시대로 진입했는지 보여 준다. 매 주말마다 주요 도로는 뚜렷한 정치색을 띤 집회로 몸살을 앓는다.

    교회조차 이 소용돌이에서 자유롭지 않다. 아니, 때론 그 중심에 서 있다. 정치가 분열을 통해 자신의 목적을 이루는 것이라면 종교는 통합을 통해 치유하고 화합해야 한다. 하지만 정치는 분열을 통해 동력을 잃고 종교는 정치에 휘말려 그 선기능을 잃었다.

    많은 그리스도인들이 깨어나 이 위기를 타개할 방법을 기도하고 있다. 분열의 시대에 어떻게 복음을 전할 것인가? 교회가 신앙과 믿음을 타협하

---

[*] 이 저서는 2021년 대한민국 교육부와 한국연구재단의 지원을 받아 수행된 연구임(2021S1A5B5A17052380).

지 않고 진리를 전하면서도 다양한 목소리들을 그리스도 앞에 인도할 수 있을까? 생각이 극단적으로 다른 사람들을 신앙의 품 안에서 하나로 묶고 사회 통합의 기능을 수행할 수 있을 것인가? 기독교 혐오가 일상화된 시대에 교회는 어떻게 청년들의 마음을 돌릴 것인가? 많은 기독지도자들이 존경을 잃은 상실의 시대에 어떻게 교회는 최후의 보루가 될 것인가?

이 책은 이러한 문제의식 가운데 나왔다. 예수님 같은 리더십을 어떻게 배울 것인가? 그가 보여 준 리더십의 본질은 무엇인가? 어떻게 신앙을 갖춘 존경받는 지도자를 키울 것인가? 주님이 원하는 리더는 어떤 인물인가?

한때 예수님의 가문을 연구해 보고 싶은 생각이 있었다. 예수님은 유다 지파 출신이다. 그런데 그 시작을 들여다보면 유다보다는 요셉이 훨씬 매력적으로 보였다. 성품이나 믿음, 삶의 성취 등 어떤 면을 보더라도 예수님이 유다가 아닌 요셉 지파에서 나왔으면 좋았을 것이라는 생각을 지울 수 없다. 창세기를 읽다 보면 후반부 거의 1/3은 요셉을 주인공으로 내세웠다. 나는 평소 분량이 곧 중요성이란 명제를 입에 달고 산다. 많이 언급되는 것이 하나님이 중요하게 생각하는 주제라는 뜻이다. 요셉은 장자가 아님에도 불구하고 야곱으로부터 두 배의 상속을 이끌어 내었다. 모든 형제가 그에게 무릎을 꿇었다.

그런데 거기까지다. 요셉과 그 뒤를 이은 에브라임과 므낫세는 역사의 무대에서 쓸쓸히 사라졌다. 후에 북이스라엘을 대표하는 지파가 되었지만 우상숭배 등 여러 가지 이유로 좋은 평가를 받지 못했다.[1] 요셉 지파는 지속적으로 유다 지파와 비교되었는데 결국 요셉 지파는 주전 8세기 후반에 북이스라엘의 멸망과 함께 지구상에서 소멸되었다. 하지만 유다 지파는 지금까지도 건재하다. 유대인이란 유다 지파의 자손이란 뜻이다.

도대체 야곱의 아들 유다는 무엇이 특별한가? 그는 도저히 요셉에 비교할 만한 후보에조차 들지 못한다. 그는 다른 형제들과 마찬가지로 요셉을 혼내 주자는 음모를 주도했다. 그가 얼마나 믿음이 없고 형편없는 인간이었는지는 그의 결혼 생활에서도 드러난다. 가나안 여인을 아내로 맞은 것부터가 잘못된 출발이었다.

자녀 교육은 어떤가? 그의 아들들은 여호와 하나님에 대한 신앙이 전혀 없었던 것 같다. 아들들이 죽어 가는 와중에 신성한 부부의 의무를 어기고 창녀와 욕망을 풀었다. 이 창녀는 알고 보니 자신의 며느리였다. 그는 살아가며 두고두고 사람들의 웃음거리가 되었을 것이다. 하지만 사람의 인생은 모른다. 야곱은 죽기 전 이 천덕꾸러기 자식이 불멸의 지도자로 존경받게 될 것을 알았다. 요셉이 아닌 유다가 사실상 장자의 자리를 차지할 것이라고 선언했다. 모든 형제들은 요셉이 아닌 유다 앞에 머리를 숙일 것이다. 이스라엘의 왕이 유다 가문에서 출현할 것이다. 그리고 만왕의 왕 그리스도가 유다 가문 가운데 나타날 것이다. 그의 가문은 영원할 것이다. 필자는 그 이유를 이 책 논문 중 '왜 유다 지파인가'에서 밝혔다.

또 하나의 가문이 있다. 고라 가문이다. 이 집안 역시 원래 명망 높은 제사장 가문이었다. 하지만 욕심이 과했다. 모세와 아론에게 반기를 들었다. 고라와 그의 가문 250명이 한순간 갈라진 땅속으로 사라졌다. 그의 이웃들은 평생을 이 공포와 비극의 트라우마에 시달렸다. 그런데 그게 끝이 아니다. 하나님은 그의 가족 일부를 살려 두었다. 그리고 가문은 부활했다. 고대 이스라엘에서 최강의 리더십을 발휘했던 사무엘, 그가 바로 고라 자손이다. 이 책에서 확인해 보기 바란다. 그의 자손 헤만은 지금도 우리에게 사랑받는 시편을 작곡했다. 독자들이 첫 구절만 들어도 나머지는 따라할 만한 노래의 작곡가이다. 역시 이 책에서 확인해 보길 바란다.

사촌이 참혹한 죽음을 당했다. 예수님은 이 소식을 듣고 어디론가 자리를 옮겼다. 백성들의 분노는 극에 달했다. 존경받던 예언자의 목이 잘린 것이다. 제사장 사가랴의 아들로 한때 미래의 대제사장으로 기대를 한몸에 받던 세례 요한이 어이없는 죽음을 당한 것이다. 이미 유다 땅은 임계점을 지났다. 유다 사회는 분열되어 있었다. 성전은 부패한 사두개파가 장악하고 있었다. 여기에 지분을 빼앗긴 바리새파 사람들은 백성들의 심정적 지지를 확보하고 있었지만 로마와 헤롯 앞에서 무기력했다. 일부는 혁명을 모의하고 있었다. 열심당원들이다. 이들은 항상 칼을 품에 차고 로마에 협력하는 매국노를 언제든 암살할 준비를 하고 있었다. 어쩌다 이들 가운데 시몬이란 당원이 예수님의 제자가 되었다. 어떤 사람들은 아예 임박한 종말을 주장하며 광야로 이주해 버렸다. 현실 세계를 등진 것이다. 현재 에세네파 혹은 쿰란공동체 등으로 알려진 사람들이다.

로마나 헤롯 가문에 의해서가 아니라 이처럼 1세기 유다는 언제 내분이 일어나 내전이 일어나도 이상하지 않은 상황이었다. 그리고 그 중심에 세례 요한이 있었고 나사렛 예수가 있었다. 이제 세례 요한이 처형되었으니 나사렛 예수만 남았다. 사람들은 예수가 그 신적인 능력으로 백성들을 규합해 주길 바랐다. 사촌의 복수를 해 줄 것으로 기대했다. 메시아는 기름 부음을 받은 왕이 아닌가? 예수도 이를 부인하지 않았다. 백성들은 예수가 혁명의 기름에 불을 붙여 주길 원했다. 세례 요한의 죽음이 알려지자 사람들은 즉시 예수에게 몰려갔다. 혁명이 시작될 것인가?

그런데 예수는 사람들이 모이는 저잣거리나 성문 앞으로 가지 않고 사람들이 드문 외진 곳으로 향했다. 그래도 사람들은 따라갔다. 거기서 예수님은 혁명의 계획이 아닌 하늘의 계획, 하늘나라의 비밀을 가르쳤다. 병자들을 고쳤다. 그리고 사람들을 먹였다. 예수님은 이때 모인 사람들 가운데 성인 남자가 몇 명인지 알아보라고 지시하였다. 오천 명이었다. 음식이 얼마나 남았는지도 확인하라고 했다. 열두 광주리가 남았다. 혁명은 없던 것이 되었고, 백성들은 배가 불렀지만 실망했을 것이다. 하지만 오병이어는 기독교를 믿지 않는 사람들까지 잘 아는 대표적인 예수님의 이적이 되었다.

이날 예수님의 행동은 철저히 계산적이었다. 하나님의 아들, 이스라엘의 메시아만이 보여 줄 수 있는 리더십을 보여 주었다. 유다는 더 이상 분열되지 않았고, 천국 복음으로 하나가 되었다. 왜 남자만 오천 명인가? 이를 통해 그는 '과거'의 비극을 치유하고 민족을 하나로 규합했다. 이 책에서 확인해 보길 바란다.

이 외에도 이 책은 우리가 찾는 리더십의 본질을 찾고 구한다. 우리에게 진정으로 필요한 리더십이 무엇인지 제시하고 있다. 이제 이 책의 구성에 대해 잠시 언급하려고 한다.

이 책에 담긴 소논문은 크게 세 부분으로 구성되어 있다. 첫째, 짧은 성경 구절이 제시된다. 지면상 대표적인 구절만 제시했다. 독자들은 관련 단락을 직접 찾아 읽어 보기 바란다. 전체 내용을 숙지했다고 가정하고 논의를 진행할 것이다. 둘째, 해당 본문에 나타난 문제점과 의문점을 제시하고 그 해답을 찾는다. 이 책의 핵심이 이것이다. 독자들은 대부분의 질문들에 대한 해답이 이미 성경 내의 다른 곳에 있음을 알게 될 것이다. 성경을 이해하는 가장 정확한 방법은 성경을 폭넓게 읽는 것이다.

이 논문들은 올바른 리더십을 찾는 것이다. 하나님은 리더를 통해 일하신다. 이 책은 이 사실을 알고 있는 그리스도인을 위한 책이다. 하나님이 원하시는 리더로 성장하고 싶은 사람에게 추천한다. 기존의 리더십 책과 비교해 보길 바란다. 그리고 마지막으로 '리더십 원칙'이 등장한다. 저자 나름대로 각 소논문의 핵심을 정리했다. 전체 내용은 기억나지 않더라도 꼭 필요한 주제만이라도 기억해 주길 바란다.

저자가 이 책을 탈고하면서 느낀 소회를 몇 자 적고 머리말을 마치겠다. 이 책에 등장한 대부분의 리더들은 예수님을 제외하면 거의 필부들이다. 또한 예외 없이 우리와 마찬가지로 실수를 저지르고 실패한 경험이 있다. 어떤 사람들은 역겨울 정도다. 그러나 어느 순간 이들은 변했다. 그리고 위대한 인물로 거듭났다. 여기서 그 모든 이유를 밝히고 싶지만 한 가지 저자의 기억에 남는 것이 있다면 그것은 '회개'이다. 하나님은 우리가 잘못을 인정하고 돌이키는 것을 가장 위대한 덕목으로 보는 것 같다. 물론 개인적인 생각이다. 독자들도 확인해 보길 바란다.

두 번째로 결국 우리가 돌아갈 곳은 예수님이다. 예수님의 말씀 하나하나 행동 하나하나가 그렇게 많은 의미와 계획, 의도가 담겨 있는지 연구하면서 많이 놀랐다. 앞으로도 그럴 것 같다. 우리가 하나님을 알 수 있는 가장 강력한 통로는 예수님을 아는 것이다. 성경 말씀 전체가 결국 나사렛 예수를 지향하고 있다. 어떤 경우에든 이 핵심을 놓치면 우리는 실족하게 되어 있다. 그래서 나는 그리스도인이라는 말을 좋아하며 자랑스럽다. 내 정체성을 가장 잘 드러내는 말이기 때문이다. 필자는 이 책을 통해 독자들이 예수님을 더 의지하고, 사랑하게 되길 원한다. 하나님은 인간을 그렇게 살도록 창조했다. 이는 단지 구원의 이슈만이 아니다. 태어나, 성장하고, 배우고, 졸업하고, 일하고, 결혼하고, 사회생활하고, 다음 세대와 동행하는 내 삶을 만들어 가는 데 있어 사실상 모든 영역에 우리는 예수라는 인물을 대입하고, 의지하고 그로부터 배워야 한다. 머리로는 잘 아는데 참 어렵다.

이것이 저자가 이 책을 탈고하면서 내린 결론이다. 나와 반드시 같을 수는 없겠지만 한 명의 독자라도 나와 같은 생각을 해 준다면 이 책을 출간하게 된 기쁨이 배가될 것이다.

2024년 9월

목 차

왜 남자만 오천 명인가?

"먹은 사람은 여자와 어린이 외에 오천 명이나 되었더라(마 14:21)."

예수님이 물고기 두 마리와 떡 다섯 개로 오천 명을 먹이신 사건은 사복음서에 모두 등장한다(마 14:13-21; 막 6:30-44; 눅 9:10-17; 요 6:1-14). 그만큼 이 이야기는 널리 알려졌고 복음의 내용 가운데 핵심적인 사건에 해당한다. 이 이야기는 '오병이어' 혹은 '오천 명을 먹이신 예수'라는 제목으로 알려져 있다. 하지만 이 이야기의 정확한 제목은 '남자만 오천 명을 먹이신 예수'로 정정되어야 한다.

이 사건은 표면적인 내용을 뛰어넘는 어떤 상징을 담고 있다. 그 상징을 이해하려면 이 사건과 대비되는 구약의 한 사건을 이해할 필요가 있다. 신약의 말씀을 해석하는 중요한 방법 중의 하나는 그 말씀과 관련 있는 구약의 말씀을 찾아 서로 비교하는 것이다. 혹자는 구약의 말씀이 신약에서 성취되었다고 말한다. 혹자는 구약의 말씀이 신약에서 회복, 혹은 완성되었다고 주장한다. 설교 가운데 자주 듣는 말이지만 사실 이러한 언명은 성경 말씀을 이해하는 데 있어 그리스도인들에게 매우 중요한 가이드라인이다.

예수님이 오천 명을 먹인 사건과 비교할 수 있는 구약의 사건은 '베냐민 지파의 학살(삿 19-21장)'이다. 언뜻 전혀 연관성이 없어 보이지만 예수님이 '남자만 오천 명'을 먹인 사건은 사사 시대가 끝나갈 즈음에 발생했던 한 끔찍한 사건의 치유라고 말할 수 있다.[2] 나아가 이 이야기는 소돔과 고모라를 치명적 운명으로 이끌었던 또 다른 사건(롯과 천사들)에 대한 올바른 결말이다.

위에 언급한 두 사건, 즉 '오천 명을 먹인 예수님' 그리고 '베냐민 지파의 학살'에는 많은 공통점이 존재한다. 먼저 오천이라는 숫자부터 시작해 보자. 두 사건에 공통적으로 등장하는 숫자 오천은 왜 두 사건이 서로 데칼코마니인지 보여 주는 일차 단서이다.

예수님은 물고기 두 마리와 떡 다섯 개로 오천 명을 먹였다. 그런데 고대 이스라엘 사람들에게 '오천'은 군사적 의미를 내포한다. 성경에서 오천은 군사적 충돌과 위협, 죽음에 관련된 숫자이다. 따라서 이 숫자는 군사적 대치, 대결, 갈등의 맥락에서 쉽게 찾아볼 수 있다. 예를 들어 다윗이 골리앗을 죽이기 전에 성경은 이 블레셋 장수의 갑옷을 다음과 같이 묘사한다.

"머리에는 놋 투구를 썼고 몸에는 비늘 갑옷을 입었으니 그 갑옷
의 무게가 놋 오천 세겔이며(삼상 17:5)"

또한 이스라엘 백성이 아이성을 무너뜨리기 전 여호수아는 오천 명가
량의 병력을 벧엘과 아이 사이에 복병으로 배치했다(수 8:12).[3] 그런데 베
냐민 지파와 나머지 이스라엘 지파들 사이에 내전이 일어났을 때도 오천
이라는 숫자가 등장한다(삿 20:45).

위 사사기 사건을 잠시 복기해 보자. 한 레위인의 아내(첩)가 기브아(베
냐민 지파 소속) 건달들에 의해 밤새 윤간을 당하고 사망하였다. 이 사건
으로 인해 베냐민 지파와 나머지 이스라엘 지파 연합군 사이에 내전이 시
작되었다. 시간이 지나면서 베냐민 지파의 군인들은 패퇴하여 광야 방향
으로 도망쳤다. 베냐민 군인들은 '림몬 바위'로 향하는 지점에서 결정적
패배를 맛보는데, 이때 이스라엘 연합군은 이들 오천 명을 이삭 줍듯 처
단해 버렸다(삿 20:45).

이제 오병이어의 이야기로 돌아가 보자. 오천 명을 먹이신 사건에는 여
러 숫자가 등장한다. 먹고 남은 음식으로 가득 찬 열두 광주리 외에 50,
100이라는 숫자도 등장한다. 예수님은 사람들로 하여금 100명, 50명씩

떼 지어 앉으라고 지시를 내리는데(막 6:40; 눅 9:14) 이러한 분할 역시 군사적 의미를 지닌다. 이러한 단위는 군대에서 병사들을 조직하거나 전쟁에서 중간 지휘관들이 흔히 담당하는 대표적 정수이다(출 18:21-25; 신 1:15; 삼상 8:12; 왕상 18:13; 왕하 1:14).

따라서 이날 모인 백성들의 숫자에 대한 언급은 단순히 많은 군중이었다는 점만을 시사하지 않는다. 언뜻 보면 관련성이 없어 보이지만 이날 예수님 앞에 모인 군중들은 어떤 군사적 의미를 띠고 있음을 알 수 있다.

'오천'은 일반적으로 전쟁으로 인한 생명의 손실과 감소를 의미한다. 내전 가운데 목숨을 잃은 베냐민 전사와 관련하여 생각해 보자. 베냐민 군인 오천 명이 목숨을 잃게 된 이유는 죄 없는 한 여인의 죽음 때문이다.[4] 그런데 예수님이 남자 오천 명을 먹인 사건 또한 한 사람의 죽음과 직접적 관련이 있다. 사복음서는 모두 예수님이 어떤 외딴 곳에서 백성들을 먹인 사건이 어떤 사건 직후임을 분명하게 드러낸다(마 14:13). 그 사건은 바로 세례 요한의 죽음이다(마 14:1-12). 예수님은 세례 요한이 처형되었다는 소식을 듣고 일부러 외딴 곳으로 이동했다. 레위인 첩의 몸은 열두 조각으로 분해되어 각 지파로 보내졌는데 세례 요한 역시 머리와 몸통이 분리되었다.

두 사건은 모두 휘발성이 컸다. 레위인의 아내가 죽음에 이르게 된 경위와 이 사건이 알려진 과정 못지않게 세례 요한의 죽음은 온갖 갈등과 불만이 팽배했던 유다 사회가 어떤 식으로든 폭발할 수 있는 도화선이었다. 세례 요한은 이스라엘의 대제사장이 될 수도 있었다. 그의 아버지 사가랴(스가랴)가 성전에서 수행했던 역할을 감안하고, 바리새파와 서기관들까지 광야로 나가 그의 말씀에 귀를 기울였던 것을 보면 가야바가 아닌 세례 요한이 백성들의 심정적 대제사장이었을 것이다. 물론 대제사장 직분은 다른 사람에게 돌아갔다. 그리고 그는 제사장이 아닌 예언자의 역할을 담당했다.

당시 유다는 사두개파, 바리새파, 열심당(혁명주의자), 에세네파(쿰란 공동체) 등으로 서로 반목하고 있었다. 게다가 헤롯 왕조는 엄밀히 말해 유대인의 가문이 아니다. 헤롯은 고대 이스라엘과 끊임없이 갈등했던 에돔(이두메아)의 자손이었다. 로마는 유다 남부를 에돔에게 떼어 주었다. 구약 시대에 블레셋과 끊임없는 전쟁을 치렀던 이스라엘이 볼 때 로마는 또 다른 블레셋이었다. 로마는 후에 유대인들의 땅을 '유대'에서 '팔레스티나'로 바꾸어 버렸는데 이는 '블레셋'의 땅이라는 뜻이다. 예루살렘도 '일리야 카피톨리나'라는 로마식 이름으로 바꿔 버렸다.

이스라엘 백성들은 타 민족(로마 및 에돔)과의 적대감 혹은 같은 민족 사이의 반목과 갈등에 시달리고 있었다. 세례 요한의 죽음은 민족 해방 전쟁, 혹은 적어도 세례 요한을 추종하던 세력에 의한 반란이 일어나기 쉬운 촉매제가 되었을 것이다.[5] 사람들이 예수를 찾아 광야로 모여든 이유는 단지 설교만을 들으려던 것은 아니었을 것이다.

그러나 베냐민을 정의의 법정에 세우려 했던 이스라엘 지파들과는 달리, 예수님은 오천 명을 전쟁의 소용돌이로 이끌지 않았다. 오히려 당신을 따르는 자들의 질병을 치료하고(마 14:14) 배고픔을 해소하며, 천국 복음으로 생명을 더욱 풍성하게 만드는 데 집중하였다. 이날 모인 백성들은 단지 몸이 아프고 배만 고픈 것이 아니었다. 백성들은 개인적 필요 외에도 부패하고 무기력한 지도자들에 대한 불만, 외세에 대한 증오, 사회적 혼란과 내일을 알 수 없는 불안과 두려움 가운데 정신적으로 눌려 있었다. 이 백성들을 앞에 두고 예수님은 치유와 말씀, 그리고 직접 식량을 공급하심으로 위로를 촉진한다.[6]

내전 중에 죽은 베냐민 지파 오천 명은 국가 분열의 전형이었지만[7] 예수님의 감사 기도로 모두가 배불리 먹고 남은 빵과 생선 열두 광주리는 유다가 여전히 야곱(이스라엘)의 후손으로 12지파로 남게 될 것을 상징한다.[8] '남자'만 오천 명이라는 사족은 림몬 바위 길에서 쓰러진 베냐민 남자들과 대조를 이룬다. 증오와 보복으로 오천 명의 아들들이 사그라졌지만, 예수님의 말씀과 치유를 통해 오천 명의 아들들은 생명을 유지했을 뿐 아니라, 더 풍성한 삶을 이어 갈 수 있었다. 유대인의 메시아 예수는 강도와 맹수로부터 그의 백성을 지키고 양육하기 위하여 오셨다. 분열이 아닌 연합과 회복을 위해 오셨다. 보복이 아닌 회복과 질서를 위해 50명, 100명이 모이도록 지시하였다.

정치적, 사회적 갈등이 첨예한 지금의 우리 사회에서 그리스도 예수의 복음은 단순히 개인의 구원과 축복을 뛰어넘는다.[9] 1세기 유다에 못지않은 대내외 갈등과 위협, 생명의 축소와 감소에 시달리는 한국 사회의 통합을 위한 유일한 해결책은 예수 그리스도의 말씀과 복음이다. 오직 예수님을 통해서만 또 다른 전쟁의 위험과 사회 갈등의 내상을 극복할 수 있다. 남자만 오천 명을 먹이신 예수님의 이야기는 이러한 이유로 한국 사회를 향한 복음이 될 수 있다.

(리더십 원칙) **리더는 갈등을 통합한다.**

어떤 사람

"야곱은 홀로 남았더니 어떤 사람이 날이 새도록 야곱과 씨름하다가,
자기가 야곱을 이기지 못함을 보고 그가 야곱의 허벅지 관절을 치매 야
곱의 허벅지 관절이 그 사람과 씨름할 때에 어긋났더라(창 32:24-25)."

이 이야기에 관련한 대표적인 질문 두 개는 '어떤 사람'의 정체가 누구
인가와 그 사람이 왜 야곱과 씨름을 했을까이다. 먼저 야곱이 만난 사람
의 정체는 그다지 어렵지 않게 파악할 수 있다. 본문은 그를 단지 어떤 사
람(a man)이라고 부르지만 야곱은 나중에 그를 하나님으로 인식했다(30
절). 호세아는 그를 천사로 불렀다(호 12:4).

또 다른 질문은 대답하기 곤란하다. 하나님, 혹은 천사는 왜 야곱에게
싸움을 걸었을까? 이 씨름의 목적은 무엇인가? 왜 하나님은 야곱에게 상
처를 입히고 불구로 만들었을까? 이 부분을 이해하기 위해서 본문의 배
경을 다시 한번 살펴볼 필요가 있다.

에서를 만나기 전 야곱은 주도면밀했다. 그는 적어도 세 가지 경우의 수를 상정하고 에서와의 담판을 준비했던 것 같다. 첫째는 선물(뇌물)이다. 그는 에서의 원한을 누그러뜨리고자 막대한 선물을 준비하여 미리 보냈다. 선물을 통해 문제를 해결해 보려고 하였다. 둘째는 기도이다. 야곱은 하나님께 매달렸다. '내가 주께 간구하오니 내 형의 손에서, 에서의 손에서 나를 건져내시옵소서(창 32:11)'라고 기도했다. 하나님이 도와주시길 간구한 것이다. 셋째는 전쟁이다. 그는 최악의 상황도 준비했다. 가족을 두 진영으로 나누었다. 만일 피를 보아야 할 경우 가족의 일부라도 생존시킬 방안을 마련했다. 누구를 살리고 누구를 희생시킬지는 분명하지 않다. 어쨌든 야곱은 만반의 준비를 갖추었다. 혹은 그렇게 믿었다.

그러나 그는 여전히 불안했다. 결전의 날을 앞두고 그는 밤에 홀로 남았다. 어떤 사람이 야곱을 찾아온 때는 바로 이 순간이었다. 그리고 이 사람은 야곱을 공격했다. 야곱은 새벽이 될 때까지 이 침입자와 씨름했다. 상대는 야곱에게 부상을 입히고서야 물러났다. 야곱은 어느 순간 이 사람이 강도가 아님을 직감하고 그에게 복을 간구하였다.

이 사건의 의미를 이해하기 위하여 '유형-장면(type-scene)'이라는 장치를 참조할 필요가 있다.[10] 성경을 보면 비슷한 유형(type)의 장면(scene)이 여러 번 등장한 경우를 만날 수 있다. 예를 들어, 아브라함은 아내를 누이로 속여 위기를 모면하려 했다. 그런데 이삭 또한 아내를 누이로 속이려 했다. 모세는 시내(호렙)산에서 하나님을 만나는 신비로운 경험을 하는데, 후에 엘리야 역시 같은 장소에서 하나님을 만난다. 아브라함의 종은 우물가에서 미래 이삭의 아내가 될 리브가를 만난다. 그런데 이삭의 아들 야곱 역시 우물가에서 자신의 아내가 될 라헬을 만났다. 그리고 모세 역시 우물가에서 십보라를 만나 결혼하게 되었다. 아브라함의 아내 사라는 오랫동안 자식이 없었다. 불임인 줄 알았던 사라는 결국 아들을 얻게 되었다. 그런데 아들 이삭 역시 비슷한 유형의 장면을 연출하였다.

하나님 혹은 천사가 나타나 주인공을 해치려는 모습 역시 다른 곳에서도 찾아볼 수 있다. 하나님은 모세를 만나 죽이려 했다(출 4:24).[11] 십보라의 기지로 가까스로 목숨을 부지했으나 그 이유는 여전히 많은 의문을 남긴다. 주요 인물을 위협에 빠뜨리는 또 다른 장면은 요나서에서도 찾아볼 수 있다. 요나는 니느웨에 '복음'을 전하라는 하나님의 명령을 거부하고 도망갔다가 거의 죽을 뻔했다. 선원들은 요나를 폭풍이 몰아치는 바다 한가운데 산 채로 던져 버렸다. 가까스로 목숨을 부지하기는 했지만 하나님은 요나를 죽음의 지경까지 몰아넣었다.

야곱의 경우도 위 두 유형과 비슷하지 않은가. 하나님은 야곱에게 나타나 싸움을 걸었다. 말이 씨름이지 야곱은 죽음의 위협을 느꼈을 것이다. 야곱은 이 낯선 남자와 맞서 생명을 지키기 위해 밤새 고군분투를 해야 했다. 왜 하나님은 야곱을 공격했을까? 왜 하나님은 모세, 요나, 야곱을 죽이려 했을까?

　이 세 경우 모두 공통점이 존재한다. 세 사람 모두 자신의 소명에 대해 확신이 없었다. 세 사람은 모두 특정한 두려움에 사로잡혀 있었다. 모세는 불타는 떨기나무에서 하나님을 만났다. 그리고 자신의 소명을 분명히 전달받았다. 하지만 모세는 확신이 없었다. 바로와 이집트라는 제국을 두려워했을 뿐 아니라, 히브리 동족을 만나 설득할 자신도 없었다. 어쨌든 모세는 이집트로 발걸음을 옮겼으나 하나님은 모세를 설득하기 위해 적잖은 논쟁을 벌여야 했다(출 4:1-23). 이 설득 와중에 하나님은 감정적으로 격해져 모세를 향해 분노를 표출하기까지 신경전을 벌였다(출 4:14). 하나님이 모세를 죽이려고 했던 시점은 바로 그날 밤이었다(출 4:24).

　요나는 니느웨가 아닌 그 정반대편에 있는 다시스로 도망갔다. 요나는 하나님으로부터 도망가고 있다고 생각했다. 하나님은 요나를 폭풍이 몰아치는 바다 한가운데로 던져 버렸다.

　모세와 요나와 마찬가지로 야곱 역시 두려움으로 가득 차 있었다. 야곱은 심히 두렵고 번민하고 있었다(창 32:7). 야곱은 조부 아브라함이나 아버지 이삭보다도 하나님을 직접 많이 만나고 확실한 언약의 약속을 받았다. 그는 하나님이 하늘에 계신 모습까지 보았다(창 28:13). 야곱은 장자에서가 아닌 자신이 아브라함 계약의 적법한 계승자임을 하나님께 통보

받았다(창 28:13-15). 베델의 하나님은 야곱과 함께 있을 것이고, 어디로 가든지 그를 지키고, 주님이 약속한 것을 다 지키기까지 야곱을 떠나지 않을 것이라고 약속하였다(창 28:15).

야곱이 조상의 땅으로 돌아갈 결심을 굳힌 것도 하나님이 직접 나타나 말씀하셨기 때문이다(창 31:3, 11-13). 하나님은 라반에게 나타나 야곱을 해치지 못하도록 경고하였고(창 31:24), 야곱은 후에 이 사실을 알게 되었다(창 31:29). 고향으로 돌아가는 야곱을 하나님은 '군대'까지 파견하여 호위하였다(창 32:1-2). 그럼에도 불구하고 야곱에게는 약점이 있었다. 그는 유독 한 사람을 두려워했다(창 32:7). 그 앞에서만큼은 야곱이 주눅 들었다. 그는 용기를 잃었고, 직면하지 못하고 도망치려고 하였다. 자신의 가족 가운데 반이 몰살당하여도 나머지 반만이라도 데리고 도망칠 계획까지 세웠다.

그런데 모세나 요나를 포함, 이 순간 야곱의 두려움은 단순히 생명의 위협이 아니다. 그것은 개인이 부족하다는 느낌에서 오는 두려움이다. 모세는 자신이 누구이기에 히브리 민족을 이끌겠냐고 반문했다. 바로를 직면하기는커녕 동족의 고발이 두려워 도망쳤던 모세이다. 요나는 아시리아의 식민지 이스라엘 출신이다. 그는 아시리아 수도인 니느웨로 가라는 말씀을 받았다. '니느웨'는 도시명(名)인 동시에 아시리아 주신(主神) 니느웨의 신전이 위치한 곳이다. 요나는 이스라엘도 섬기길 거부한 야웨의 선지자로 지배국의 수도 니느웨로 가야 한다. 동족 이스라엘 백성들도 더 이상 믿지 않는 신의 목소리를 세계를 지배하던 니느웨의 시민들이 들어 줄 것인가. 승리한 신이 패배한 신의 요구를 들을 것인가. 요나는 스스로 가치 없고, 이 사명이 터무니없다고 느꼈을 것이다.

왜 야곱은 에서 앞에서 작아졌을까? 그는 에서에게 깊은 열등감과 죄책감을 느끼고 있다. 야곱은 첫째가 아니다. 형이 받았어야 할 축복을 속임수로 뺏어 왔다. 야곱이라는 이름 자체가 발꿈치, 그리고 사기꾼(deceiver)이라는 뜻을 가지고 있다.[12] 그는 평생을 도망치듯 살아왔다. 그런 그에게 하나님은 세상의 모든 민족이 '발꿈치' 야곱을 통해 축복받을 것이라고 약속했다. 그는 모세나 요나처럼 반문했을 수 있다. '내가 누구이기에 아브라함의 언약을 이어 갑니까?' '어떻게 나 같은 사람이 선택된 민족의 최고 지도자가 될 수 있습니까?' '어떻게 나를 통해 온 세상이 축복을 받습니까?'

때로 가장 위대한 사람도 자존감이 낮아질 때가 있다. 어느 순간 맡은 사명과 책임이 태산처럼 엄습하고, 이에 비해 자신이 얼마나 초라한지 목격하기 때문이다. 우리 역시 때로 맡은 사명에서 도망치고 싶을 때가 있다. 나는 누구인가? 내가 누구이기에 그리스도의 빛과 향기를 품어내는가? 내가 하나님 나라의 일꾼이며, 열방의 빛이며, 소금인가? 세상을 바꾸고 하나님의 나라를 앞당길 주님의 종인가? 우리 또한 주님의 부르심과 영광이 부담스러울 때가 있다. 주님의 은혜와 영광 앞에서 오히려 도망치고 싶을 때가 있다. 스스로를 정확하게 자각할수록 더 그렇다.

"주여 나를 떠나소서. 나는 죄인이로소이다(눅 5:8)."

예수 그리스도의 영광 앞에서 베드로는 오히려 주님께 떠나 달라고 요청하였다. 일견 겸손해 보인다. 하지만 이것은 잘못된 반응이다. 이것이 잘못된 이유는 그것이 사실이 아니기 때문이 아니라 관련이 없기 때문이다. 물론 우리는 주님이 맡긴 과업을 수행하면서 부적절함을 느낀다. 따라서 모세, 요나, 야곱, 그리고 베드로까지, 이들이 보인 반응과 태도는 외부의 충격적 개입 없이는 설득이 불가하다. 전진이 불가능하다. 따라서 하나님이 직접 나설 수밖에 없다. 성경 본문처럼 위협적이고 충격적이며 두려움이 느껴지는 대응으로 우리를 일깨우신다. 일종의 충격 요법이다.

하나님은 집요하다. 우리로 하여금 위대한 사명을 피하지 못하게 하신다. 하나님이 야곱과 밤새 씨름한 이유가 여기 있다. 이 느닷없는 공격 외에는 야곱에게서 두려움을 몰아낼 방법이 없다. 야곱은 두려움과 고집으로 육신에 상처를 입었지만 결국 다시 한번 하나님을 신뢰하기로 결정한다. 그는 두려움과 열등감 대신에 하나님의 축복을 얻어내었고, 아브라함 언약의 정당한 계승자로서의 소명을 지속할 수 있었다. 에서와의 화해는 덤이다.

우리가 이 길을 계속 걸어갈 수 있는 이유는 주님이 어느 순간 적처럼 찾아오시기 때문이다. 우리가 그 순간을 생명을 잃을 것 같은 위협으로 느끼든, 흑암으로 덮이고 폭풍이 몰아치는 바다 가운데 던져진다고 느끼든, 낯선 사람이나 상황 가운데 공포를 느끼든, 미세한 음성 가운데 주님을 만나든, 주님은 우리에게 다가오신다. 그리고 이처럼 주님이 홀로 잡은 약속 가운데 주님을 만나면 잠시 충격을 받지만 우리는 이 사명을 지속할 수 있다. 우리는 다시 남은 여정을 계속할 수 있는 것이다. 우리에게 고난도 유익한 이유는 여기 있지 않을까.

(리더십 원칙) **리더는 두려움을 직면하고 전진한다.**

사라진 이름

"하나님이 하갈의 눈을 밝히셨으므로 샘물을 보고 가서 가죽부대에 물을 채워다가 그 아이에게 마시게 하였더라. 하나님이 그 아이와 함께 계시매 그가 장성하여 광야에서 거주하며 활 쏘는 자가 되었더니. 그가 바란 광야에 거주할 때에 그의 어머니가 그를 위하여 애굽 땅에서 아내를 얻어 주었더라(창 21:19-21)."

창세기 21장은 사라에게 약속의 아들인 이삭이 태어난 이후 발생한 한 가정의 비극을 담고 있다. 순전히 인간적인 관점으로만 본다면 이 사건은 전형적인 막장 드라마에 속한다. 본부인에게 아들이 태어나자 주인 부부가 한통속이 되어 하녀와 그 아들을 집에서 내쫓는다. 아브라함은 '떡과 물'만 챙겨 주고 하갈과 그 아들을 서둘러 집에서 내보냈다(14절). 지금까지 아브라함의 성품과 막대한 재력을 눈여겨보고 있던 독자라면 이 비정한 문구가 믿기지 않는다.

성경이 아브라함의 생애에 오점으로 기록될 이 사건의 전개 과정을 적나라하게 기록한 이유가 무엇일까? 이 이야기가 전하려는 메시지를 올바르게 이해하기 위해서는 순전히 하갈의 관점에서 이 상황을 보아야 한다.

사라와 하갈 사이에 반목이 심했을 것이라고 충분히 짐작할 수 있지만 충격적인 내용이 이어진다. 하갈은 비록 본부인과의 애정 싸움에서 졌지만 아브라함의 평소 성품과 재력을 감안해 볼 때 여러 시종과 더불어 평생 먹고살 수 있는 재산을 자신에게 챙겨 줄 것으로 믿었다. 하지만 사라의 뒤끝도 만만치 않았다. 사실상 옷만 걸치고 쫓겨났다. 하갈은 말로 표현할 수 없는 충격과 상처를 입었다. 자신이 섬기던 주인이자 남편에게 버림을 받았다. 하갈은 아브라함과 결혼하여 그의 첩이 되었고, 그가 그토록 원했던 아들까지 낳았다. 하갈은 자신이 낳은 아들과 함께 추방되었는데, 이는 현재는 물론 당시 고대 근동의 관습과도 정면으로 배치되는 행위이다.

이 사건에는 적어도 세 가지 복선이 있다. 첫째, 이 이야기에는 '이스마엘'이라는 이름이 등장하지 않는다. 이스마엘이라는 이름이 사라졌다. 하갈의 아들이 이스마엘임에도 불구하고 성경의 저자는 이름 대신 '하갈의 아들', '이 종의 아들', '아이' 등 아이의 이름 언급을 고의적으로 피하고 있다. 둘째, 하갈은 '브엘세바'를 향해 떠났다. 셋째, '화살 한 바탕 거리'라는 도량형이 등장한다.

첫 번째 복선을 이해해 보자. 하갈은 버림을 받았다. 게다가 물도 떨어졌다. 공포가 엄습했을 것이다. '아이'가 죽는 것을 차마 보지 못하겠다고 소리 내어 울기 시작했다(16절).[13] 그러나 지금 하갈의 고통과 억울함을 들어 줄 사람조차 주변에 없다. 그런데 하갈이 깊은 상처와 고통 가운데 잊고 있던 사실 하나가 있다. 아이의 이름이다. '이스마엘'이다. 그런데 이 본문에서는 이 이름을 찾아볼 수 없다. 이름이 사라졌다. 이스마엘은 '하나님이 들으신다(God hears)'는 뜻이다. 하나님은 이 사태가 발생하기 전부터 다 듣고 계셨다. 하갈의 억울함과 비통도 듣고 계셨다. 하지만 하갈은 아들의 이름조차 잊고 있었던 것일까? 하나님이 듣고 계신다는 사실을 잊고 홀로 통곡하고 있다.

예상하지 못한 비극과 고통을 만나면 인간은 모두 하갈이 된다. 우리는 하나님이 계속 듣고 계시다는 사실을 잊는다. 혹은 이 사실을 인정하려 들지 않는다. 비극의 충격이 하나님에 대한 최소한의 믿음마저도 압도해 버린다. 하갈에게 일어난 충격과 비극은 우리 가운데 누군가는 피해 갈 수 없는 삶의 현실이다. 창세기 21장의 주인공은 하갈이며 우리 자신이다. 하갈은 자신이 가장 신뢰하는 사람에게 배신을 당했다. 믿을 수 없는 현실 앞에 목 놓아 울 수밖에 없다. 그러나 이 순간 하나님이 말씀하신다. 하나님이 나타난 이유는 하갈이 불렀기 때문이 아니다. 다른 누군가가 하나님을 소환했다.

하나님은 하갈이 아닌 '이스마엘'의 소리를 들었다. 하나님은 그 아이(이스마엘)의 소리를 들으시고 하갈에게 달려왔다. 그리고 하갈을 불렀다(17절). 그리고 당신이 이스마엘의 소리를 들었다고 말씀하셨다(17절). 하나님은 이스마엘의 소리를 들은 것이다. 아마 이 순간 하갈은 자식의 이름이 무엇이었는지 깨달았을 것이다. 우리가 울고불고 슬퍼서 하나님이 응답하는 것이 아니다. 우리가 하나님을 잊어도 누군가 우릴 위해 기도하는 그 소리에 하나님이 반응하신다.

둘째, 하갈이 도착한 곳은 '브엘세바'이다. 브엘세바는 '일곱 개의 우물'이라는 뜻이다. 그만큼 물이 풍부한 곳이다. 하나님은 이미 하갈과 이스마엘을 올바른 장소로 이끌었다. 이 모자가 지금 가장 필요로 하는 것이 있는 곳이다. 하지만 극도의 상처와 배신감으로 하갈은 눈앞에 있는 우물을 보지 못한다. 하나님이 나타나 하갈의 눈을 밝혀야 했다. 비극은 사람의 정상적인 인지 활동까지 마비시킨다. 하나님은 하갈을 안심시킨 후, 하갈의 눈 바로 앞에 있는 우물을 보게 하셨다. 주님은 비극 가운데 갈 길을 알지 못하는 우리를 이끄신다. 우리가 비극과 절망 가운데도 삶을 지속해야 하는 이유가 여기 있다. 주님은 우리의 비극이 치료되는 곳으로, 우리의 필요가 채워지는 곳으로 인도하신다. 지금 있는 그곳이 바로 우물이 일곱 개나 있는 곳이다.

셋째, 하갈은 예전의 삶으로 돌아갔다. 성경은 '화살 한 바탕 거리(arrow

shot)'라는 도량형을 언급한다. 이곳에서 처음 나온다. 이전에 쓰던 용어는 '규빗(히: 아마)'이다(창 6:15). 화살 한 바탕 거리는 이집트 사람들이 쓰던 용어이다. 화살을 쏘았을 때 도달하는 거리라는 뜻일 것이다. 하갈은 이스마엘에게 비참한 모습을 보이기 싫어 일부러 '화살 한 바탕 거리'를 떨어져 울부짖었을 것이다. 그런데 이런 용어가 등장한 것은 향후 하갈이 아브라함이 가졌던 믿음과 신앙을 버릴 것임을 암시한다. 하갈은 아브라함이 이집트로 내려갔을 때 바로가 종으로 하사한 여인이었을 것이다(창 12:16). 히브리 주인에게 버림받은 하갈이 아브라함의 신앙이 아닌 이집트인의 신앙으로 돌아갈 것임을 강하게 암시한다. 실제로 하갈은 후에 이스마엘의 아내로 '이집트' 여인을 얻어 주었다(21절). 이스마엘은 나아가 '활 쏘는 자'가 되었는데 이는 하갈이 다시 이집트와 동화하기로 결정했음을 보여 준다. 배신과 버림받았다는 충격이 너무 큰 탓일까? 주님의 호의와 인도하심에도 불구하고 하갈은 아브라함의 신앙 가운데 계속 머무르지 못했다.

하갈은 비극과 충격에 빠졌던 우리 모두이다. 우리 가운데 많은 사람들은 하갈이 겪었던 말로 표현하지 못할 배신, 상처, 충격을 경험한 적이 있다. 하갈이 아브라함에게 버림을 받듯, 그리스도인들 역시 한때 형제나 부모로 여겼던 교회나 믿음의 동료들에게 상처를 입는다. 믿음 가운데 이런 사건을 경험하면 우리는 하나님을 찾기 힘들어진다. 하나님이 여전히 듣고 계시고, 보고 있다는 사실을 인정하기 힘들다. 하지만 그럼에도 불구하고 하나님은 듣고 계신다.

하나님은 들으신다. 비록 우리가 부르짖지 못하더라도 누군가의 중보와 기도 가운데 우리의 사정이 실시간으로 보고된다. 그리고 하나님은 우리를 '브엘세바'로 인도하신다. 우리에게 필요한 위로와 안식, 그리고 생명과 삶을 이어 가야 할 새로운 지경으로 인도하신다. 그리고 당신의 약속을 기억하신다.

"그러나 여종의 아들도 네 씨니 내가 그로 한 민족을 이루게 하리라 하신지라(창 21:13)."

하나님은 약속의 아들이 아님에도 불구하고 이스마엘을 통해 큰 민족을 이루겠다고 약속하셨다.[14] 그래서 이 약속을 기억하시고 하갈에게 말씀하셨다.

"일어나 아이를 일으켜 네 손으로 붙들라. 그가 큰 민족을 이루게 하리라 하시니라(창 21:18)."

그리고 스스로 이 약속을 지키셨다. 하갈의 이야기는 오늘 이 시간 비극과 부조리에 직면한 우리 모두를 향한 약속이다. 우리 또한 하갈처럼 하나님의 계획 가운데 주연이 아닐 수 있다. 주연을 빛내기 위한 조연일 따름이며, 주연의 성공을 위해 잠시 나타났다 무대 위에서 사라질 소품일 수 있다. 분명 하나님은 특별한 몇몇을 통해 일하신다. 모두가 다 아브라함이나 사라가 될 순 없다. 모두가 베드로나 바울일 순 없다. 어쩌면 빛나는 주연이 소수임을 감안할 때 그리스도를 믿는 대부분의 사람들은 주님의 종이 아닌 그 종의 주변에 있다가 쉽게 잊히는 존재일 수 있다.

그 드라마 가운데 많은 사람들은 '크레딧'에 이름을 올리지 못하고 사라진다. 때로는 원망과 원통함 가운데 하갈처럼 믿음의 본류에서 벗어나기도 한다. 하갈의 이야기는 따라서 우리에게 하나님의 은혜와 그럼에도 불구하고 잊지 말아야 할 한 가지 교훈을 강하게 제시한다.[15] 하나님은 여전히 들으시는 '이스마엘'의 하나님이다. 그리고 오늘, 지금 우리가 있어야 할 곳으로 인도하신다. 그리고 당신이 하신 약속을 스스로 지키신다. 따라서 하갈처럼 믿음을 저버릴 이유가 없다. 우리는 그리스도를 믿는 신앙 가운데 하나님이 지키신 약속을 받아야 한다. 역사에 가정은 없지만 혹 누가 아는가. 하갈과 이스마엘이 아브라함의 약속 가운데 계속 머물렀다면 우리가 아는 세계가 하나님의 나라에 더 가까웠을지.

(리더십 원칙) **리더는 믿음과 원칙을 끝까지 고수한다.**

세마포

"시몬 베드로는 따라와서 무덤에 들어가 보니 세마포가 놓였고, 또 머리를 쌌던 수건은 세마포와 함께 놓이지 않고 딴 곳에 쌌던 대로 놓여 있더라(요 20:6-7)."

예수님 무덤에 세마포가 놓여 있었다. 그리고 머리를 쌌던 수건은 세마포와 함께 놓여 있지 않고 딴 곳에 있었다. 복음서의 저자들이 이런 '하찮은' 사실까지 기록해 놓은 이유가 무엇일까? 예수님은 왜 세마포를 두고 무덤을 떠났을까? 여기에는 어떤 의미가 있을까? 우리는 왜 이런 사실까지 알아야 할까? 무덤에 남겨진 세마포는 구약의 다음 규정과 관련 있는 듯하다.

민수기 19장에는 붉은 암소를 잡아 '재(ashes)'를 만드는 규정이 등장한다. 흠이 없는 암송아지(red heifer)를 찾아, 잡은 후, 불에 태운다. 이때 백향목, 우슬초, 홍색 실 등을 함께 사른다. 결국 재만 남는데, 이제 이 재를 가지고 뭔가를 만든다. 이 재를 물에 섞어 부정을 씻는 물로 사용한다. 일종의 정결수, 성수(聖水)이다. 그 주요 용도를 보면 시체에 접촉한 사람을 다시 정결하게 할 때 사용한다.

그런데 이곳에 이해하기 힘든 부분이 등장한다. 붉은 암소의 재가 섞인 이 물을 만드는 데 참여한 사람들이 죄다 부정해지는 것이다. 이 물을 만들려면 붉은 소를 잡아야 하는데, 다른 제사 준비 때와는 달리 이 소를 잡은 제사장은 도리어 부정해진다. 재를 만들려면 불을 피워야 하는데 그 사람도 부정해진다. 나중에 재를 거두어 물에 섞어야 하는데 이 임무를 맡은 사람도 부정해진다. 더욱 이해하기 힘든 부분은 이 '성수'를 뿌려 부정한 사람을 정결하게 만든 사람도 부정해진다. 영화 같은 데서 성수를 뿌려 정결 예식을 집전하는 사제를 본 적이 있을 것이다. 쉽게 말해 이 사제가 성수를 뿌리고 하루 동안 사제직에서 배제된다고 보면 된다.

"제사장은 자기의 옷을 빨고, 물로 몸을 씻은 후에 진영에 들어갈 것이라. 그는 저녁까지 부정하리라. 송아지를 불사른 자도 자기의 옷을 물로 빨고, 물로 그 몸을 씻을 것이라. 그도 저녁까지 부정하리라(민 19:7-8)."

결국 다른 사람이 정결하도록 이 성수를 만드는 과정에 참여한 모든 사람이 부정해진다. 남을 정결하게 만들고 정작 본인은 부정해져서 아예

진영 밖으로 쫓겨나는 것이다. 역설이라는 표현이 딱 들어맞는다.[16]

그런데 자세히 보면 이곳 말고도 이런 역설이 등장하는 곳을 찾아볼 수 있다. '대속죄일(욤 키푸르)' 규정에서 이런 역설이 등장한다. 아론(대제사장)은 대속죄일을 위한 모든 준비를 마친 후 지성소에 들어가기 전, 옷을 벗고, 몸을 씻어야 한다(레 16:23-24). 그리고 다시 예복을 갖추어야 한다. 별도로 설명은 없으나 대속죄일 준비 과정에서 더러워졌음을 의미한다.

아론만 그런 것이 아니다. 대속죄일 때는 소위 '아사셀 염소' 한 마리를 광야로 내보내는 의식이 있다. 이 임무를 맡은 제사장 역시 진영으로 복귀하기 전에 옷을 빨고 몸을 씻어야 한다(레 16:26). 뿐만 아니라 속죄제 수소와 속죄제 염소를 규정에 따라 처리한 제사장 역시 옷을 빨고 몸을 씻은 후에야 진영으로 돌아올 수 있다(레 16:27-28). 이들 모두 부정해졌음을 암시한다.[17]

이러한 규정들은 다른 일반 희생 제사와 비교하면 그 특징이 두드러지는데 번제, 속죄제, 속건제 등 성전 시대의 주요 제사를 드린 제사장들이 제사를 준비하고 드렸다는 이유로 부정해져, 옷을 빨고, 몸을 씻고, 격리되지는 않는다.

붉은 암소 및 대속죄일과 관련한 이러한 역설, 즉 백성들을 정결하게 만드는 과정에 참여한 제사장들이 오히려 부정해지는 역설은 그리스도의 사역과 연관하여 이해할 수 있다. 그리스도 예수는 사람들을 죽음으로부터 구원하기 위해, 인간의 몸을 입고 태어났다. 복음이 전해 준 바에 의하면 예수님은 우리의 부정, 더러움, 죄악, 허물을 당신의 몸으로 감당하였다. 당신은 본래 죄가 없지만 우리를 정결하게 만들기 위해 자신이 부정해진 것이다. 자신이 부정해지지 않고는 다른 사람을 정결하게 할 수 없었던 것이다. 이것이 붉은 암소와 대속죄일에 나타난 역설의 이유이다. 우리를 피와 물로 씻기기 위하여 자신은 기꺼이 부정해진 것이다. 나아가 당신 스스로 정결의 물이 되기 위해 제단 위로 올라갔다. 재가 되기까지 자신을 희생시킨 것이다. 정결을 주관하는 제사장이자 정결케 만드는 재가 된 것이다.

본래 죽음은 더러움과 부정의 최대치이다.[18] 생명이신 하나님과 대척점에 있기 때문이다. 그런데 예수님은 이 부정의 상태에 오래 머무르지 않았다. 제사장들이 옷을 빨고, 몸을 씻은 후 다시 진영에 들어간 것처럼 예수님 역시 잠깐의 부정을 벗어 버리고 다시 거룩하게 되었다. 세마포가 그 증거이다. 세마포는 그의 죽음, 즉 부정을 상징한다. 예수님은 죽음 이후 이 세마포를 입었기 때문이다. 하지만 그는 무덤 밖으로 나왔다. 부정의 상태에 오래 머무르지 않은 것이다. 그리고 예수님은 무덤에서 나올 때 자신을 감쌌던 세마포를 벗어 머리맡에 두고 나왔다.

"시몬 베드로는 따라와서 무덤에 들어가 보니 세마포가 놓였고…
(요 20:6)"

제사장들이 진영으로 복귀하기 전에 옷을 빨아야 했던 것처럼 예수님은 다시 거룩해지기 전에, 즉 무덤에서 나오기 전에 부정한 옷(세마포)을 던져 버린 것이다. 예수님은 다시 거룩해졌다. 세마포를 벗어 버렸다는 것은 그가 다시 거룩한 새 옷을 입었음을 암시한다. 히브리서의 저자는 이 점을 분명히 이해하고 있었다.

"염소와 황소의 피와 및 암송아지의 재(ashes of the red heifer)를 부정한 자에게 뿌려 그 육체를 정결하게 하여 거룩하게 하거든…
(히 9:13)"

히브리서의 저자는 여기서 더 나아간다. 암송아지의 재는 겉으로 드러난 부정을 정결하게 만들었다. 죽은 자와 접촉한 사람을 정결하게 만든다. 죽은 자와 접촉한 사람은 물리적 접촉을 통해 죽음이라는 최대치의 부정에 오염되었다. 암송아지의 재는 이 문제를 해결하였다. 하물며 하나님의 아들, 그리스도 예수님의 피에는 어떤 효력이 있을까?

"하물며 영원하신 성령으로 말미암아 흠 없는 자기를 하나님께 드린 그리스도의 피가 어찌 너희 양심을 죽은 행실에서 깨끗하게 하고 살아 계신 하나님을 섬기게 하지 못하겠느냐(히 9:14)"

그리스도의 보혈은 암송아지의 재보다 그 효력과 범위가 더 강력하고 넓다. 그리스도의 보혈은 우리의 '양심'마저도 깨끗하게 만들었다. 그리고 히브리서의 저자에 따르면 '정결한 양심'은 하나님을 섬기는 데 필요한 요건이다. 오늘 우리가 하나님 앞에 나아가 그분을 섬기는 데 양심의 꺼림이 있다면 붉은 암소의 재보다 뛰어난 그리스도의 보혈이 우리의 양심을 깨끗하게 만들었음을 기억해야 한다. 양심에 대한 우리의 느낌이 아닌 깨끗해진 양심에 대한 우리의 믿음이 더 중요하다. 오늘 나의 양심은 그리스도의 보혈로 깨끗해졌다. 이제 담대함과 감사함으로 하나님을 섬길 수 있다.

예수님은 무덤에 오래 머무르지 않았다. 우리 역시 마찬가지이다. 그리스도인으로서 우리의 사역은 다른 사람을 섬기고, 사람들이 하나님과의 관계를 회복하도록 돕는 일이다. 이 과정에서 우리는 부정해질 수 있다. 마음에 상처를 받고, 쇠약해지고, 위험에 노출된다. 하지만 하나님은 우리를 진영 밖에 오래 머물도록 내버려 두지 않는다. 예수님이 더러워진 세마포를 벗어 버리고 영광의 옷을 입은 것처럼, 우리 또한 다른 사람들을 섬기는 가운데 입은 상처, 더러움, 병약함을 곧 벗어 버려야 한다. 주님이 '재' 대신 화관을 우리에 씌워 주신다.

"슬퍼하는 자에게 화관을 주어 그 재를 대신하며, 기쁨의 기름으로 그 슬픔을 대신하며, 찬송의 옷으로 그 근심을 대신하시고…(사 61:3)"

마지막으로 '머리를 쌌던 수건'이 세마포와 별도로 무덤에 놓여 있던 이유는 무엇일까? 머리는 우리의 사고가 발생하는 곳이다. 무수한 생각과 영적인 싸움이 이곳에서 일어난다. 그리스도의 십자가 사역의 완전성에 대적하는 비관적 세계관과 우울증이 샘솟는 곳이다. 암송아지 재보다 뛰어난 그리스도의 보혈에도 불구하고 우리 스스로 무엇인가를 보충하여 하나님의 은혜에 보답하라는 잘못된 명령이 하달되는 곳이다. 우리의 양심마저도 이미 깨끗해졌음에도 양심의 가책을 계속 끄집어내는 곳이다. 예수님은 가시 면류관을 '머리'에 쓰심으로 우리의 사고가 발생하는 머리도 완전히 정결하게 하셨다. 그 증거로 머리를 쌌던 수건은 별도로 치워 놓지 않았을까. 우리는 생각과의 싸움에서도 이미 승리했다.

(리더십 원칙) **리더는 비난과 상처에 오래 머무르지 않는다.**

제 꾀에 빠진 사탄

"이르되 네가 만일 하나님의 아들이어든 뛰어내리라 기록되었으되 그
가 너를 위하여 그의 사자들을 명하시리니 그들이 손으로 너를 받들어
발이 돌에 부딪치지 않게 하리로다 하였느니라(마 4:6)."

예수님이 광야에서 시험을 받으실 때 일이다. 사탄은 예수님을 성전 꼭
대기에 세우고는 뛰어내려 보라고 유혹한다. 그러고는 시편 91편의 말씀
까지 인용하는 도발을 감행하였다. 사탄이 성경을 인용한 것이다. 사탄
이 인용한 성경의 원문(구약)을 한번 살펴보자.

"그가 너를 위하여 그의 천사들을 명령하사 네 모든 길에서 너를
지키게 하심이라. 그들이 그들의 손으로 너를 붙들어 발이 돌에
부딪히지 아니하게 하리로다(시 91:11-12)."

사탄이 이 부분만 따로 떼어 예수님으로 하여금 쓸데없는 행동을 취해

보라고 유도하는데 사실 전혀 연관성이 없다. 첫째, 왜 높은 곳에서 몸을 던져야 하는가? 자연법칙과 경험칙에 의하면 이는 무모하고 어리석은 행동이다. 당연히 큰 부상을 입거나 죽는다. 생명은 지키고 보호하는 것이지 죽이는 것이 아니다. 둘째, 관련 시편의 본문은 인지하지 못한 실수나 위험으로부터의 보호를 약속한 것이지, 어리석은 행동에 대한 안전을 보장한 것이 아니다. 따라서 그럴듯해 보이지만 사탄의 논리는 터무니없다.

그런데 사탄은 더 큰 실수를 저질렀다. 말씀까지 인용하며 예수님을 어떻게 해 보려고 했으나 제 꾀에 빠졌다. 이 부분을 이해하기 위해서는 이 시편의 배경과 목적을 이해할 필요가 있다. 시편 91편은 주지하듯이 성경에 나타난 대표적인 보호 시편이다. 특히 5-6절은 다음과 같은 구절을 담고 있다.

> "너는 밤에 찾아오는 공포와 낮에 날아드는 화살과 어두울 때 퍼지는 전염병(pestilence)과 밝을 때 닥쳐오는 재앙(destruction)을 두려워하지 아니하리로다(시 91:5-6)."

현대도 마찬가지지만 고대에도 성경을 번역할 때 독자들이 원문을 이해하기 쉽도록 의역한 경우가 있었다. 성경의 첫 번역인 칠십인역(LXX)에도 의역이 나타난다. 구약성서는 그리스(헬라)어로 처음 번역되었는데, 이 번역은 예수님이 오시기 전 이미 수백 년 전에 완성되었다. 그리고 예수님 시대에 와서는 오히려 히브리어 원문보다 널리 사용되었다. 예수님의 광야 시험을 담고 있는 마태복음과 누가복음도 예외는 아니다. 마태와 누가가 구약을 인용할 때 주로 칠십인역을 사용하였다. 흥미로운 점은 칠십인역에서 위 시편 구절을 약간 의역하고 있다는 점이다. 다음과 같다.

"너는 밤에 찾아오는 공포와 낮에 날아드는 화살과 어두울 때 퍼지는 것들(things)과 밝을 때 닥쳐오는 귀신(demon)을 두려워하지 아니하리로다(시 91:5-6)."

헬라어 구약성경은 전염병을 '것들'로 재앙을 '귀신'으로 번역하였다. 의역은 원래 원문의 뜻을 알기 쉽게 풀어 설명한 것이다. 그런데 칠십인역은 히브리 원문을 오히려 더 난해하게 만들어 놓았다. 하지만 좀 더 들여다보면 의외의 사실을 발견할 수 있다.

구약성서는 원래 모음 없이 자음으로만 구성되어 있었다. 따라서 같은 자음이라도 어떻게 모음을 붙이냐에 따라 의미가 달라진다. 그런데 칠십인역은 어쩌면 구약성서의 이 전통을 충실하게 따라 번역했다고 볼 수 있다. 전염병과 '것들'은 모두 'd-b-r'이라는 자음에 적절한 모음을 붙일 때 나타나는 의미들이다. '데베르(deber)'로 읽으면 전염병이 되고 '다바르(dabar)'로 읽으면 '것들'이 된다. 어떤 것이 정답이라고 주장할 수 없다.

한참이 지난 후 '데베르'로 통일되었지만 예수님 이전 시대, 예수님의 공생애 시기, 그리고 한참 후에도 '다바르'로 읽었을 가능성이 있는 것이다. 단순히 전염병뿐 아니라 일체의 위험과 사건, 사고 같은 것들(다바르)을 두려워할 필요가 없다는 의미이다. 보호와 안전의 범위를 크게 확장한 독법이다.

재앙의 경우도 마찬가지다. '슈드(shud)'라고 읽으면 재앙이나 끔찍한 사건/사고가 되지만 '쉐드(shed)'라고 읽으면 귀신(demon)이 된다. 그런데 이 부분과 관련해 흥미로운 사실 하나를 더 주목할 필요가 있다. 주후 4세기쯤에 '아람어(Aramaic)'로 성경이 다시 번역되는데(소위 '타르굼'), 이때도 재앙을 '귀신'으로 번역하고 있다는 사실이다.

> "너는 밤에 어슬렁거리는 귀신(maziq)의 공포를 두려워하지 않
> 을 것이며… 낮 동안에도 귀신들의 모임(mazikaya)에 떨 필요가
> 없을 것이다… 어떤 해악도 네게 닥치지 못할 것이고, 전염병이
> 나 귀신들도(maziqaya) 네 장막에 가까이하지 못할 것이다. 왜
> 냐하면 주님이 너를 위해 그의 천사들에게 명령하시기 때문이다
> (시 91:5-6, 10-11)."

위와 같은 사실은 예수님 당시, 그리고 예수님 이후 오랫동안 이 시편이 어떤 목적으로 사용되었으며 인용되었는지 보여 준다. 유대인들에게

시편 91편은 귀신이나 사탄을 내쫓는 시편이었던 것이다. 이 시편은 오랫동안, 그리고 아마도 지금까지도 사탄과 귀신을 내쫓고, 꾸짖고, 대적하는 하나님의 말씀이었다.[19]

따라서 사탄이 광야에서 예수님을 시험할 때 이 시편을 인용했다는 것은 그가 얼마나 멍청했는지를 보여 준다. 자신의 졸개들이 제일 두려워하고 싫어하는 시편을 엉겁결에 인용한 것이다. 자신을 내쫓고 저주하는 시편을 언급한 것이다. 이어지는 예수님의 꾸지람과 더불어 자신을 내쫓도록 작성된 시편의 말씀을 스스로 내뱉음으로써 사탄은 쫓겨 갈 수밖에 없었다.

동시에 이 시편이 축사(exorcism)를 위한 대표 시편이었던 것을 알고 있었던 유대인 독자들은 이 구절을 읽으면서 한참 웃었을 것이다. 사탄의 어리석음과 하나님의 지혜를 동시에 목격할 수 있었기 때문이다.

삶에는 여러 종류의 위험이 도사리고 있다. 수많은 어이없는 참사로 우리는 많은 귀한 영혼들을 잃었다. 사탄이 온 것은 오직 빼앗고, 속이고, 죽이기 위함이다. 허망한 사고 가운데 우리의 마음은 아프고 쉽사리 위로받지 못한다. 동시에 이런 사고들은 우리 그리스도인들이 왜 힘써 복음을 전해야 하는지 경각심을 일깨운다.

사탄은 예수님을 성전 꼭대기에 세우고 '뛰어내리라'고 주문하였다. 이 말도 안 되는 시험을 예수님은 단호히 거절하셨다. 동시에 하나님은 사탄이 스스로의 꾀에 빠지도록 저주하였다. 스스로를 저주하고 몰아내는 '하나님의 말씀'을 내뱉게 한 것이다. 이것이 복음이다. 성령으로 인도받는 사람, 주님을 사랑하고 의지하는 사람은 사탄의 거짓되고 망령된 유혹을 분별할 수 있다. 동시에 어떤 귀신의 망동도 막아 주신다. 비극 가운데 오늘 주님은 생명의 말씀을 붙들도록 우리들에게 촉구하신다.

(리더십 원칙) **리더는 분별력을 갖춘 사람이다.**

출생의 비밀

"네가 흙으로 돌아갈 때까지 얼굴에 땀을 흘려야 먹을 것을 먹으리니 네가 그것에서 취함을 입었음이라. 너는 흙이니 흙으로 돌아갈 것이니라 하시니라. 아담이 그의 아내의 이름을 하와라 불렀으니 그는 모든 산 자의 어머니가 됨이더라. 여호와 하나님이 아담과 그의 아내를 위하여 가죽옷을 지어 입히시니라(창 3:19-21)."

위 구절을 자세히 읽어 보자. 에덴동산에서의 인류의 타락을 기술한 위 본문에는 몇 가지 생각해 볼 부분이 있다. 하나님은 선악과를 먹은 사실에 대해 아담을 추궁했다. 이에 아담은 잘못을 여자에게 돌렸다. 여자는 뱀 때문이라고 변명했다. 그래서 하나님은 여자가 지불해야 할 대가에 대해 말씀하셨다. 여자는 아이를 낳게 될 것이다. 그런데 고통 가운데 출산하게 될 것이다. 그러나 이때는 아직 출산의 개념이 없었을 때다. 아직 출산이 무엇인지 알지 못하는 여인에게 이 말씀이 어떻게 이해되었을까? 아마 이브는 출산보다는 '고통'이라는 말에 사로잡혔을 것이다.

아담도 마찬가지다. 하나님은 남자에게 그가 평생 수고를 통해서만 땅의 소산을 먹게 될 것이라고 했다. 아담의 입장에서 땅은 저주를 받았다. 동시에 아담은 충격적인 비밀 하나를 알게 된다. 그것은 자신이 흙으로 만들어졌다는 사실이다. 하나님은 아담이 죽어 흙으로 돌아갈 것임을 알렸다.

위 구절은 이처럼 출생의 비밀이 드러난 직후 아담의 반응이 기록되어 있다. 불과 몇 분 전만 하더라도 아내를 비난하던 아담은 이브에게 갑자기 달라진 태도를 보인다. 아내에게 '하와'라는 이름을 불러 준다(20절). 이는 단지 어떤 사실을 기술하는 것이 아니다. 이 구절에서 우리는 아내에 대한 아담의 변화된 모습을 느낄 수 있다. 여자를 비난하고, 수치로 몸을 가리고, 두려움에 떨던 아담의 태도가 이처럼 갑자기 달라진 이유가 무엇일까?

그 이유는 아마도 하나님이 아담에게 출생의 비밀을 드러냈기 때문이다. 이전까지 아담은 죽음에 대해 생각하지 못했을 것이다. 그는 자신의 창조주처럼 영원히 살 것을 당연시했을 것이다. 그에게는 죽음이라는 개념이 없었을 것이다. 하지만 하나님은 아담이 흙으로 만들어졌음을, 그리고 흙으로 다시 돌아갈 것이라고 통보하였다. 이제 아담은 자신의 생명과 삶에 기한이 있음을 깨달았다.

동시에 그는 하나님이 여자에게 말한 이야기를 떠올렸다. 여자는 아이를 낳게 될 것이다. 아담은 죽음에 직면한 동시에 다시 영원을 되찾을 수 있는 하나님의 계획을 알게 되었다. 아담은 여자를 통해 생명을 이어 갈 것이다. 자신은 흙으로 돌아가지만 자신의 일부, 자신의 삶은 이 여인을 통해, 이 여인이 낳은 자녀들을 통해 지속될 것이다. 그리고 그 자녀들 또한 그들의 자녀들을 통해 지속될 것이다.

짧은 순간 아담은 이 사실을 깨닫고 여자에 대해 새로운 인식을 갖게 된다. 이전에 아담은 이 사람을 '돕는 배필'로 인식했다. 동등한 존재가 아니다. 여자는 남자를 돕기 위해 생겨났다. 자신이 먼저 창조되었다. 여자는 남자의 일부로 만들어진 존재이다. 여자(히: 잇샤)라는 말은 남자(히: 잇쉬)에서 나온 존재라는 뜻이다. 남자라는 단어에 여성형 접사(히: 헤이, h)만 붙인 것이다.

하지만 이젠 모든 것이 변했다. 남자는 오직 여자를 통해서만 자신의 생명을 이어 갈 수 있다. 이것은 여자도 마찬가지다. 여자도 남자를 통해서만 자신을 이어 갈 수 있다. 그런데 여자는 생명을 잉태하고 창조한다는 점에서 하나님의 본질에 더 가깝다.[20]

이러한 사실을 깨닫자 여자에 대한 아담의 태도와 관점이 변했다. 비난과 정죄에서 사랑으로 바뀌게 되었다. 여자를 하나님의 속성인 생명의 창조성이 드러나는 하와(life)라는 이름으로 불렀다. 여자, 혹은 남자는 총칭명사(generic noun)이다. 마치 호랑이, 사슴과 같이 한 종을 일컫는 말이다. 하지만 사람의 이름은 다르다. 이름은 오직 하나의 개체만을 가리킨다. 이 세상에 오직 하나밖에 없는 존재가 된 것이다. 세상에 수많은 여자가 있어도 '하와'는 오직 한 명이다. 아담이 아내를 여자(히: 잇샤, woman)가 아닌 '하와'라는 이름으로 부르자 그때서야 하나님도 아담에게 이름을 불러 주었다.

우리말 성경에는 드러나지 않지만 사실 이 시점 전까지 하나님은 아담을 '인간(히: 하 아담, the man)'으로 지칭했다. '아담'이 이름이 아니었던 것이다. 여기서 '아담'은 인간이라는 종(species)을 의미한다. 우리말로는 '인간' 혹은 '사람'으로 번역하는 것이 맞다. 그에게 '인간아!'라고 불렀던 것이다. 따라서 여자도 물론 '아담'이었다. 하지만 이 남성 인간(아담)이 먼저 여성 인간(아담)에게 '하와'라는 이름을 부르자, 하나님도 기다렸다는 듯이 이 남성 인간에게 '아담(히: 아담)'이라고 부르기 시작한다(21절). 히브리어 성경은 이 순간 아담에게 붙어 있는 정관사(the)가 사라졌음을 보여 줌으로 '아담'이 더 이상 사람이란 뜻이 아니라 고유명사, 즉 이름임을 밝힌다. 인류 역사에서 여자가 처음으로 이름을 얻었고, 그다음 남자가 이름을 얻었음을 보여 준다.

그뿐만이 아니다. 하나님의 호칭에도 변화가 생긴다. 이전까지 하나님은 '엘로힘(God)'으로 불렸다. 총칭명사이다. 창조주이다. 신(神)이라는 뜻이다. 하지만 하나님은 이제 자신도 이름이 있음을 계시하신다. 그의 이름은 '여호와' 혹은 '야웨'이다. 아담과 하와가 그 차이를 이해했는지는 모르겠다. 하지만 성경은 이 차이를 분명히 드러내고 있다. 세상을 창조할 때 하나님은 자신의 정체를 '엘로힘'으로 계시한다(1장). 이때까지 인간은 단지 창조 세계의 일부일 따름이다. 하지만 2장부터는 하나님(엘로힘)과 더불어 '야웨'라는 이름이 나타난다(2-3장). 엘로힘과 야웨가 함께 쓰이는 것이다. 마치 아담, 하와라고 불리는 사람이 존재하는 것처럼 야웨라고 불리는 신이 존재한다는 사실을 알리고 있다.

하나님이 '야웨'라는 이름을 드러낸 시점은 사람의 이름이 등장한 이후이다. 남자에게는 아담, 여자에게는 하와라는 이름이 만들어진 이후 이제 하나님은 자신의 이름을 단독으로 쓰기 시작한다(4장). 하나님은 남자가 여자를 동등한 존재로, 자신의 생명과 삶에 필수적인 존재로 인식한 후에야 자신의 이름을 계시하셨다. 이제 인류는 관계를 배워 가기 시작했다.

(리더십 원칙) **리더는 먼저 상대방의 정체성과 가치를 인정한다.**

다른 상황, 같은 말씀

"만일 네 오른눈이 너로 실족하게 하거든 빼어 내버리라. 네 백체 중 하
나가 없어지고 온몸이 지옥에 던져지지 않는 것이 유익하며(마 5:29)"

　사(四)복음서는 예수님의 사역에 관한 네 명의 다른 저자들의 기록을
담고 있다. 따라서 같은 사안에 대해서도 저자가 보고, 느끼고, 이해한 관
점에 따라 서로 다른 기록을 담고 있다. 동시에 복음서에는 다른 상황이
나 이야기 가운데 '동일한' 말씀이 기록되어 있는 경우도 존재한다. 다른
상황이었음에도 불구하고 예수님은 같은 말씀을 하신 것이다. 위 경우가
그 가운데 하나이다. 위 본문은 산상수훈에서 가르쳤던 내용인데, 시각
을 통한 죄의 위험성이란 주제를 다른 곳에서도 가르친 적이 있다.

　"만일 네 눈이 너를 범죄하게 하거든 빼어 내버리라. 한 눈으로
　영생에 들어가는 것이 두 눈을 가지고 지옥 불에 던져지는 것보
　다 나으니라(마 18:9)."

이 두 말씀은 사실상 동일하다고 봐도 과언이 아니다. 예수님이 같은 말씀을 두 번이나 반복했다는 것은, 그것도 다른 맥락에서 반복했다는 것은 그만큼 이 가르침이 중요했다는 의미일 것이다. 예수님이 가르친 이 말씀의 주제는 '눈(시각)'을 통해 들어오는 죄의 심각함이다.[21] 물론 말 그대로 눈을 빼어 버리라는 의미는 아니겠지만 그만큼 우리가 시각을 통해 얼마나 쉽게 실족할 수 있는지를 경고하고 있다.

그런데 실제로 이 죄에 빠져 눈이 뽑혀 버린 사람이 성경에 존재한다. 삼손이다. 삼손은 구약의 대표적 인물 가운데 하나인데, 예수님은 위 말씀을 삼손을 염두에 두고 하셨을 가능성이 높다.

> "블레셋 사람들이 그를 붙잡아 그의 눈을 빼고 끌고 가사에 내려가 놋줄로 매고 그에게 옥에서 맷돌을 돌리게 하였더라(삿 16:21)."

블레셋 사람들은 삼손을 붙잡았다. 그리고 블레셋 사람들은 삼손의 눈을 빼어 버렸다. 그런데 왜 안구를 적출했을까? 삼손은 블레셋 사람들의 원수였다. 삼손은 그의 괴력으로 수많은 블레셋 사람들을 죽였다. 그렇다면 블레셋 사람들은 차라리 그의 양손을 절단했다면 어땠을까? 삼손의 손에 많은 피해를 입었으니 적절한 보복이 되었을 것이다. 하지만 눈을 빼어 버렸다. 성경은 그에 대한 이유를 제시하고 있는 것 같다. 블레셋 사람들은 삼손의 안구를 적출함으로 삼손을 조롱하고 더욱 큰 심리적 상처를 안기려 했을 것이다.

> "삼손이 딤나에 내려가서 거기서 블레셋 사람의 딸들 중에서 한
> 여자를 보고(삿 14:1)"

삼손의 비극은 여기서 시작한다. 삼손은 딤나에서 블레셋 여인 중의 한 명을 보았다. 삼손은 이방 여인과 사귀면 안 된다는 것을 알고 있었다. 하지만 눈을 통해 처리된 정보가 쌓이고 반복되면서 삼손은 결국 들릴라라는 여인에게 빠지게 되었다. 블레셋 사람들은 이런 삼손의 약점의 잘 이용하였고 눈을 뽑아 버림으로 삼손을 실컷 조롱한 것이다.[22]

그러나 비단 삼손뿐이겠는가. 선악과는 기본적으로 '시각'에 의한 죄의 위험성을 경고한다. 아담과 하와는 선악과를 보고(saw) 먹음직스럽다고 판단했다(창 3:6). 사탄은 이들에게 선악과를 먹는 날 '눈(eye)'이 밝아질 것이라고 유혹했다(창 3:5). 범죄 이후 이들 부부는 자신들이 벌거벗은 것을 '보고(saw)' 숨었다. 확실히 선악과는 시각을 통한 죄의 위험성을 처음부터 경고하고 있다.

그런데 역설적으로 삼손은 육신의 눈이 뽑히고서야 하나님이 필요하다는 사실을 깨닫게 되었다.

"삼손이 여호와께 부르짖어 이르되 주 여호와여 구하옵나니, 나를 생각하옵소서. 하나님이여 구하옵나니, 이번만 나를 강하게 하사 나의 두 눈을 뺀 블레셋 사람에게 원수를 단번에 갚게 하옵소서 하고(삿 16:28)"

삼손은 두 눈을 잃고 나서야 하나님을 찾게 되었다. 육신의 눈을 잃었지만 그제야 하나님이 자신의 용맹과 힘의 원천임을 깨달은 것이다.

예수님이 '눈'과 '시각'을 통해 죄의 위험성을 재차 경고했다는 사실은 미디어가 극도로 발달한 현시대에 더욱 울림이 크다. 손에 쥔 핸드폰을 통해 이제 누구나 음란물을 쉽게 접하게 되었다. 어린아이들은 말을 배우기도 전에 손에 핸드폰과 패드를 쥐고 있다. 이는 비단 잘사는 나라만의 문제가 아니다. 선교 현장을 돌아다니다 보면 전혀 예상하지 못한 장소에서도 아이들이 손에 핸드폰을 쥐고 있는 기이한 모습을 접할 수 있다. 우리는 주님의 경고를 새겨들어야 한다.

오히려 우리는 '청각'의 민감도를 발달시켜야 한다. 주님은 보이지 않지만 말씀하신다. 주님이 우리에게 들으라고 말씀하신다. 매일 우리가 주님의 말씀을 들어야 하는 이유가 여기 있다. 말씀을 눈으로만 보는 것이 아니라 입술로 묵상(speak tenderly)해야 하는 이유가 여기 있다. 주님을 보려 하지 말고 그분의 말씀을 듣고, 들으려 해야 한다. 주님은 삼손의 기도를 들으시고 새 힘을 주셨다.

리더십 원칙 **리더는 잘 듣는 사람이다.**

귓부리, 엄지손가락, 엄지발가락

"너는 그 숫양을 잡고 그것의 피를 가져다가 아론의 오른쪽 귓부리와

그의 아들들의 오른쪽 귓부리에 바르고, 그 오른손 엄지와 오른발 엄지

에 바르고 그 피를 제단 주위에 뿌리고(출 29:20)"

이스라엘의 제사장은 임명식 때 특별한 의식을 치렀다. 이 의식 중의
하나는 오른쪽 귓부리(귓불), 오른손 엄지, 오른발 엄지 등 신체의 세 지
점에 숫양의 피를 바르는 것이다. 그 이유는 무엇일까?

가장 먼저 드는 생각은 제사장들이 하나님의 말씀을 청종하고(귀), 주
님의 계명을 따라 걸으며(발), 주님의 뜻을 따라 행동(손)해야 한다는 것
이다. 수긍이 간다. 그런데 또 다른 이유가 있을까?

이 규정은 출애굽기와 레위기(레 8:23-24)에 등장하는데, 두 본문을 보
면 또 다른 공통점이 있다. 이 규정에 이어 바로 '제단(altar)'이 등장한다

는 점이다. 제사장의 귓불, 오른손 엄지, 오른발 엄지에 바르고 남은 피를 제단 주위에 뿌리라고 한다. 혹시 이 규정이 제단과 어떤 관련이 있는 것은 아닐까?

제단만 따로 떼어 놓고 보면 위 질문과 관련해 흥미로운 사실을 발견할 수 있다. 이스라엘 성전의 제단은 육면체로 제작되는데, 맨 윗부분의 네 모퉁이를 뿔(horn) 모양으로 장식하게끔 되어 있다(출 27:1-2). 그런데 제단 뿔 역시 희생제물의 피로 바르게 되어 있다(출 29:11-12). 제단 뿔을 피로 바르는 규정과 제사장의 신체 일부를 피로 바르는 규정은 출애굽기 29장에 나란히 등장한다. 따라서 성경은 제단과 제사장 사이에 어떤 유사점이 있음을 강하게 암시하고 있다. 즉, 제단과 제사장은 모두 사실상 동일한 취급을 받고 있다. 하나는 물체이고 다른 하나는 생명체지만 동일한 원칙이 적용되는 것 같다.

제단 뿔은 구조상 제단의 끝부분에 해당한다. 제사장의 오른손 엄지, 오른발 엄지, 그리고 귓불 역시 신체의 말단 부분에 해당한다. 즉, 구조상 끝에 해당하는 부분에 어떤 행위를 적용함으로써 해당 구조물, 혹은 당사자 전체에 효력을 가하는 효과를 미친다. 하나님은 희생제물의 피를 제단과 제사장에게 적용함으로써 동일한 대상으로 취급하고 있다.

사실 제단과 제사장, 이 둘은 불가분의 관계이다. 제사장이 없다면 제단은 단지 돌무더기에 불과하다. 그런데 제단이 없다면 제사장이 역할을 수행할 수 없다. 제단은 제사장이 존재하는 본질적 이유를 제시한다. 둘은 서로 떼려야 뗄 수 없는 관계인 것이다. 하지만 이것만으로 왜 제사장의 신체 일부에 피를 바르는지 충분한 설명이 가능하지 않다.

제사장은 제물을 희생시켜 제단에 올림으로써 자신과 이스라엘을 위한 속죄를 수행한다. 그런데 어떤 시점에 동물이 아닌 제사장 자신이 희생제물이 된 적이 있다. 말 그대로 제사장과 제단이 '하나'가 된 것이다. 하나님이 제사장과 제단을 동일시했던 이유는 여기서 찾을 수 있다.

예수 그리스도는 대제사장의 직분을 가지고 스스로 제물이 되었다. 그리고 제단에 올라갔다. 제사장이 직접 제물이 되어 십자가라는 제단에 놓인 것이다. 이 모습은 마치 제사장과 제단이 하나가 된 것과 다름없다. 제사장이 제물이 되어 제단과 하나가 된 것이다. 하나님이 제사장과 제단을 동일한 대상으로 취급한 이유가 여기 있다. 언젠가 한 제사장이 직접 제물이 되어 제단과 하나가 될 것을 미리 아신 것이다. 제사장의 몸에 피를 바른다는 것은 결국 제사장이 희생을 당하게 될 것을 암시하는 것이다.

예수님이 직접 제단과 하나가 될 때의 광경을 그려 보자. 예수님은 가시 면류관을 쓰셨다. 그리고 양손과 발에 못이 박혔다. 가시 면류관으로 인해 흘러나온 보혈은 당신의 귓불을 적셨을 것이다. 또한 당신의 엄지손가락과 엄지발가락 역시 피로 뒤덮였을 것이다. 마치 제단의 각 모퉁이가 피에 적셔지듯 예수님의 신체는 그 말단까지 모두 피에 적셔졌을 것이다. 하나님의 계획은 오직 흠 없는 대제사장의 보혈을 통해 우리 모두를 위한 완전한 속죄를 완성하는 것이었다. 이것이 바로 제사장의 귓불, 엄지손가락, 엄지발가락에 제물의 피가 발라진 이유이다.

(리더십 원칙) **리더는 희생하는 사람이다.**

제사장이 된 문둥병자

"제사장은 그 속건제물의 피를 취하여 정결함을 받을 자의 오른쪽 귓부리와 오른쪽 엄지손가락과 오른쪽 엄지발가락에 바를 것이요(레 14:14)."

이 주제는 바로 이전의 논문과 밀접한 관계가 있다. 직전의 논문에서 제사장 임명에 관한 한 구절(출 29:20)을 통해 왜 제사장의 신체 일부(오른쪽 귓부리, 오른 엄지손가락, 오른 엄지발가락)에 제물의 피를 바르는지 살펴보았다. 피는 죽음을 의미하고, 신체 일부, 특히 말단은 대상 전체를 대표하며, 희생제단과의 유사성을 통해 제사장이 제단과 하나가 된다는 점을 밝혔다. 이는 그리스도 예수의 십자가 사건의 한 예표이다. 이스라엘 역사에 있어 첫 제사장을 임명하는 순간부터 하나님은 예수님의 십자가의 사역을 염두에 두고 있었다.

그런데 성경은 신체 일부에 제물의 피를 바르는 또 다른 규정을 밝히고 있다. 제사장 외에 이 '사람'에게도 제사장에게 바르는 동일한 위치에 피를 바르게 되어 있다. 동일한 의식을 통해 제사장과 동급의 취급을 받는 이 인물은 다름 아닌 '문둥병자'이다.

레위기 14장은 문둥병자의 정결에 관한 규정을 담고 있다. 간단히 말해 문둥병을 앓았지만 치유가 된 사람에 대한 규정이다. 성경에 의하면 문둥병이란 질환은 단지 병이 나았다고 끝나는 것이 아니다. 환자는 반드시 제사장의 확인을 받아야 한다. 그리고 그 과정에서 거쳐야 하는 다소 복잡한 규정이 있다.

한때 문둥병을 앓았던 환자는 제사장의 진단을 통해 완치되었다는 확인을 받아야 한다. 그게 끝이 아니라 성경이 규정한 일정한 예물을 드려야 한다. 그런데 이것도 끝이 아니다. 이와 관련한 어떤 제의를 치러야 비로소 가족의 품으로 들어와 정상적인 생활이 가능하다. 그 어떤 제의란 바로 신체의 세 곳에 제물의 피를 바르는 것이다. 즉, 오른쪽 귓부리, 오른쪽 엄지손가락, 오른쪽 엄지발가락에 피를 발라야 한다(레 14:14). 나아가 동일한 장소에 기름까지 바르라고 한다(레 14:17).

이스라엘의 제사장을 임명할 때 가장 중요한 절차가 있다면 그것은 머리에 기름을 붓는 것이다(레 8:12). 우리에게 익숙한 '그리스도'라는 호칭도 여기서 나왔을 정도이다. 그리스도는 '기름 부음을 받은 사람

(anointed)'이라는 뜻이다. 고대 이스라엘에서 세 가지 직분이 이 과정을 거친다. 왕, 제사장, 그리고 선지자이다. 그런데 이 세 직분 가운데 제사장에게 이 호칭이 처음으로 사용되었다(레 4:3). 제사장에 대해 노골적으로 '기름 부음을 받은(히: 마쉬아흐, anointed) 제사장'이라고 명시하였다. 아직 왕은 존재하지 않았고 예언자의 시대가 도래하기 전이다. 오직 제사장만이 이 특별한 의식을 통해 임명되었다. 모세조차도 경험하지 못한 특권이었다.

그런데 왕, 제사장, 예언자도 아닌 일반인이 기름 부음을 받는 경우가 있다. 이미 언급했지만 바로 정결하게 된 문둥병자이다.

"…남은 기름은 제사장이 그 정결함을 받는 자의 머리에 바르고…
(레 14:18)"

기름 부음 받은 제사장은 완치된 문둥병자의 신체 세 곳에 피를 바르고 머리에 기름을 발라 줘야 한다.[23] 이는 마치 문둥병자를 제사장으로 임명하는 것 같은 착각을 불러일으킨다. 무심코 지나칠 수 있는 구절이 아니다. 이 사례가 실제로 존재했다면 이 의식을 진행하던 제사장은 무슨 생각을 했을까? 또 왜 이런 제의를 진행해야 하는지 그 의미를 정확히 이해하고 있었을까?

구약에 나병환자의 진단과 회복에 관한 규정은 등장하지만 실제 이 규정이 적용된 사례가 있을까? 나병에 걸렸다가 회복된 사례는 두 번 발견된다. 하나는 미리암의 경우이다(민 12장). 다른 하나는 시리아(아람) 장군 나아만이다(왕하 5장). 나아만이 이방인이었다는 점을 감안한다면 오직 미리암만이 이 절차를 거쳤을 것으로 추측할 수 있다.

이 절차는 매우 자세하게 규정되어 있다. 성경이 그만큼 이 부분을 중요하게 생각한다는 뜻이다. 그런데 의외로 적용 사례는 사실상 하나뿐이다. 어떤 면에서 이 규정은 오직 미리암만을 위해 제정된 것이라고 해도 과언이 아니다. 미리암은 나병에 걸렸다가 '제사장'이 된 것이다.[24] 이 여성이 나병에 걸렸다가 기름 부음을 받은 구약의 유일한 사람이다. 미리암이 '그리스도'가 된 것이다. 미리암이라는 이름은 신약 시대에 '마리아'로 불렸다. 예수님이 마리아의 아들로 태어난 것은 우연이 아니다.[25]

문둥병에서 회복된 사례가 본격적으로 등장하는 곳은 신약이다. 예수님은 수많은 문둥병자들을 고치셨고 이들을 모두 아론의 후손들에게 보냈다(마 8:3-4; 눅 5:13-14). 평생 레위기의 규정을 책으로 공부만 하다가 몰려드는 문둥병자들을 보고 당황했을 당시 제사장들의 모습이 그려진다.

문둥병 치유는 예수님의 공생애 기간 동안 당신이 그리스도라는 것을 증명하는 가장 대표적인 표적 가운데 하나였다(마 11:5; 눅 7:22). 문둥병은 미리암의 사례에서도 드러나듯 인간의 죄에 대한 가장 뚜렷한 외적 표식의 하나였다. 병의 고통은 차치하더라도 환자는 모두로부터 격리되어야 했다. 사랑하는 가족, 친구, 공동체로부터 분리된다. 그리고 평생을 고통, 수치, 외로움, 절망 가운데 살아가야 한다.

예수님은 문둥병을 치유하셨다. 죄인의 죄와 허물을 용서하고, 정결하게 하고, 완전히 회복시켰다. 그런데 그것이 전부가 아니다. 하나님은 치유된 문둥병자에게 오직 제사장에게만 허용된 의식을 명하셨다. 사실상 문둥병자를 제사장으로 임명한 것이다. 이는 그리스도의 사역이 단순히 죄의 용서와 치유로 끝나지 않을 것임을 의미한다. 실제 사례가 거의 없을 것을 알면서도 구약에 이 신비로운 규정이 그토록 자세하고 상당한 분량으로 등장하는 이유가 여기 있다.

우리는 예수님의 십자가 보혈로 깨끗함을 받았다. 용서받았으며 정결하게 되었다. 하지만 그것이 다가 아니다. 하나님은 우리를 예수님처럼 그리스도로, 기름 부음을 받은 자로 임명할 생각이었다. 그리스도를 믿는다는 것은 단지 병이 낫고 수치가 제거되는 것으로 끝나는 것이 아니다. 우리는 그리스도를 믿는 순간 제사장으로 임명되었다. 우리는 이제 다른 이스라엘의 제사장처럼 백성들을 대표하여 하나님 앞에 나아갈 수 있다. 베드로가 우리를 '왕 같은 제사장'이라고 부른 것은 단순한 수사나 겉치레가 아니다. 문둥병자 같았던 우리는 그의 보혈로 치유되었고 예수님처럼,

아론처럼, 제사장으로 신분이 바뀌었다. 이는 여성도 예외가 아니다. 여성이 제사장으로 임명된 사례는 없지만, 하나님은 미리암을 꼭 찍어 문둥병에서 회복시키심으로 당신의 아들을 통해 그녀를 제사장으로 '임명했다'. 필자가 여성 목회자 안수를 적극 지지하는 이유가 여기 있다.

(리더십 원칙) **여성도 남성과 동일한 리더십을 발휘해야 한다.**

아브라함의 품

"이에 그 거지가 죽어 천사들에게 받들려 아브라함의 품에 들어가고 부
자도 죽어 장사되매, 그가 음부에서 고통 중에 눈을 들어 멀리 아브라
함과 그의 품에 있는 나사로를 보고(눅 16:22-23)"

이 비유에서 부자는 누구인가? 이상한 점이 있는데 거지 '나사로'와는
달리 예수님은 이 부자에게는 이름을 불러 주지 않는다. 우리는 한 구절
을 통해 그 이유를 유추해 볼 수 있다.

"아브라함이 이르되 그들에게 모세와 선지자들이 있으니 그들에
게 들을지니라(눅 16:29)."

이 부자에게는 형제들이 있었다. 그들, 즉 그의 다섯 형제들 역시 모세
와 선지자, 즉 하나님의 말씀을 통해 다윗의 아들, 메시아가 누구인지 알
수 있다. 하지만 그들은 모두 메시아를 영접하길 거부하고 있다. 이 부자

가 죽은 나사로를 그들에게 보내 달라는 것을 보면 알 수 있다(27절). 하지만 예수님은 성경을 듣고서도 믿지 않는다면 나사로가 살아나 찾아가서 증언해도 소용없을 것이라고 가르쳤다(31절). 따라서 이 부자는 예수를 메시아로 받아들이기를 거부한 사람을 대표한다. 믿지 않는 자인 것이다. 그런데 믿지 않는 자에게는 이름이 없다. 무슨 의미인지는 또 다른 비유를 통해서 이해할 수 있다.

> "…진실로 너희에게 이르노니 내가 너희를 알지 못하노라 하였
> 느니라(마 25:12)."

기름을 미처 준비하지 않은 미련한 다섯 처녀에게 이른 말씀이다. 그리스도 예수님을 믿지 않거나, 그의 오심을 준비하지 않은 자들에게 이른 말씀이다. 예수님은 '너희를 알지 못한다'고 말씀하셨다. 알지 못하는데 어떻게 이름을 알겠는가? 그러니 누군가를 모른다는 말은 그의 이름을 모른다는 말과 동일하다. 따라서 나사로와 부자의 비유에서 예수님이 부자의 이름을 밝히지 않았다는 것은 그가 예수님을 영접하지 않았거나 믿지 않았음을 의미한다.

그렇다면 나사로는 누구인가? 그는 병에 걸려 죽었다가 되살아난 예수님이 사랑했던 베다니의 '나사로'와 같은 이름을 가졌다(요 11장). 그는 예수님을 믿었고 예수님 역시 그를 사랑했다. 예수님은 그 나사로의 이

름을 이 비유에서 사용했다. 왜 예수님은 그를 나사로로 불렀을까?

나사로는 죽음 이후 아브라함의 품에 안겼다. 그런데 이 비유에서 예수님은 나사로의 삶이 극심한 질병과 고통, 그리고 가난으로 점철되어 있었다고 얘기했다. 그리고 죽음을 맞이했다. 그런데 그는 사후에 천사들에게 받들려 아브라함의 품에 안기게 되었다. 낙원에서 아브라함은 나사로를 품에 안고 있다.

그런데 이 비유는 오해할 소지가 많다. 나사로는 너무 불쌍하다. 만일 나사로가 믿는 사람을 대표한다면 신자의 삶이 살아 있을 때 나사로와 같아야 한다는 것인가? 비록 후에 낙원에서 위로를 받지만 현실에서의 삶의 모습은 전혀 감흥이 되지 않는다. 이런 인지 부조화를 해소하려는 것이 이 글의 목적이다.

먼저 '아브라함의 품'이 무엇인지 알아보자. 이 구절이 이 비유의 핵심어이다. 이 말의 뜻을 이해하면 이 비유가 무엇을 가르치려고 하는지 이해할 수 있다. 죽음 이후 무슨 일이 벌어지는가? 예수 그리스도를 믿고, 하나님의 말씀을 절대적인 진리로 받아들이는 우리는 이 비유를 통해 적어도 다음과 같은 사실을 발견할 수 있다.

먼저, 이 지구에서의 생이 끝날 때 우리는 바로 하나님과 예수님이 기다리는 천국으로 가는 것 같지 않다. 성경은 그리스도의 재림을 분명히 약속한다. 주께서 하나님의 나팔 소리와 함께 하늘에서 강림하실 것이다. 그때 그리스도 안에서 죽었던 사람들이 먼저 일어난다(살전 4:17). 부활에도 순서가 있음을 알 수 있다. 그 후에 살아 있는 자들도 이들과 함께 구름 속으로 끌어 올려져 공중에서 예수님을 영접하게 될 것이다. 믿는 사람들을 의미할 것이다. 그리고 이후 우리는 항상 주와 함께 있게 된다(살전 4:18).

그런데 아직 예수님이 오시지 않았다. 그렇다면 지금까지 죽은 사람들은 어디에 있는 것일까? 그리고 그들은 지금 어떤 상태에 있을까? 오늘 말씀은 이에 대한 대략적인 그림을 제공한다. 사람이 죽으면 음부(헬: 하데스)라는 곳으로 가게 된다. 이 말은 '스올'이라는 히브리어를 번역한 것이다. 흔히 음부, 지옥으로 번역되지만 그 뜻은 그냥 '죽은 자들이 머무는 곳'이다. 긍정적이지도 그렇다고 부정적이지도 않다. 사실 믿지 않았던 부자도 그리고 우리의 나사로도 모두 이곳에 도착했다(22절).[26]

부자가 '고개를 들어' 나사로를 쳐다보았다는 구절을 근거로 부자는 아래에 있는 지옥에 있고 나사로는 위에 있는 천국에 있는 것처럼 오해되기도 한다. 하지만 '고개를 들다(lift up his head)'라는 표현은 히브리 표현에 '멀리 떨어진 곳을 바라보다'라는 의미이다. 아브라함이 이삭을 바치러 모리아 땅으로 갈 때 아브라함은 고개를 들어 멀리 떨어진 그곳을 바라보았다(창 22:4, 13).

우리가 확실히 이해할 수 있는 곳은 아니지만 음부 혹은 스올이라는 곳은 죽음 이후 우리가 '임시로' 머무는 곳임이 분명하다. 그런데 이 음부에도 복음이 있다. 예수님은 이 스올의 구조에 대해 말씀하신다.

> "너희와 우리 사이에 큰 구렁텅이가 놓여 있어 여기서 너희에게
> 건너가고자 하되 갈 수 없고 거기서 우리에게 건너올 수도 없게
> 하였느니라(눅 16:26)."

스올은 크게 두 곳으로 나뉘는 것을 알 수 있다. 한 곳은 부자가 있는 장소로 '불꽃' 가운데 극심한 고통이 존재한다(24절). 그리고 그 경계에는 큰 구렁텅이가 있다. 계곡과 같은 곳으로 추정된다. 그리고 그 계곡 맞은 편은 색다른 광경이 펼쳐진다. 바로 나사로가 있는 곳이다. 같은 스올임에도 불구하고 이곳에서 나사로는 아브라함의 품에 안겨 있다.

나사로가 죽음 이후의 삶을 영위하는 이 구역 역시 스올의 일부로 이곳이 예수님이 재림하실 때까지 성도들이 머무르는 장소임이 분명하다. 따라서 스올 혹은 음부는 부자가 머무르는 '불꽃 구역'과 나사로와 아브라함 등이 머무르는 '아브라함의 품 구역'으로 구성되어 있다고 말할 수 있다.

이곳에서 성도들은 '아브라함의 품'에 있게 될 것이다. 그렇다면 아브라함의 품에 안겨 있다는 말은 무엇을 의미하는 것일까? 성경에 이미 그 의

미를 정확히 추론할 수 있는 유사한 표현이 등장한다.

"본래 하나님을 본 사람이 없으되 아버지 품 속에 있는 독생하신
하나님이 나타내셨느니라(요 1:18)."

요한은 예수님이 이 땅에 오시기 전에 어떤 모습이었는지 밝히고 있다.
예수님은 '아버지의 품(헬: 콜폰, bosom)'에 있다가 이 땅으로 내려오셨
다. 나사로의 비유에 나타난 표현과 동일함을 알 수 있다. 하나님의 독생
자가 아버지의 품에 있었던 것처럼 나사로 역시 아브라함의 품에 안겨 있
다. 자식을 당신의 품에 안고 있는 모습은 부모가 취할 수 있는 최상의 사
랑, 보호, 돌봄의 모습이다.

어떤 면에서 이 땅에서의 삶을 살아가는 우리 모두는 '나사로'이다. 그
부자조차도 '나사로'이다. 필자는 그 부자가 죽을 때에 '나는 정말 완벽한
삶을 살았어', '나는 모든 것을 이루었어' 등 아쉬움 없이 눈을 감았다고 생
각하지 않는다. 예수님 외에 누구도 '다 이루었다'고 만족하며 이생과 이
별하는 사람은 없었고, 앞으로도 그럴 것이다. 사실 모든 인류는 부자든
권력자든, 거지든 병자든 모두 억울해하며 죽음을 맞이한다.[27]

하지만 그 이후는 완전히 다른 세상이 펼쳐진다. 이것이 이 비유의 목
적이다. 믿든지 말든지, 기름을 준비하든지 말든지 모두가 아쉬움과 억

울함 가운데 죽음을 맞이할 것이다. 하지만 믿은 사람은 스올의 아브라함의 품 구역에서 완벽한 위로와 보상을 받는다. 예수님이 하나님 품에 안겨 있었던 그 느낌일 것이다. 그런데 그것이 전부가 아니다. 예수님이 다시 오실 때 또 다른 삶이 펼쳐진다. 하나님의 나팔 소리와 더불어 호출받을 것이다. 예수님을 영접하러 떠나야 하기 때문이다. 그리고 그 이후는 상상에 맡길 수밖에 없다.

나사로는 이처럼 우리 모든 믿는 사람을 대표한다. 건강했든, 아팠든, 더 가졌든, 덜 가졌든, 우리는 결코 이 땅에서 충분한 만족과 보상을 받을 수 없다. 그것이 인생이다. 나사로처럼 우리는 이 땅에서 마땅히 누려야 할 행복, 만족, 보상을 받지 못할 수도 있다. 우리는 오늘도 주위에서 수많은 슬픔과 비극을 경험한다. 나사로는 이처럼 주님을 영접했으나 어떤 이유에서 아브라함의 품에 안기게 된 우리의 사랑하는 지인이다.

우리 모두는 언젠가 죽은 자들이 함께 모이는 음부/스올에 도착할 것이다. 하지만 우리가 거주할 스올의 주소는 어떤 계곡 맞은편이다. 이곳에서 우리는 하나님이 예수님을 그 가슴에 품듯이 아브라함의 품에 안기게 될 것이다. 그리고 그곳에서 우리 주 예수님의 다시 오심을 기다릴 것이다.[28]

죽음이 우리 모두를 기다리고 있다. 하지만 믿는 성도들에게 죽음은 끝이 아니다. 새로운 차원의 세상이 기다리고 있다. 하나님이 예수님을 어떻게 사랑했는지, 하나님이 예수님에게 보여 주었던 사랑을 경험하는 시간이다. 이 여정이 예수님의 재림 전까지 남아 있다. 따라서 우리는 죽음마저도 일종의 설렘으로 기다릴 수 있을 것이다.

스올은 중간 기착지이다. 그곳에서 우리는 '천국'으로 거처를 옮길 우리 주 예수 그리스도의 재림을 기다리게 될 것이다. 이것이 클라이맥스이다. 아직 최고의 시간은 오지 않았다. 그 시간은 분명 우리가 이 땅에서의 생과 이별한 후에 시작될 것이다.

(리더십 원칙) **리더는 죽음 이후의 삶에 소망을 가지는 사람이다.**

솔로몬이 구한 것

"누가 주의 이 많은 백성을 재판할 수 있사오리이까. 듣는 마음을 종에게

주사 주의 백성을 재판하여 선악을 분별하게 하옵소서(왕상 3:9)."

솔로몬이 왕이 된 후 하나님이 그의 꿈에 나타났다. 하나님은 솔로몬
에게 무엇을 원하는지 물었다. 많은 사람들은 이때 솔로몬이 구한 것을
'지혜'라고 알고 있다. 틀린 말은 아니다. 하나님은 솔로몬이 '지혜로운
마음'을 구하였다고 칭찬했다(왕상 3:12). 하지만 솔로몬이 하나님의 질
문을 받고 구한 것을 정확히 말하면 본문에 나와 있는 것처럼 '듣는 마음
(listening heart)'이다. 솔로몬은 하나님에게 '듣는 마음'을 갖게 해 달라고
요청했다.

하나님은 솔로몬이 구한 것이 마음에 들었다(왕상 3:10). 하나님은 솔
로몬이 듣고, 이해하는 마음을 구한 것이라고 해석하였다(왕상 3:11). 따
라서 하나님은 솔로몬에게 지혜롭고(wise), 총명한 마음을 주었다(왕상

3:12). 이즈음에서 독자들은 하나님과 솔로몬 사이의 대화 가운데 지혜보다도 더 자주 등장하는 단어를 눈치챘을 것이다. 그것은 '듣다'는 말이다. 솔로몬은 듣는 마음을 구했고, 하나님은 듣는 것이란 이해하는 것이고, 지혜로운 것이며, 총명한 것이라고 맞장구쳤다.

성경에서 제일 번역하기 까다로운 단어 중의 하나는 '샤마(듣다)'이다. 성경 지식이 대중화되면서 이제 많은 신자들도 히브리어 '쉐마(listen)'라는 말을 잘 알고 있다. 신명기 6장 4절을 가리키는 말이다. 이 구절은 '쉐마' 혹은 '슈마'로 시작하기 때문에 '쉐마'라는 명칭이 붙었다.[29] 예수님은 이 구절이 가장 중요한 계명임을 확인했다(막 12:29). 과거도 그렇지만 지금도 유대인들에게 이 구절은 가장 중요한 구절이다.

그런데 '샤마'는 단순히 '듣다'로 번역하기엔 그 의미를 충분히 전달하지 못한다. 그 이유는 이 단어가 우리가 흔히 '순종하다'로 알고 있는 말의 번역이기도 하기 때문이다. 독자들은 구약에서 순종이라고 번역된 말이 '샤마'를 번역한 것이라고 생각하면 거의 틀림없다(창 26:5, 출 15:26; 16:20, 신 21:18; 28:15; 34:9 등). 영어나 한국말 성경을 비롯하여 모든 번역본 성경은 이 샤마를 때론 '듣다(청종하다)'로, 때론 '순종하다'로 번역했다. 문맥과 정황에 따라 달리 번역한 것이다. 그러나 이는 번역자의 주관적 판단일 뿐, 히브리 성경은 일관되게 '샤마'를 쓰고 있다.

흥미로운 사실 하나를 소개한다. 구약성서에는 사실 '순종하다'라는 단어 자체가 없다. 현대 히브리어는 '레짜예트(to obey)'라는 단어를 도입하여 순종하다는 의미로 쓰고 있지만, 이 단어는 후대에 아람어를 통해 도입한 것으로 히브리 성서에는 나타나지 않는다.[30] 따라서 적어도 성서시대에는 순종하다는 단어가 없었고, 또 그런 의미의 단어가 필요하지 않았던 것으로 보인다. '듣다'라는 뜻의 '샤마'를 폭넓게 사용함으로써 순종의 의미를 충분히 표현했을 것이라고 추측해 볼 수 있다.

'샤마'의 또 다른 의미는 '이해하다'이다. 다음 구절을 통해 샤마는 단지 듣는 것이 아니라 상대방의 생각이나 의도를 이해하는 것임을 알 수 있다.

> "자, 우리가 내려가서 거기서 그들의 언어를 혼잡하게 하여 그들
> 이 서로 알아듣지(히: 샤마, to understand) 못하게 하자 하시고
> (창 11:7)"

유명한 바벨탑 기사 중 일부이다. 여기서 샤마는 단지 상대방의 말을 듣는 것이 아니다. 상대방이 외국어로 말한다면 더 많은 노력이 필요하다. 상대방이 의도하는 의미를 제대로 이해하기 위해서는 단어나 문법뿐 아니라 문화, 뉘앙스, 행간의 의미, 표정을 살펴야 하는 등 매우 복잡하고 정교한 노력과 훈련, 경험이 필요하다. 이러한 관점에서 솔로몬이 '듣는 마음'을 구했을 때, 그 의미는 단순한 듣기를 넘어, 경청, 이해, 숙고, 내면

화, 판단, 반응 등을 포괄하고 있음을 알 수 있다.

이를 통해 동시대의 주변 문화와 비교하면 당시 히브리인들의 신앙의 지향점을 잘 알 수 있다. 고대 이집트, 메소포타미아, 그리고 그리스의 유물들은 시각적인 것에 초점이 맞춰져 있다. 우리가 이스라엘 주변의 문명을 생각할 때 무엇이 먼저 떠오를까? 기자의 피라미드, 바벨론의 공중정원, 그리스의 신전이나 조각이 먼저 생각날 것이다. 확실히 시각적이다. 이에 반해 이스라엘은 내놓을 만한 것이 거의 없다. 솔로몬 성전을 떠올리는 사람도 있겠지만 성지순례를 갔다 온 사람들에게 물어보라. 예루살렘이란 도시 자체가 우리나라 지방 도시의 변두리보다 변변찮다.

이스라엘의 하나님은 자신의 형상조차 만드는 것을 금지하였다. 따라서 성서의 땅에는 변변한 건축물이나 조각상이 남아 있지 않다. 중요 유적지들은 죄다 무너진 돌무더기이다. 제국들이 보여 줄 것에 집중했다면 이스라엘은 듣는 것에 집중했다. 주변국들과는 전혀 다른 방향으로 갔다.

"그들의 말이 그의 편지들은 무게가 있고 힘이 있으나 그가 몸으로 대할 때는 약하고 그 말도 시원하지 않다 하니(고후 10:10)"

기독교 역사상 가장 큰 영향력을 남긴 바울은 어떤 사람이었을까? 바울은 사람들이 자신을 어떻게 평가하고 있는지 알고 있었다. 바울을 만나

본 사람들은 사실 그가 말이 시원치 않다고 평가했다. 사실 매우 완곡한 표현이다. 헬라어 원문은 '형편없다(헬: 엑수데네오, contemptible)'고 쓰고 있다. 번역조차 완곡하게 표현할 정도로 바울의 말하기 실력은 경멸하고, 무시할 만큼 조악했던 것 같다. 복음이라는 것이 말로 전파되는 것임을 감안할 때 하나님이 이런 약점을 가진 인물을 선택했다는 사실이 기이하다. 그런데 하나님이 이런 선택을 한 적이 처음은 아니다.

> "모세가 여호와께 아뢰되 오, 주여 나는 본래 말을 잘 하지 못하는 자니이다. 주께서 주의 종에게 명령하신 후에도 역시 그러하니 나는 입이 뻣뻣하고 혀가 둔한 자니이다(출 4:10)."

모세 또한 보여 줄 만한 리더가 되기에는 적합하지 않았다. 본래 말을 잘 못하는 사람이었다. 겸손한 태도가 아니라 실제 그랬다. 하나님은 이 약점을 보완하기 위해 모세를 위해 아론을 대변인으로 세워야 했다 (출 4:14). 하지만 신명기를 보라. 40여 년의 시간이 지난 후 그는 언변가가 되어 있었다. 그는 성경의 첫 다섯 권을 쓴 것으로 알려져 있다. 신명기 전체는 그의 설교이다. 말을 못하고 소통에 문제가 있었던 한 남자가 불멸의 말씀을 전하고 있다. 바울도 마찬가지이다. 하나님은 신약성서의 대부분을 뛰어난 웅변가였던 아볼로(행 18:24) 대신에 경멸적 혹평을 들었던 바울을 통해 쓰게 했다. 왜 하나님은 말을 잘 못하는 사람을 리더로 세웠을까? 아마도 말을 못하기 때문에 평소에 듣는 습관을 더 기르지 않왔을까 한다.

리더는 듣는 사람이다. 단순히 듣는 것이 아니라, 경청하는 사람이다. 상대방의 이야기에 귀를 기울이고 이해하는 사람이다. 이해하고 지혜로운 마음은 듣는 데서 출발한다. 이게 쉬운 일이라면 솔로몬이 구할 필요가 없었을 것이다. 솔로몬은 이러한 능력을 요구했고 지혜로운 판단을 내릴 수 있었다(왕상 3:28).

소통이 화두로 떠오르고 있다. 미디어가 극도로 발전했지만 가까운 부부, 부모와 자녀, 교회 내의 목회자와 일반 성도들 사이의 소통은 여전히 힘겨운 도전이다. 따라서 듣는 마음의 원칙은 교회와 사회에 새로운 유형의 리더를 요구한다. 영적인 리더는 회중에게 무조건적인 순종을 요구하지 않는다. 그는 먼저 듣는 리더가 되어야 한다. 또한 동일한 태도를 신자들에게도 기대해야 한다. 믿는 사람들은 듣고, 경청하면서, 이해하게 된다. 공감하며, 내면화하며, 결국 올바른 판단을 내릴 수 있다. 이 능력은 후천적인 것이고, 솔로몬조차 하나님의 도움이 필요했던 것이다. 하물며 우리는 더욱 간절히 이 능력을 겸손히 구해야 할 것이다.

(리더십 원칙) **리더는 듣는 마음을 가졌다.**

기도란 무엇인가?

"이르시되 기도 외에 다른 것으로는 이런 종류가 나갈 수 없느니라 하
시니라(막 9:29)."

예수님이 변화산에서 변모하신 후 내려와 보니 남아 있던 제자들이 사
람들과 논쟁하고 있었다. 간단히 정리해 보자. 말도 못하고 심한 경련을
자주 일으키는 한 아이가 있었다. 아버지가 이 아이를 사도들에게 데리
고 왔지만 어쩐 일인지 예수님의 제자들은 이 아이를 고칠 수 없었다. 예
수님이 직접 나서 이 아이를 고쳤다. 예수님은 이 과정에서 믿는 자의 능
력에 대해 언급하셨고 아이를 사로잡고 있는 귀신을 꾸짖어 내쫓았다.
이 일이 있고 난 다음 제자들은 예수님과 따로 시간을 갖고, 이 일에 대하
여 피드백을 받았다. 제자들은 자신들이 왜 귀신을 내쫓을 수 없었는지
물었다. 예수님은 제자들이 '기도'를 하지 않았기 때문이라고 지적했다.

이 사건은 여러모로 의문점이 많다. 가장 큰 의문점은 기도에 관한 부

분이다. 예수님은 이 아이를 기도로 치유했다고 주장했다. 기도 외에는 치유할 방법이 없다는 말이다. 그렇다면 마가는 이 이야기 가운데 예수가 어떻게 기도했는지 적어도 간략하게나마 밝히는 것이 옳았다. 그러나 본문 어디에도 예수가 기도했다는 구절을 찾아볼 수 없다. 아이 아버지와의 대화 외에 이 사건에서 예수가 발설한 부분은 아이를 괴롭히는 귀신을 꾸짖고 떠나라고 명령한 것이 전부이다(막 9:25). 그럼에도 불구하고 예수님은 자신이 기도로 이 아이를 치유했다고 주장한다. 기도로 귀신을 내쫓았다고 말한 것이다.

그 외에도 다른 의문점들이 꼬리를 문다. 마가복음을 보면 제자들은 이 사건 이전에 이미 귀신을 내쫓은 경험이 있다. 그러한 권세를 부여받았다(막 3:15; 6:7). 그리고 이후 제자들은 실제로 파송되어 많은 귀신을 내쫓았다(막 6:13). 복음서의 모든 내용이 반드시 시간 순서로 기록된 것이 아님을 감안하더라도 말이다. 다른 복음서와 비교해 보아도 분명 이 사건 이전에 제자들은 귀신을 쫓아 본 경험이 있다. 하지만 이번에는 달랐다. 아마도 제자들은 과거에 가능했던 일이 왜 재현되지 않았는가에 대한 질문을 예수님에게 던졌을 것이다. 그런데 뜻밖에도 예수님의 대답은 기도하라는 것이었다. 결국 이 단락에 나타나는 의문점들은 기도라는 핵심어로 수렴된다. 결론을 먼저 말하자면 예수님이 주장한 것처럼 예수님은 이때 기도했다. 기도로 이 아이를 치유했다. 기도로 귀신을 내쫓았다.

그럼 예수님은 언제, 어떻게 기도했을까? 본문에 나와 있다. '말 못하고 못 듣는 귀신아, 내가 네게 명한다. 그 아이에게서 나오고 다시 들어가지 말라(막 9:25).' 이 부분이다. 이것이 예수님의 기도이다. 마가는 예수님 의 기도를 정확히 옮겨 적었다. 예수님은 이 아이를 사로잡고 있는 더러 운 귀신을 꾸짖고 나가라고 명령을 내렸다. 이것이 기도다. 전형적인 기 도라고 말할 수 있다.

기도(히: 트필라)는 '기도하다(히: 히트팔렐)'라는 동사의 명사형이다. 성서 히브리어에 대한 기본적인 지식이 있는 사람이라면 기도하다는 뜻 의 동사 '히트팔렐(hitpalel)'이 소위 재귀 형태임을 알 수 있을 것이다. 재 귀형이란 어떤 행동이 자신에게 돌아가는 것을 말한다. 혹은 반복적으로 행해지는 동작을 의미하기도 한다. 예를 들어, 거룩하다(to sanctify)의 재 귀형은 스스로를 거룩하게 하다는 뜻이 된다.[31] 이렇게 조금 복잡하고 어 렵게 설명하는 이유가 있다. 예수님이 과연 기도한 것이 맞느냐를 확인 하기 위해서이다.

기도에 대한 일반적인 의미는 간구하거나 요청하는 것이다. 특히 성도 들의 관점에서는 당연히 하나님께 무엇인가를 간구하거나 요청하는 것 을 의미한다. 실제로 성경을 보면 기도가 이런 대표적 의미로 쓰이는 경 우를 많이 찾아볼 수 있다. 그런데 기도라는 단어 자체를 자세히 분석해 보면 어떻게 이런 단어가 간구하거나 요청하다는 의미로 발전했는지 의 아할 정도로 '원형'은 전혀 생경한 의미를 담고 있다.

히브리 성경에서 기도는 '팔랄(palal)'이라는 원형을 재귀 형태(히트팔렐)로 만들어 사용한다. 재귀 형태가 되어도 기본 단어의 의미는 고스란히 남아 있다. 그렇다면 기도의 어원인 '팔랄'은 어떤 뜻일까? '팔랄'은 원래 법률 용어이다. 이 단어는 판결하다(to judge), 생각하다(to think)는 뜻이다. 즉, 히브리인들이 기도한다고 했을 때 제일 먼저 떠오르는 개념은 무언가를 판결(판단)하고, 결정하는 것이다. 따라서 기도는 스스로 생각해 보고, 결정하고, 판결하는 것이다. 아직은 이 개념이 분명히 와닿지 않을 것이다. 따라서 기도의 원형인 '팔랄(to judge)'이 기본형으로 쓰인 성서 본문을 몇 개 살펴보자.

"사람이 사람에게 범죄하면 하나님이 심판하시려니와(히: 팔랄, to judge) 만일 사람이 여호와께 범죄하면 누가 그를 위하여 간구하겠느냐(삼상 2:25)."

엘리 제사장은 자신의 아들들이 회막에서 수종 드는 여인들과 동침한다는 소문을 들었다. 그리고 위와 같이 훈계하였다. 이때 하나님이 '심판할 것'이라는 구절에 사용된 단어가 바로 '팔랄'이다. 법정에서의 판결과 다를 바 없다는 것을 알 수 있다. 법정에서 판사가 심판, 판결을 내리듯 하나님이 엘리의 아들들에게 심판을 내릴 것이라는 의미이다.

"그 때에 비느하스가 일어서서 중재하니(히: 팔랄, to execute the judgement) 이에 재앙이 그쳤도다(시 106:30)."

이스라엘이 싯딤에 머물 때 시므리라는 지도자가 미디안 여인과 공개적으로 간음하였다. 이에 아론의 손자였던 비느하스가 직접 이 둘을 처단하였다. 시편은 중재했다고 완곡하게 번역했지만, 히브리 원문은 '팔랄'이다. 비느하스는 '판결'을 집행한 것이다. 고대 이스라엘에서 사법권은 제사장들이 수행하였다. 따라서 판사로서 비느하스는 자신의 일을 한 것이다. 판결을 내리고 직접 그 판결을 집행한 것이다.

이처럼 기도의 원형인 '팔랄'은 법정에서의 판결, 심판, 집행과 관련되어 있다. 따라서 이 단어를 '히트팔렐(재귀형)'로 만들면 '스스로를 판단하다' 혹은 '스스로(직접) 판결하다'라는 뜻이 될 것이다. 우리는 어떻게 '스스로 판결하다'는 의미가 후에 기도하다, 간청하다, 간구하다는 뜻으로 변했는지 알지 못한다. 아니, 변한 것이 아닐 수 있다. 기도는 여전히 법률적 요소를 진하게 내포하고 있다.

예수님을 포함, 히브리인들은 기도할 때, 본래 의미를 잘 간직하고, 잘 적용하고 있음을 알 수 있다. 가장 대표적 사례가 위 마가복음 및 다른 복음서에도 나타난 말 못하는 아이를 치유할 때이다. 본문에 나타난 것처럼 예수님은 아이를 괴롭히는 귀신에 대해 '말 못하고 못 듣는 귀신아. 내가 네게 명하노니 그 아이에게서 나오고 다시 들어가지 말라(막 9:25)'라고 명령했다. 어떻게 들리는가? 기도의 원래 의미를 알고 나면 전혀 다른 맥락으로 읽힌다. 이는 흡사 법정에서 검사나 판사가 죄인을 고발하고 꾸짖는 모습과 유사하다. 예수님은 지금 검사와 판사로 피고 사탄에게 준엄한 심판을 선고하고 있다. 즉, 기도하고 있는 것이다. 예수님은 아이를 보고 하나님께 간구하거나 요청하지 않았다. 예수님은 스스로, 혼자 귀신에게 판결을 내리고 있다. 명령했다. 기도는 판결하고, 결정하고, 선고하고, 판결대로 실행하는 것이다.

법정을 다녀 본 사람들은 뼈저리게 느껴 보았겠지만 때론 사실관계가 어떻든지 간에 판결이 사건의 실재가 된다. 고대나 현대나 재판은 증거에 기초할 수밖에 없다. 판사는 증거에 기반을 두어 시시비비를 가릴 수밖에 없다. 판사의 판단과 판결로 사건이 종결된다. 판사의 판결은 최종적이다. 기도도 이와 유사하다. 우리의 기도는 특정 사안이 어떻게 종결될지를 결정한다. 우리가 어떤 사안에 대한 믿음으로 스스로 판사가 되어 판결을 내리는 것이 기도이다. 따라서 기도 시에는 상황이나 사안을 정확하게 이해할 수 있는 영적인 분별력이 필요하다. 예수님이 산에서 내려와 여러 질문들을 던지며 사안을 파악한 이유가 여기 있다. 그리고 단호하게 공의로운 판단을 내렸다. 피고를 적시하고, 꾸짖고, 아이를 상해한 죄에 대한 응분의 처벌을 내린 것이다.

히브리인들이 기도를 이렇게 이해했다. 유대인 예수님도 기도의 원래 의미를 잘 알고 있었다. 고대 이스라엘에서 왕과 제사장이 재판장의 역할을 수행했다. 예수님은 왕이자 제사장으로 아이의 질병에 대해 판결을 내렸다. 질병에 대한 이해가 우리 현대인과 다르다. 예수님은 이 질병의 원인에 대해 아이를 사로잡아 말을 못하게 하고, 듣지 못하게 하며, 자해하도록 만드는 범인을 지목했다. 범인은 더러운 귀신이다. 사탄의 졸개이다. 그리고 그 귀신에게 판결을 내린다. 추방! 예수님은 기도하였다. 판결하였다. 사안을 판단하고 결론을 내렸다. 범죄자이자 피고인 더러운 귀신을 준엄하게 꾸짖고, 하나님 앞에서 고발하고, 대적하고, 아이로부터 추방하였다. 그는 스스로 판결을 내린 것이다. 그리고 제자들에게도 가르쳤다. 이런 종류의 사건은 스스로 재판관이 되어 판결을 내리라는 것이다. 그것이 기도다. 이것이 기도의 본질적 의미이다.[32]

물론 기도는 시간이 지나면서 이 뜻 외에도 중재, 간구, 요청의 뜻을 포함하게 되었다. 하지만 원래 뜻은 스스로 판단, 판결, 결정을 내리는 것이다. 예수님은 하나님의 영을 통해 스스로 판단을 내릴 수 있었다. 제자들이 이 아이의 질병을 고치지 못한 이유는 아마도 영이 무디어져 스스로 판단 내리기를 주저했을 수 있다. 이런 귀신은 준엄하게 책망하고, 꾸짖어, 내쫓아야 한다.

이 사건은 우리에게 기도에 관한 개념을 송두리째 바꿀 것을 요구한다.

특정 문제에 있어 요청이나 간구가 아닌 명령과 지시, 선언, 선포의 기도가 필요할 때가 있다. 예수님의 기도는 이처럼 기도가 본질적으로 무엇인지 분명히 보여 준다. 예수님의 사역을 보면 유독 이런 식의 기도가 자주 등장하는 것을 발견할 수 있다. 예수님은 특히 질병에 대해 중재나 간구의 기도에 의지하지 않았다. 특정한 질병에 대해 예수님은 사악한 영, 사탄의 졸개, 귀신을 피고로 소환한다. 범인의 정체를 드러내고 고발했다. 꾸짖었다. 책망했다. 그리고 추방이라는 최종 판결을 내렸다. 사건은 예수님의 판결문대로 종결되었다.

하나님은 특정 사안에 대해 우리가 기도할 때, 기도의 일차적 의미인 판결의 기도를 기대할 때가 있다. 특정 문제가 더러운 귀신의 장난과 개입에 의한 것이라면 우리 또한 기도해야 한다. 스스로 목소리를 높여 악한 영을 지목하고 꾸짖어야 한다. 대적해야 한다. 권위와 권세를 갖고 맞서야 한다. 명령해야 한다. 지시해야 한다. 판결을 실행해야 한다.

현대의 그리스도인들은 이러한 판결의 기도를 시작해야 한다. 사랑하는 사람에게 침투한 질병이 있다면, 그것이 정신적인 것이든 신체적인 것이든 지적하여 꾸짖어야 한다. 각자의 믿음에 따라 필요하다면 의료진의 도움을 구할 수도 있다. 하지만 그 전에 우리 성도들이 스스로 재판관이 될 필요가 있다. 우리는 이미 예수님으로부터 하늘과 땅의 모든 권세를 부여받았다. 그리스도의 영을 가진 자가 아니면 누가 이런 권위의 판결을 내릴 수 있을 것인가. 문제를 일으킨 악한 영의 정체를 파악하고, 주목하여, 야단치자. 그리스도 예수의 이름으로 꾸짖자. 대적하자. 그리고 추방하자.

'암 종양아! 너 더러운 귀신아! 내가 너를 대적하고, 꾸짖고, 결박한다. 너는 성도의 몸에서 사라져라. 뿌리째 뽑혀, 바다 가운데로 던져져라. 예수 그리스도의 이름으로 판결하고, 선포한다. 이 선포대로 이행될 것이다.'

그리스도인들은 자신의 말이 갖는 위력과 영향력에 대해 진지하게 고민해 볼 필요가 있다. 판결은 법정에 있는 누구나 알아들을 수 있도록 크고 분명하게 선포되어야 한다. 하나님께 간절하게 간구하고 도움을 구해야 할 기도의 내용도 있을 것이다. 하지만 이 비참한 아이의 경우와 같이 비느하스처럼 일어나 권위를 가지고 판결을 실행해 주길 기다리는 많은 상황도 있다. 배우자나 자녀들, 부하들에게 소리 지르지 말고 우리의 주적인 더러운 영에게 권세를 가지고 소리쳐 외치자!

(리더십 원칙) **리더는 스스로 판단하는 기도를 선포한다.**

물맷돌

"이에 사울이 자기 군복을 다윗에게 입히고 놋 투구를 그의 머리에 씌우고 또 그에게 갑옷을 입히매, 다윗이 칼을 군복 위에 차고는 익숙하지 못하므로 시험적으로 걸어 보다가 사울에게 말하되 익숙하지 못하니 이것을 입고 가지 못하겠나이다 하고 곧 벗고, 손에 막대기를 가지고 시내에서 매끄러운 돌 다섯을 골라서 자기 목자의 제구 곧 주머니에 넣고 손에 물매를 가지고 블레셋 사람에게로 나아가니라(삼상 17:38-40)."

우리에게 익숙한 다윗과 골리앗의 대결에 나오는 부분이다. 다윗은 골리앗과의 대결에 나가기 전, 사울이 사용하는 군장을 착용해 보았다. 하지만 자신에게 맞지 않음을 깨닫고 곧 벗어 버렸다. 사울의 키가 다윗보다 훨씬 컸기 때문이다(삼상 9:2). 따라서 다윗은 평소 갖고 다니던 막대기와 물맷돌을 몇 개 집어 들고 전장으로 나간다.

다른 사람들이 볼 때 내가 갖고 있는 것이 하찮아 보일 때가 있다. 사람이 불행해지는 이유의 대부분은 비교의식에 있다. 다른 사람들이 가진 것을 자신은 갖고 있지 않다고 생각하고 비교하면서 비극이 시작된다. 반대로 자신이 가진 것이 남의 것보다 우월하다고 생각하는 것도 마찬가지다. 사울이나 골리앗은 다윗이 가진 막대기와 물맷돌을 하찮게 여겼다. 사울은 자신의 군장을 빌려주려 하였다. 아이러니한 사실은 사울은 멋진 군장을 가지고도 벌벌 떨고 있었다. 골리앗은 한술 더 떠 다윗을 무시하고 경멸하였다.

> "블레셋 사람이 다윗에게 이르되 네가 나를 개로 여기고 막대기를 가지고 내게 나아왔느냐 하고 그의 신들의 이름으로 다윗을 저주하고, 그 블레셋 사람이 또 다윗에게 이르되 내게로 오라 내가 네 살을 공중의 새들과 들짐승들에게 주리라 하는지라(삼상 17:43-44)."

그런데 여기서 주의해 볼 것이 있다. 그것은 다름 아닌 다윗의 태도이다. 먼저, 다윗은 사울왕의 군장을 정중히 거절하였다. 또한 골리앗의 조롱과 위협에도 전혀 위축되지 않았다. 즉, 자신이 가진 것을 남이 가진 것과 비교하지 않았다. 대신 자신이 평소에 가지고 다니던 지팡이와 물맷돌을 평소처럼 사용하였다. 다윗이 골리앗을 물리친 비결은 그가 순간적으로 용기가 백배했다든지 초인적인 힘이 솟아서가 아니다. 단지 평소에 하던 대로 했기 때문이다. 익숙한 일을 한 것이다. 그는 직업상 양치기로서 평소에 막대기와 물맷돌을 사용하는 법을 알고 있었다.

> "다윗이 사울에게 말하되 주의 종이 아버지의 양을 지킬 때에 사
> 자나 곰이 와서 양 떼에서 새끼를 물어 가면, 내가 따라가서 그
> 것을 치고 그 입에서 새끼를 건져내었고 그것이 일어나 나를 해
> 하고자 하면 내가 그 수염을 잡고 그것을 쳐 죽였나이다(삼상
> 17:34-35)."

다윗이 골리앗을 무찌른 비결은 평소처럼 행동했고 평소 하던 대로 했기 때문이다. 단 하나의 차이는 막대기와 물맷돌의 대상이 바뀐 것이다. 하나님은 다윗을 곰이나 사자가 아닌 골리앗에게 데려갔다. 양치기의 평범한 도구와 기술이 하나님이 마련한 기회의 장에서 미래의 이스라엘 왕으로 가는 결정적 계기가 된 것이다.

또 다른 예를 보자. 한 소년에게는 꿈을 꾸고 해몽하는 능력이 있었다. 잠시 생각해 보자. 꿈을 꾸는 것이 능력일까? 누구나 꿈을 꾼다. 하지만 일단 본인은 그렇게 생각했다. 꿈을 해석하는 능력은 어떤가? 이는 매우 주관적인 것이다. 재미로 한다. 맞아도 그만 틀려도 그만이다. 요즘도 그렇겠지만 먼 옛날에도 해몽이 밥벌이가 가능할 정도의 특별한 기술이나 능력이었는지 의심스럽다. 그런데 이 평범한 재주를 가진 청년 요셉은 어느 날 왕 앞에서 본인의 재능을 보여 줄 기회를 얻었고 그 재능을 통해

단숨에 제국의 이인자 자리까지 올랐다.

한 소년은 배고픔을 잘 참지 못했다. 한창 클 나이의 아이들은 사실 다 그렇다. 그래서 평소에 밖에 나갈 때 꼬박꼬박 간식을 챙겨 나갔다. 그런데 이 소년은 기특하게도 평소에 간식을 친구들과 잘 나눠 먹었다. 그래서 인기도 좋았다. 이날도 간식을 챙겨 갔고 누가 나눠 달라기에 나눠 주었다. 그런데 이 소년의 간식으로 오천 명이 넘는 사람들이 나눠 먹고도 열두 광주리나 남았다. 소년은 대스타가 되었다. 이 소년의 이름은 남아 있지 않지만 그 간식의 내용은 불멸이 되었다. 오병이어, 떡 다섯 개, 물고기 두 마리. 이 아이나 평소에 아이의 간식을 알뜰히 챙겨 주었을 유대인 어머니에게 경의를 표한다.

하나님은 예수 그리스도를 통해 당신의 자녀가 된 우리에게 크고 작은 선물을 주셨다. 우리의 눈에는 두뇌, 미모, 집안, 학벌, 재력 등 어떤 것은 커 보이고 어떤 것은 평범해 보인다. 또 어떤 것은 하찮아 보인다. 하지만 주님의 터치, 주님의 기름 부음이 역사하면 우리가 가진 크고 작은 재능, 평범한 습관, 그리고 루틴이 상상을 뛰어넘는 결과를 가져온다. 다윗의 물맷돌은 골리앗을 쓰러뜨렸다. 가족이나 친구들 사이에 가벼운 웃음이나 재미를 제공하던 요셉의 해몽은 대제국의 흥망성쇠를 결정하게 되었다. 한 어린이의 간식과 예쁜 마음은 우리 주님의 기적의 도구로 사용되었다.

이러한 예는 계속 찾아 볼 수 있을 것이다. 평소 손님을 잘 섬기던 아브라함은 우연히 천사들을 대접했다. 이 만남을 통해 소돔과 고모라의 운명에 대한 하나님의 계획과 비밀을 알게 되었다. 한 목동의 지팡이는 단순한 도구에서 홍해를 가르는 데 치켜 올려졌다. 모세는 소명 이후에도 이 지팡이를 계속 지니고 있었다. 한 청년은 수줍음이 많고 혼자 사색하는 시간이 많았다. 나이 마흔이 되도록 혼자였다(창 25:20). 요즘 이런 캐릭터는 부적응 외톨이로 사회문제화될 수 있다. 하지만 리브가에게는 그렇지 않았다. 그녀는 그런 그의 모습에 매료되었고 사랑하게 되었다. 이 외톨이의 이름은 이삭이다.[33]

"이삭이 저물 때에 들에 나가 묵상하다가 눈을 들어 보매 낙타들이 오는지라. 리브가가 눈을 들어 이삭을 바라보고 낙타에서 내려, 종에게 말하되 들에서 배회하다가 우리에게로 마주 오는 자가 누구냐. 종이 이르되 이는 내 주인이니이다. 리브가가 너울을 가지고 자기의 얼굴을 가리더라(창 24:63-65)."

아마도 우리 가운데 자신에게는 내세우거나 자랑할 만한 것이 아무것도 없다고 말할 사람이 있을 수 있다. 하지만 주님은 자녀들에게 이미 모든 복을 주었다고 말씀하신다.

"찬송하리로다! 하나님 곧 우리 주 예수 그리스도의 아버지께서

그리스도 안에서 하늘에 속한 모든 신령한 복을 우리에게 주시
되(엡 1:3)"

하나님은 이미 우리 모두에게 하늘에 속한 신령한 복을 주셨다. 하늘에
속한 신령한 복의 의미는 하나님이 주신 선물이란 뜻일 것이다. 그것도 모
두 주시고 기회의 문으로 인도하고 계신다. 하지만 우리는 아직 이러한 복
이 선물로 주어졌음을 깨닫지 못하거나, 혹은 이 선물이 가져다줄 최고의
결과를 경험하지 못했다. 그렇다면 어떻게 해야 할까? 여기에 복음이 있다.

"너희 중에 누구든지 지혜가 부족하거든 모든 사람에게 후히 주
시고 꾸짖지 아니하시는 하나님께 구하라. 그리하면 주시리라
(약 1:5)."

먼저, 우리는 주어진 재능과 선물을 주님 앞에 내어놓고 이것을 어떻게
사용해야 할지 지혜를 구해야 한다. 간식을 가져온 어린아이의 경우, 그
지혜는 주님의 손에 소박한 간식을 내어놓는 것이었다. 주님이 우리의
재능과 선물을 사용하시도록 맡기는 것이다.

둘째, 주님이 우리에게 주신 일체의 습관, 재능, 선물, 그리고 일상에 기
름 부으시도록, 개입하도록 요청해야 한다. 우리의 크고 작은 재능과 선
물, 그리고 일상에 주님의 기름 부음, 주님의 터치, 주님의 역사가 임해야

한다. 주님은 우리의 친절, 공손, 평범하거나 비범한 재주, 기능, 경험, 또는 평소의 일상을 통해 일하길 원하신다. 우리가 기도하고 요청한다면, 그리고 기대하고 있다면 주님은 반드시 찾아오신다. 우리의 친절함을 눈여겨보시고 이미 우리에게 주신 크고 작은 선물들을 세상을 움직이는 동력으로 바꾸신다. 우리의 일상과 가족, 그리고 직장으로 심지어 천사들까지 보내신다.

셋째, 다른 사람들이 가진 것과 비교하지 말아야 한다. 내가 아닌 다른 사람이 되려고 애쓸 필요가 없다. 내 삶의 결정적인 순간은 우리 주님의 기름 부음과 터치이다. 그러므로 내 호주머니에 있는 나의 물맷돌을 만지작거려야 한다. 그리고 평소처럼 주어진 삶 속에서 살아가야 한다.

기름 부음을 기도하고 요청했다면 이제 주님이 찾아가신다. 나의 물맷돌이 제대로 던져질 목표로 인도하신다. 내가 가진 지팡이가 위력적인 무기가 될 것이다. 친구들이나 가족들을 웃기던 재주를 세상의 유력한 지도자와 권력자 앞에서 보여 주게 될 것이다. 내 친절함을 통해 천사는 놀라운 비밀을 나와 공유할 것이다. 나를 존경하고 사랑하는 배우자를 만나게 될 것이다. 작은 희생으로 상상을 뛰어넘는 보상과 영예를 얻게 될 것이다. 리스트는 끝이 없다.

[리더십 원칙] **리더는 자신만의 물맷돌을 사용한다.**

딸에 대한 축복(I):
사라와 리브가

"그 어린아이들을 안고 그들 위에 안수하시고 축복하시니라(막 10:16)."

　예수님은 아이들을 축복하셨다. 성경에 아들에 대한 축복은 '하나님이 너를 에브라임 같고 므낫세 같게 하시리라(창 48:20)'라는 구절을 사용한다. 예수님도 남자아이들에 대해 이렇게 말씀하셨을 것이다. 그렇다면 여자아이들에 대해서는 어떻게 기도했을까? 전통적으로 유대인들은 여자아이들에 대해서는 '하나님이 너를 사라, 리브가, 라헬, 레아 같게 하시리라'라는 구절을 사용한다. 예수님도 이렇게 여자아이들을 축복했을 것이다. 그렇다면 왜 여자아이들에 대해서는 사라, 리브가, 라헬, 레아 같게 해 달라는 요청을 축복문으로 사용하는 걸까? 또한 우리는 딸들에게 이렇게 축복함으로 딸들이 어떻게 성장하며 어떤 복을 받기를 기대하는 것일까? 먼저 사라와 리브가의 예를 살펴보자.

1. 사라

사라가 축복의 맨 처음에 등장하는 이유는 우리 딸들이 앞으로 꾸미게 될 믿음의 가정에서 어떤 아내가 되어야 할지를 보여 주어서이다. 사라는 우리 딸들이 하나님의 음성을 들으며, '남편이' 아내에게 주어진 하나님의 말씀에 순종하게 될 것을 의미한다. 필자가 잘못 쓴 것이 아니다. 다시 읽어 보라. 그렇다. 남편도 아내에게 주어진 하나님의 말씀에 따라야 한다. 이것이 하나님이 원하시는 부부간의 원칙이다.

> "하나님이 아브라함에게 이르시되 네 아이나 네 여종으로 말미암아 근심하지 말고 사라가 네게 이른 말을 다 들으라. 이삭에게서 나는 자라야 네 씨라 부를 것임이니라(창 21:12)."

일반적인 편견과 달리 아브라함과 사라는 서로 존중하는 관계였다. 사라가 일방적으로 아브라함에게 순종한 것이 아니란 말이다. 아브라함은 하갈을 통해 이스마엘을 낳았다. 그 후 사라는 이삭을 낳았다. 이스마엘이 이삭을 괴롭히자 사라는 아브라함에게 하갈과 이스마엘을 집에서 내쫓으라고 요구하였다(창 21:10). 아브라함이 이 요구로 말미암아 괴로워하자 하나님은 아브라함에게 사라의 말대로 하라고 말씀하였다. 아브라함은 사라의 요구가 터무니없다고 생각했지만 하나님은 오히려 사라의 주장이 자신의 뜻임을 아브라함에게 드러냈다.

사라의 요구는 단지 감정적인 반응이 아니었다. 사라는 자신의 가정에 대한 하나님의 약속을 아브라함과 함께 들었다. 그는 아브라함과 함께 갈대아 우르를 떠났으며 자신을 통해 이루고자 하는 하나님의 계획을 잘 알고 있었다.

> "그(사라)가 아브라함에게 이르되 이 여종과 그 아들을 내쫓으라. 이 종의 아들은 내 아들 이삭과 함께 기업을 얻지 못하리라 (창 21:10)."

사라는 하나님으로부터 종의 아들이 자신의 아들인 이삭과 함께 기업을 얻지 못할 것이라는 계시를 받았다. 하나님은 사라의 입을 통해 '이삭에게서 나는 자가 아브라함의 씨로 불릴 것이다'라고 말씀하심으로 사라의 말이 자신의 뜻임을 확인해 주었다.

바울은 아내들에게 남편에게 순종하라고 지시하였다(엡 5:22). 그런데 이 말씀 전에 그리스도를 경외함으로 피차 복종하라(엡 5:21)고 가르쳤다. 필자는 이때 바울이 염두에 둔 사건이 위 창세기 21장이라고 생각한다.

사라는 하나님의 말씀과 음성을 듣는 여인이었다. 하나님의 뜻을 남편에게 전하였고 남편 역시 그녀의 말을 들었다. 우리 딸들은 이러한 가정을 이루어야 한다. 가정을 향한 하나님의 약속과 음성을 들어야 한다. 그리고 그 뜻을 남편에게 전달해야 한다. 성령에 의해 아내에게 계시된 말씀을 남편도 듣고 순종해야 하는 것이다. 이것이 사라가 제일 먼저 등장하는 이유 중의 하나일 것이다.

2. 리브가

"그들이 이르되 우리가 소녀를 불러 그에게 물으리라 하고, 리브가를 불러 그에게 이르되 네가 이 사람과 함께 가려느냐? 그(리브가)가 대답하되 가겠나이다(창 24:57-58)."

하나님은 우리 딸들이 스스로, 주체적으로 자신의 삶에 대한 결정을 내리길 원하신다. 아브라함 역시 미래의 며느리가 그런 여성이 되길 원했다. 아브라함은 자신의 종에게 '만일 여자가 너를 따라오려고 하지 아니하면 나의 이 맹세가 너와 상관이 없다'고 구체적으로 지시하였다. 여자의 아버지가 어떻게 결정하든지 결국 딸 스스로 이 결혼에 대해 결정을 내려야 한다는 것이다. 이처럼 리브가는 주체적이고 독립적이며 성숙한 여인을 상징한다. 리브가의 오빠 라반조차 결혼 여부에 대하여 리브가의 판단을 구하였고, 이에 리브가는 '내가 가겠다'고 스스로 결정을 내렸다.[34]

우리 딸들이 하나님의 축복을 받는 길 중의 하나는 이처럼 주체적으로 자신의 삶에 대한 결정을 내릴 수 있는 여성이 되는 것이다. 자신의 삶을 부모나 형제, 혹은 남편에게 의존하는 것이 아니라 하나님이 주신 성령의 기름 부음을 의지하여 중요 사안에 대해 스스로 결정하는 것이다. 리브가의 판단은 옳았고 믿음의 어머니가 되었다. 우리의 딸들은 자신에게도 하나님의 영의 분별력이 있음을 알아야 한다. 우리가 딸들을 축복할 때, 우리 딸들은 리브가처럼 책임 있는 여성, 스스로 하나님의 복을 쟁취하는 여성이 될 것이다.

(리더십 원칙) **리더는 독립적이고 주체적으로 결정을 내린다.**

딸에 대한 축복(II):
라헬과 레아

"야곱이 라헬을 더 사랑하므로 대답하되 내가 외삼촌의 작은 딸 라헬
을 위하여 외삼촌에게 칠 년을 섬기리이다(창 29:18)."

우리의 딸들이 라헬과 레아처럼 되기를 축복한다는 것은 무엇을 의미
할까? 성경에서 라헬과 레아가 보여 주는 우리 딸들의 이상적인 모습은
무엇일까?

과거뿐 아니라 현대에도 많은 여성들이 자신의 정체성과 가치에 대한
고민을 안고 살아간다. 여성들은 남성에 비해 열등한 존재로 인식되었
다. 많은 경우 가족이나 집안의 재산의 일부로 여겨졌다. 하지만 라헬과
레아는 우리의 딸들이 내면에서 스스로 어떤 생각을 가져야 하는지 보여
주고 있다.

야곱은 아내를 얻기 위해 기꺼이 7년을 일하겠다고 제안했다. 라헬의

입장에서 생각해 보자. 어떤 남자가 자신에게 말로만 사랑하는 것이 아니라, 결혼하기 위해 7년간 섬기겠다고 약속했고 실제로 그렇게 하였다. 이것은 여성에 대해 '가치'라는 개념이 매우 구체적으로 표현된 사례라고 말할 수 있다. 라헬과 레아의 관점에서 보면 자신들은 그만큼 가치 있는 존재라는 것이다. 우리 딸들은 라헬과 레아처럼 성장함에 따라 이러한 자의식이 형성될 것이다. 딸들은 스스로 가치 있는 존재라는 자의식을 갖춰야 한다. 요즘 자주 쓰는 말로 주님의 딸들은 자존감이 높아야 한다.

우리의 딸들이 살아가는 사회는 과거부터 현재까지 이러한 가치의 인식을 부정해 왔다. 하지만 하나님은 시온의 딸들뿐 아니라 모든 이브들이 스스로에 대해 가치 있는 존재라는 인식과 믿음을 갖길 원하신다. 스스로에 대해 아름답고, 매력적이며, 소중하며, 매우 가치 있는 존재라는 확신을 갖길 원하신 것이다. 이스라엘 민족의 족장이 될 야곱은 7년이라는 시간을 헌신하여 라헬을 얻을 수 있었다. 우리의 딸들은 이처럼 소중하며 가치 있는 존재이다. 자아 존중감이 충만해야 한다. 우리 딸들은 그런 존재이다. 리브가가 인생의 가장 중요한 순간에 스스로 결정을 내려 독립적인 여성의 모범을 보였다면, 라헬과 레아는 여성이 스스로 가치 있는 존재라는 새로운 여성상을 제시하였다.

라헬뿐만이 아니다. 야곱은 라반의 속임수에도 불구하고 결국 라헬을 위해 7년, 레아를 위해 7년 일하게 되었다. 비록 야곱이 라헬을 더 사랑하

딸에 대한 축복(II): 라헬과 레아

였지만 야곱이 보여 준 실제 행동은 라헬과 레아에게 각각 동일하게 7년의 시간을 헌신함으로써, 이 여성들이 모두 고귀한 가치가 있음을 보여 주었다.[35] 남자에게 사랑을 더 받고 덜 받고를 떠나 우리의 딸들은 그 자체로 고귀한 존재인 것이다. 레아는 동생보다 남편의 사랑을 덜 받았을 수도 있지만 스스로 가치 있는 존재임을 잊지 않았다. 라헬보다 더 많은 자녀들을 낳은 것을 보면 야곱이 레아를 덜 사랑했는지도 의문이다. 메시아의 가문은 라헬의 아들인 요셉이 아니라 레아의 아들인 유다를 통해 생성되었다. 레아는 남편의 사랑 여부와 무관하게 자신의 가치를 스스로 입증하였다.

우리의 딸들은 라헬과 레아처럼 소중한 존재이다. 우리의 딸들은 이제 주님이 가르쳐 준 축복을 따라, 성령의 감동에 따라 '자존감', '가치', '존귀함'이라는 내면의 확신과 믿음을 소유해야 한다. 라헬과 레아처럼 된다는 것은 스스로를 귀하고 가치 있는 존재로 여기게 된다는 것이다. 과거나 현대의 여성들이 얼마나 자존감이 낮았고 또 그런 대우를 받았는지 생각한다면 주님의 딸들은 달라야 한다. 성경의 말씀과 진리 가운데 사회의 편견과 속박을 벗어나 스스로 가치 있는 존재로 거듭나야 한다. 그렇게 키우는 것이 믿음의 부모가 해야 할 역할이다. 부모의 축복 가운데 흘러나오는 믿음의 선포를 통해 우리 딸들은 귀한 존재로 변화할 것이다.

하나님은 예수 그리스도를 통해 이브의 딸들이 하나님이 원하시는 원래의 모습과 자리로 회복되기를 원하신다. 그 모습은 남편에게 순종하면 서도 하나님이 주신 성령의 감동으로 남편에게 영향을 행사하는 사라의 모습이다. 그 자리는 남들이 결정을 내려 주는 것이 아닌 스스로 결정을 내리는 독립적인 리브가의 모습이다. 그 위치는 자신이 매우 고귀하고 가치 있는 존재라는 믿음과 확신을 심어 준 라헬과 레아의 모습이다. 그 아름다움은 남편이나 자녀의 사랑 여부를 떠나 스스로 존귀한 존재임을 증명해 낸 레아의 자신감이다. 오늘도 주님께서 우리의 딸들을 '사라, 리 브가, 그리고 라헬과 레아'처럼 되게 하시길 축복한다.

(리더십 원칙) **리더는 스스로를 존귀하게 여긴다.**

아들에 대한 축복:
에브라임과 므낫세, 그리고 교회

"내가 애굽으로 와서 네게 이르기 전에 애굽에서 네가 낳은 두 아들 에
브라임과 므낫세는 내 것이라. 르우벤과 시므온처럼 내 것이 될 것이요
(창 48:5)."

이제 아들에 대한 축복을 좀 더 자세히 다룰 때가 되었다. 매주 금요일
저녁 유대인들은 안식일을 시작하면서 자녀들에게 축복한다. 이때 가정
에 아들이 있다면 아버지가 '네가 에브라임 같고, 므낫세 같게 하시길 원
한다(창 48:20)'고 기도한다. 이 기도에는 어떤 배경이 있다. 야곱의 관점
에서 보면 자신을 평생 괴롭혔던 뿌리 깊은 형제간의 반목을 자식들의 세
대는 반복하지 말았으면 하는 기대가 담겨 있다. 반목을 중단하고 평안
하게 살기를 원한다는 의미를 담고 있다. 그런데 사실 야곱만 형제와 반
목했던 것은 아니다. 아브라함 때부터도 그랬다. 아브라함의 두 아들 이
스마엘과 이삭은 경쟁 관계였다. 야곱 자신은 에서와 그랬다. 그리고 자
신의 아들 요셉과 다른 형제들 사이에 있었던 미움과 배신을 쓰라린 마음

으로 지켜보았다. 그리고 이런 형제들 간의 갈등이 더 이상 반복되지 않기를 원했다. 어쩌면 형제간의 반목은 믿음의 조상들의 가문에 내려오는 뿌리 깊은 수치였다. 이제 야곱은 이 가문의 수치를 끝내려 한다.

실제 이 축복으로 수치와 반목은 끝났다. 에브라임과 므낫세는 더 이상 조상들의 나쁜 유산을 되풀이하지 않았다. 그러나 그리스도인의 관점에서 에브라임과 므낫세에 대한 야곱의 축복은 이보다 더 깊은 영적인 의미를 담고 있는 것 같다. 필자는 아들에 대한 이스라엘의 전통적인 축복문이 교회와 이스라엘이 어떻게 함께 하나님의 자녀가 될 수 있는지를 분명하게 보여 주고 있다고 생각한다.

야곱은 이 축복을 통해 에브라임과 므낫세를 '요셉'의 아들이 아닌 자신(야곱/이스라엘)의 아들로 입양하였다. 성경은 야곱이 왜 에브라임과 므낫세를 손자가 아닌 아들로 입양하게 되었는지 설명하지 않는다. 위 본문에 나타난 것처럼 야곱은 에브라임과 므낫세를 축복하기 전에(창 48:20) 에브라임과 므낫세가 요셉의 아들이 아닌 야곱의 아들들 가운데 하나가 될 것이라고 선언했다(창 48:5). 에브라임과 므낫세는 마치 르우벤, 시므온처럼 야곱, 즉 이스라엘의 아들 가운데 하나가 된 것이다. 이후 이스라엘의 12지파에는 요셉이 빠지고, 대신에 에브라임, 므낫세가 들어가게 되었다.

이런 야곱의 결정은 자의적인 것이 아니다.[36] 분명 하나님의 지시에 따른 것이다. 그리고 그 이유는 한참이 지난 후에야 밝혀진다. 교회가 탄생하고 그 교회가 시간이 지나면서 주로 이방인으로 교회의 좌석이 채워지면서 이 사건이 다시 주목받게 되었다. 이 사건, 즉 요셉이 이집트에서 낳은 자식 두 명이 야곱의 아들로 입양된 사실은 대부분 이방인으로 구성된 교회가 어떻게 아브라함의 자손이 될 수 있는지를 암시하고 있다.

> "또한, 가지 얼마가 꺾이었는데 돌감람나무인 네가 그들 중에 접
> 붙임이 되어 참감람나무 뿌리의 진액을 함께 받는 자가 되었은
> 즉(롬 11:17)"

바울은 로마서에서 이방인이 아브라함의 자녀가 된 비밀을 나무의 접붙임을 통해 설명한다. 돌감람나무인 이방인들이 예수를 믿음으로 참감람나무, 즉 이스라엘의 일부가 되어 그 뿌리의 진액을 함께 받게 되었다는 것이다. 바울이 설명한 교회와 이스라엘의 관계는 에브라임과 므낫세의 출생 과정을 통해 더 확연하게 드러난다.

에브라임과 므낫세는 사실상 이집트 사람이다. 이 둘은 요셉이 이집트 여인 아스낫 사이에 낳은 아들들이다. 이들은 이집트에서 태어나 약속의 땅을 밟은 적도 없다. 아마도 이집트 말만 할 수 있었을 것이다. 야곱의 관점에서 보면 이 손자들은 완전한 이방인들이다. 하지만 이들은 또한

요셉의 아들이기도 했다. 야곱은 요셉을 통해 에브라임과 므낫세를 얻었고, 기꺼이 이 '이방인'들을 자신의 아들로 입양하였다.

이제 에브라임과 므낫세는 야곱(이스라엘)의 아들들 가운데 하나로서, 하나님이 아브라함의 자손들에게만 약속한 축복과 유산을 정당하게 누리게 될 것이다. 따라서 이 사건은 어떻게 예수 그리스도를 통해 이방인들이 구원을 받을 뿐 아니라, 아브라함의 자녀로 불릴 수 있는지 보여 준다. 그리스도인의 신앙 고백 중의 하나는 우리가 아브라함의 자녀라는 것이다(롬 4:16). 정반대의 사례도 존재한다. 우리는 성경에서 아브라함의 아들이었지만 이스마엘이 어떻게 언약에서 배제되었는지 알고 있다. 무려 이삭의 장자였지만 어떻게 에서가 열외되었는지도 들었다. 그런데 에브라임과 므낫세는 오히려 이방인에 가까웠지만 당당히 야곱의 아들로 인정받게 되었다.[37] 즉 이 사건은 후에 주로 이방인이 중심이 된 교회가 어떻게 이스라엘과 함께 아브라함의 복을 함께 누리게 되는지에 관한 신학적 기반을 제공한다.

요셉은 또한 그리스도 예수님의 사역을 상징한다. 요셉은 예수님처럼 동족 유대인 형제들에 의해 이집트로 팔려 갔다. 사실상 요셉을 죽인 것이나 마찬가지다. 형제들의 배신과 음모의 희생자인 요셉은 후에 형제들의 구원자가 되었다. 요셉은 어떤 면에서 형제들뿐 아니라 아버지 야곱(이스라엘)도 구원한 것이다. 이는 동족 유대인들에 의해 로마에 팔려, 십자가 처형을 당한 예수님이 자신의 가족 이스라엘을 구원하게 될 것

아들에 대한 축복: 에브라임과 므낫세, 그리고 교회

임을 의미한다. 모든 이스라엘은 결국 구원을 받게 될 것이 분명하다(롬 11:26). 우리가 유대인들을 위해 계속 기도해야 하는 이유가 여기 있다.

이제 이 예수를 통해 우리 이방인들이 믿음의 자녀가 되었다. 예수님은 이 믿음의 자녀들을 야곱의 아들로, 즉 아브라함의 자녀로 입양하였다. 참감람 나무에 접붙임한 것이다. 이제 이방 자녀들은 아브라함의 자녀가 되었다. 따라서 하나님이 아브라함의 자녀들에게 약속한 복을 함께 누리게 되었다.

"이는 그리스도 예수 안에서 아브라함의 복이 이방인에게 미치게 하고 또 우리로 하여금 믿음으로 말미암아 성령의 약속을 받게 하려 함이라(갈 3:14)."

이제 그리스도 예수 안에서, 그리스도 예수를 통해 아브라함의 복이 우리 이방인, 즉 교회에 미치게 되었다. 우리는 예수님을 통해 에브라임과 므낫세처럼 이스라엘의 지파가 되었고, 아브라함의 자녀가 되었으며, 하나님이 아브라함에게 약속한 복, 즉 땅과 자손의 축복을 받게 되었다. 하나님은 아브라함과 그 후손들에게 '세상'의 상속자가 되게 하셨다(롬 4:13). 이 세상을 물려받을 사람은 다름 아닌 우리 믿는 성도들이다. 확실한 근거를 가지고 믿음을 갖자.

(리더십 원칙) **리더는 올바른 정체성을 심어 주는 사람이다.**

뛰어오른 이유

"오른손을 잡아 일으키니 발과 발목이 곧 힘을 얻고, 뛰어 서서 걸으며
그들과 함께 성전으로 들어가면서 걷기도 하고 뛰기도 하며 하나님을
찬송하니(행 3:7-8)"

성전 미문에 태어날 때부터 걷지 못하는 사람[38]이 있었다. 베드로와 요한은 그의 오른손을 잡아 일으켜 세웠다. 이때 성경은 이 사람이 보인 행동 하나하나를 자세히 묘사하고 있다. 그런데 성경을 자세히 읽어 보면 이 사람은 단순히 자리에서 일어난 것이 아니다. 베드로가 일으켜 세우자 이 사람은 발과 발목에 힘을 얻었다. 그리고 제일 먼저 보인 행동은 스프링처럼 뛰어오른 것이다. 성경이 1) 뛰어올라(jump), 2) 서서(stand), 3) 걸으며(walk)라고 묘사한 것은 정확하다. 실제 헬라어 원문도 뛰어오르다, 서다, 걷다의 순서로 기록되어 있다.

만일 이 행동 순서가 맞는다면 상식적으로 이해가 되지 않는다. 일반적으로 생각해 보면 이 장애인의 경우 발과 발목이 회복되었다면 먼저 조심스럽게 일어서야 한다(stand). 그리고 좀 걸어보다가(walk) 달리거나 뛰는(jump) 것이 맞지 않을까. 하지만 이 사람은 먼저 뛰었다. 여기서 뛰었다는 표현은 정확히 말해 '점프하다(헬: 엑살로마이, jump)'는 뜻이다. 제자리에서 뛰거나, 혹은 깡충거리며 달리는 모습을 나타낸다. 일어서기도 전에, 걷기도 전에 점프부터 한 것이다. 만일 이 묘사가 정확한 것이라면 어떻게 이 장애인은 점프부터 할 수 있었던 것일까? 사실 앉아 있다가 제자리에서 뛰어오르는 것은 일반인들도 거의 불가능하다. 따라서 이 장애인이 보인 행동 자체가 기이한 것이다. 그렇다면 어떻게 이 장애인이 앉은 자세에서 뛰어오를 수 있었을까? 이 현상을 이해하려면 이 행동이 구약 예언의 성취임을 알아야 한다.

> "너희는 약한 손을 강하게 하며 떨리는 무릎을 굳게 하며 … 그 때에 맹인의 눈이 밝을 것이며 못 듣는 사람의 귀가 열릴 것이며, 그때에 저는 자(히: 파사흐, lame)는 사슴같이 뛸 것이며(히: 달라그, jump) 말 못하는 자의 혀는 노래하리니 이는 광야에서 물이 솟겠고 사막에서 시내가 흐를 것임이라(사 35:3-6)."

이사야는 이스라엘에게 약속된 메시아(그리스도)가 나타나 구원과 회복을 선포할 때의 표적에 대해 자세히 기록하고 있다. 그런데 여기서 이사야는 저는 자가 사슴같이 뛰게 될 것이라고 예언하였다. 여기서 사슴은 가젤 영양(hart)을 의미한다. 동물의 왕국 같은 프로그램에서 자주 등장하는 스프링처럼 내달리는 그러한 종류의 사슴이다. 저는 자가 마치 가젤 영양처럼 뛰게 될 것이다. 바로 이 구절이 사도행전의 장애인이 보여 준 특이한 신체 능력의 비밀이다. 이사야의 예언은 비유가 아니었던 것이다. 마치 가젤이 앉아 쉬다가도 포식자가 나타나면 앉은 자세에서 바로 뛰어올라 달려가듯이 이 장애인이 앉은 자세에서 뛰어오른 것이다. 베드로와 요한도 깜짝 놀랐음이 틀림없다. 이것은 나사렛 예수가 바로 그리스도, 메시아이며 베드로와 요한이 전한 복음이 진실임을 증명하는 확실한 표적이다.[39] 장애가 나은 것도 기적이지만 나은 과정도 이에 못지 않은 기적임이 분명하다.

이 장애인은 단순히 회복된 것이 아니다. 그는 이사야의 그리스도 예언의 표적이었다. 마치 가젤이 폭발적 힘을 통해 뛰어오르듯 이 사람의 발목과 관절, 다리 근육이 순간적으로 생성되며 상식을 뛰어넘는 탄력을 보여 주었다. 하나님의 구원은 단지 정상 상태, 예전으로 돌아가는 것이 아니다. 이 사람은 회복된 이후 일반인도 할 수 없는 신체적 능력을 뽐냈다. 하나님의 회복은 이런 것이다. 주님이 우리를 회복시킬 때 종종 우리의 기대와 상상을 뛰어넘는다.

다윗은 하나님을 의지하여 적진으로 달리며 성벽을 뛰어넘었다고 고백한 적이 있다(시 18:29). 여기서 뛰어넘는다(히: 달라그, jump)는 표현이 바로 이사야가 예언한 사슴이 뛰어다니는 모습과 동일하다. 단순히 달리는 것이 아닌 누구도 따라올 수 없는 스피드와 힘으로 뛰어오르는 것이다. 성전 미문의 장애인에게 나타난 표적을 보면, 필자는 다윗이 실제로 묘기에 가까운 움직임으로 성벽을 뛰어올랐을 가능성을 그려 본다.

예수 그리스도가 오신 이후 우리는 이사야의 다른 예언도 눈여겨보지 않을 수 없다. 그중의 일부가 이사야 35장에 나와 있다. 직접 확인해 보길 바란다. 미문에 앉아 있었던 장애인처럼 복음을 받아들인다면 우리 역시 약한 손을 강하게 하며 떨리는 무릎을 굳게 할 수 있다. 저는 자는 사슴같이 뛸 것이며 말 못하던 사람은 노래까지 할 수 있다. 광야에 물이 솟고 사막에서 시내가 흐를 것이다. 뜨거운 사막이 변하여 연못이 되고, 메마른 땅이 변하여 원천이 될 것이다. 또한 그곳엔 대로가 건설될 것이다. 우리의 머리 위에는 영원한 희락이 있으며, 기쁨과 즐거움을 얻고 슬픔과 탄식이 사라질 것이다. 비유가 아니라는 생각을 독자들도 품게 될 것이다. 문자 그대로 되었고, 되고 있다. 앉았다가 제자리에서 뛰어오를 것을 기대하자.

(리더십 원칙) **리더는 믿고 행동에 옮기는 사람이다.**

그리스도의 승천

"그의 힘의 위력으로 역사하심을 따라 믿는 우리에게 베푸신 능력의 지극히 크심이 어떠한 것을 너희로 알게 하시기를 구하노라. 그의 능력이 그리스도 안에서 역사하사 죽은 자들 가운데서 다시 살리시고 하늘에서 자기의 오른편에 앉히사, 모든 통치와 권세와 능력과 주권과 이 세상뿐 아니라 오는 세상에 일컫는 모든 이름 위에 뛰어나게 하시고(엡 1:19-21)"

부활 후, 예수님은 승천하셨다. 다시 하늘로 올라가신 것이다. 성경은 승천한 그리스도에 대한 좀 더 자세한 정보를 제공한다. 하나님은 하늘로 다시 올라온 그리스도를 당신의 오른편에 앉게 했다. 에베소서의 구절은 시편의 예언이 성취되었음을 보여 준다.

"여호와께서 내 주에게 말씀하시기를 내가 네 원수들로 네 발판이 되게 하기까지 너는 내 오른쪽에 앉아 있으라 하셨도다. 여호

와께서 시온에서부터 주의 권능의 규를 내보내시리니 주는 원수
들 중에서 다스리소서(시 110:1-2)."

　하나님은 승천한 예수님에게 '내가 네(그리스도) 원수들을 네 발판으로
만들 때까지 내 오른편에 앉아 있으라'고 말씀하셨다. 여기서 하나님이
왜 예수님을 당신의 오른편에 앉아 있으라고 말씀하는지 생각해 보자.
하나님은 예수님의 원수들을 예수님의 발판으로 만들 것이다. 예수님이
하나님의 오른편에 앉는 순간부터 하나님이 어떤 일을 하실 것인지를 보
여 준다. 분명 하나님은 지금도 이 일을 하고 계실 것이다. 지금 하나님은
그리스도의 원수들을 잡아 예수님의 발판 재료로 만들고 있다. 이 시편
은 그리스도 승천 이후부터 진행된 하나님이 행하시는 이 특이한 사역을
구체적으로 드러내고 있다. 하나님은 저 시점 이후부터 지금까지 계속
그리스도의 원수(적), 즉 우리의 적을 제압하신다. 정복하고 굴복시켜 포
로로 잡아, 그리스도의 발판으로 만들고 있다(시 110:2).

　이와 관련하여 예수님의 승천은 우리에게 어떤 의미가 있을까. 예수님
이 승천한 직후부터 하나님은 일하신다. 하나님의 전쟁이 시작된 것이
다. 그리스도의 적, 즉 우리의 적들이 패배하고 있다는 것이다. 우리를 괴
롭히고, 학대하며, 파괴하고, 빼앗던 적들이 하나하나 정복되고 있다. 이
들은 모두 붙잡혀 그리스도의 발판으로 사용되고 있다. 그리스도를 믿은
후부터 우리 삶에서 대적들이 하나둘씩 사라져 가는 이유이다. 확인해

보라. 우리는 예수님을 믿은 순간부터 지금까지 하나님이 우리의 대적들을 점차적으로 제거해 나가고 있다는 사실을 믿어야 한다. 하나님이 약속하셨기 때문이다. 그리스도가 승천했기 때문에 가능한 일이다. 추가적인 설명이 더 등장한다.

> "이러므로 하나님이 그를 지극히 높여 모든 이름 위에 뛰어난 이름을 주사, 하늘에 있는 자들과 땅에 있는 자들과 땅 아래에 있는 자들로 모든 무릎을 예수의 이름에 꿇게 하시고(빌 2:9-10)"

하나님의 오른편에 앉는다는 사실은 하늘에 있는 모든 이름, 모든 존재들이 예수의 이름에 무릎을 꿇는다는 것이다. 물론 우리가 사는 이 땅에 있는 모든 이름도 마찬가지이다. 그리고 우리가 잘 알지 못하는 땅 아래에 있는 '존재'들도 예수님의 이름에 무릎을 꿇어야 한다. 이것이 예수님이 승천하신 이유이다. 이제 예수님은 하늘과 땅, 땅 아래에 있는 모든 이름을 다스리고 지배하게 되었다. 그렇다면 이 사실과 나는 어떤 관계가 있을까? 예수님은 승천을 통해 하늘과 땅, 땅 아래에 있는 모든 것들을 다스리게 되었다. 이와 관련된 복음을 어떻게 이해해야 하는지는 다음 구절을 통해 도움을 받을 수 있다.

> "또 함께 일으키사 그리스도 예수 안에서 함께 하늘에 앉히시니(엡 2:6)"

성경은 하나님이 예수님을 죽음에서 일으키실 때, '허물로 죽었던 우리를 그리스도와 함께 살리셨다'고 선언하고 있다(엡 2:5). 이어지는 위 구절에 의하면 그리스도와 함께 일으킬 뿐 아니라 그리스도 예수 안에서 함께 하늘에 앉히셨다고 선언하고 있다. 무슨 의미인가? 예수님만 하나님 우편에 앉아 있는 것이 아니다. 성경에 의하면 '우리' 또한 하나님 우편에 앉아 있다. 도저히 믿기 힘든 말씀이다. 하지만 우리는 다른 모든 말씀과 함께 이 사실도 믿어야 한다. 때로 우리의 본성은 상식을 뛰어넘는 축복이나 선물을 거부한다. 많은 그리스도인들이 복음을 일부만 받아들이는 이유가 여기 있다. 자신이 생각하는 하나님의 분량만큼만 복음의 내용을 수용하는 것이다. 안타깝다.

다시 강조하지만 복음에 의하면 예수님은 승천하셨다. 그리고 하나님 우편에 앉아 있다. 앉은 동시에 하나님은 우리의 대적들을 제압하여 그리스도의 발판으로 삼고 있다. 다 현재형이고 진행형이다. 그런데 그리스도 옆에 우리도 앉히셨다. 따라서 우리는 현재 두 개의 세계에 살고 있다. 이 땅에서는 고군분투하고 있지만 같은 나는 동시에 하늘에서 예수님과 함께 앉아 있다. 앉아 있다는 사실은 일을 하지 않는다는 것을 의미한다. 더 애쓰거나 해야 할 일이 없다는 것이다. 예수님이 앉아 있을 수 있는 이유는 십자가에서 자신의 사명이 끝났음을 선포했기 때문이 아닌가. 하나님이 우리 또한 그리스도 옆에 앉아 있으라고 하는 이유는 우리 또한 해야 할 일을 다 끝냈다는 의미로 읽을 수 있다. 따라서 우리가 존재하는 또 다른 세계에서 우리는 예수님처럼 단지 하나님이 하시는 일을 지켜보고 있다. 우리는 지금 집 안, 학교, 사무실에서 일하고 있을 수 있지만 영적인 관점에서 부활 승천한 예수님과 함께, 예수님 옆에 앉아 있는 것이다. 또 다른 의미의 '멀티버스' 세계관이다.

그렇다면 하나님은 왜 우리를 부활한 예수님 옆에 앉게 했을까? 이제 대답하기 쉬울 것이다. 그것은 하나님이 예수님을 당신의 오른편에 앉게 한 이유와 같다. 예수님이 하나님 우편에 앉음으로 하늘과 땅과 땅 아래에 있는 모든 것들 위에 뛰어난 이름을 받은 것처럼, 그리하여 원수들을 정복하고 다스리는 것처럼, 우리 또한 마찬가지이다. 우리의 또 다른 모습은 지금 하늘 보좌에 앉아 있다. 하나님 오른쪽에 앉아 계시는 예수님과 우리는 함께 앉아 있다. 이 사실을 믿을 수 있어야 한다.

"보라. 내가 오늘 너를 여러 나라와 여러 왕국 위에 세워 네가 그것들을 뽑고 파괴하며 파멸하고 넘어뜨리며 건설하고 심게 하였느니라 하시니라(렘 1:10)."

하나님은 구약에서 이 이중적 진리의 일부를 보여 주었다. 하나님은 일개 식민지의 예언자일 뿐인 예레미야에게 여러 나라와 왕국을 일으키고, 뽑고 파괴하며 파멸하며, 넘어뜨리고 건설하고 심는 권세를 주었다. 예레미야는 동족 이스라엘로부터도 배척당하고 온갖 비난과 고초를 겪었지만 실상 예레미야는 주님의 권세로 여러 제국들을 쥐고 흔들었다. 현실에서는 우물 안에 갇혀 처참한 몰골이었지만 실상 조국과 주변 세계의 운명을 결정하고 있었다. 이는 그리스도를 통해 하늘에 계신 하나님 우편에서 예수님과 함께 앉아 있는 우리의 또 다른 실재를 증명하고 있다. 이 지구상에 존재하는 나는 주목받지 못하고 힘겨운 믿음의 싸움을 하고 있지만 동시에 또 다른 나는 예수님과 함께 앉아 세상의 운명을 쥐락펴락하고 있다.

　지금 이 순간 나는 하늘에 앉아 있다. 그리스도는 승천할 때 나도 데려 가셨다. 현재 모든 이름은 예수님의 이름에 무릎을 꿇는다. 단지 예수님 앞에서만이 아니다. 나 또한 예수님 옆에 앉아 동일한 영광을 취한다. 이것이 나에게 허락된 권세이다. 나는 하늘 위, 그리고 땅 아래에 어떤 이름들이 있는지 다 알지 못한다. 하지만 적어도 나는 내가 사는 이 땅 위의 어떤 이름들은 잘 알고 있다. 나와 나의 사랑하는 사람들의 원수들의 이름은 잘 알고 있다. 절망, 학대, 비극, 사고, 실패, 가난, 빈곤, 죽음, 질병, 귀신, 그리고 사탄 등 나 자신과 우리의 사랑하는 자들을 괴롭히고 학대하는 원수들은 이런 이름들을 갖고 있다. 이제 예수 그리스도의 이름으로 이 이름들을 정죄하고 대적하고 내쫓고 우리의 발아래 발등상으로 만들자. 이것이 지금 내가 예수님 옆에 앉아 있는 이유이다. 주님이 일하신다.

（리더십 원칙） **리더는 주어진 권세를 이해하고 사용한다.**

모세의 부모

"레위 가족 중 한 사람이 가서 레위 여자에게 장가들어, 그 여자가 임신

하여 아들을 낳으니 그가 잘 생긴 것을 보고 석 달 동안 그를 숨겼으나

(출 2:1-2)"

모세의 부모는 누구인가? 딱히 이름이 잘 떠오르지 않는다. 구약에서 모세의 위상으로 볼 때 이는 조금 이상한 현상이다. 출애굽기는 바로의 명령에도 불구하고 히브리 남자 아기들을 살려 준 두 산파, '십브라'와 '부아'라는 여성을 당당히 밝힌다(출 1:15). 하지만 성경은 단지 한 레위 사람이 어떤 레위 여자와 결혼하여 모세를 낳았다고 언급하면서 모세의 출생과 관련한 이야기를 시작한다(출 2:1-2). 모세 부모의 이름이 전혀 등장하지 않는 것은 아니다. 성경은 한참 후에야 모세 부모의 이름을 밝힌다. 그런데 '아론'의 집안 가계도를 설명하는 가운데 스치듯 언급한다.

"아므람은 그들의 아버지의 누이 요게벳을 아내로 맞이하였고 그는 아론과 모세를 낳았으며 아므람의 나이는 백삼십칠 세였으며(출 6:20)"

모세가 하나님으로부터 받은 임무에 대해 이야기하는 가운데 뜬금없이 아론의 가계도가 등장한다. 그것도 단독으로 등장하는 것이 아니라 이스라엘 족장 가운데, 르우벤, 시므온, 레위의 자손을 설명하다가 레위의 자손 가운데 '아므람'이라는 인물을 언급한다. 그리고 이 아므람이 '요게벳'이라는 여인을 아내로 맞이하여 아론과 모세를 낳았다고 설명한다.

왜 성경은 독자들이 이처럼 어렵게 모세의 부모를 찾도록 했을까? 처음부터 레위의 자손 아므람과 요게벳이 모세를 낳았다고 말할 수 없었을까? 분명 그럴 기회가 있었다(출 2:1-2). 그렇다면 이 부모는 이스라엘의 전설적인 지도자를 낳은 자랑스러운 부모로 후대에 널리 알려졌을 것이다. 하지만 지금까지 모세의 부모를 잘 기억하는 독자들은 많지 않다. 성경도 아론의 집안을 언급하는 가운데 아므람과 요게벳을 끼워 넣는 바람에 이들이 마땅히 누렸어야 할 명성이 퇴색되고 말았다. 왜 성경은 모세의 부모에 대해 정당한 취급을 하지 않는 것일까? 성경은 마치 모세 부모의 정체를 감추려는 것 같다.

성경을 자세히 읽어 보면 그 이유를 짐작할 수 있다. 아므람은 아버지의 누이 요게벳을 아내로 맞이하였다(출 6:20). 아므람은 아버지의 누이,

즉 고모를 아내로 맞이한 것이다. 우리는 이 사실을 어떻게 받아들여야 할까? 고대 시대에 대가족 중심의 문화권 내에서 흔히 있었던 관행이었을까? 둘의 나이 차이가 크지 않아서였을까? 다음 말씀을 보고 판단해 보기 바란다.

> "너는 네 고모의 하체를 범하지 말라. 그는 네 아버지의 살붙이니라(레 18:12)."

하나님이 모세를 통해 명하신 율법은 가까운 가족 내의 결혼, 즉 근친상간을 엄격하게 금하고 있다. 그런데 '율법'이란 이전에 없었던 것을 새롭게 제시하는 것만이 아니다. 오히려 기존에 이미 관행적으로 지켜지고 있었던 것을 확인시켜 준 부분이 많다. 십계명이 선포되기 전에도 '안식일'은 거룩하게 여겨졌다(출 16:5). 이스라엘 백성들은 '번제'를 어떻게 드려야 하는지 레위기에 규정되기 전에도 번제가 무엇인지 알고 있었다(창 8:20). 따라서 레위기에는 번제가 무엇인지 설명하지 않고 어떻게 드려야 하는지 방법만 제시하고 있다. '살인하지 말라'는 계명이 십계명에 처음 등장하는 것도 아니다(창 9:6). 근친상간도 마찬가지였을 것이다. 이미 터부시되어 오던 규칙을 율법의 틀 속에 넣어 더욱 분명하게 제시한 것이다.

성경은 이 해악에 대한 처벌 및 저주까지 규정하고 있다(레 20:17-20). 따라서 비록 모세의 율법이 출애굽 이후에 규정된 것이라 하더라도 이 조

항은 모세의 가문에 수치를 안겨 주었음이 틀림없다.[40] 이스라엘에게 율법을 수여하고 가르친 모세 본인이 알고 보니 율법에 어긋난 방식으로 태어난 것이다.

이 규정을 선포하고 기록하던 모세는 어떤 생각이 들었을까? 나아가 모세의 가문 사정을 잘 알고 있던 사람들은 속으로 어떤 생각을 했을까. 상상하기 어렵지 않다. 그럼에도 불구하고 성경은 아므람과 요게벳의 관계를 덤덤히 밝힌다. 이 둘의 관계가 모세 및 향후 대제사장이 될 아론의 권위와 명성에 수치와 흠이 될 것임을 예상했으면서도 굳이 이 둘의 관계를 밝힌 것이다.

이러한 모습은 율법을 뛰어넘는 하나님의 은혜와 역사를 가리킨다. 배경이나, 특히 가족사가 어떤 낙인을 찍고 있다 하더라도 우리를 향한 하나님의 계획을 막을 수 없다. 모세는 계속해서 하나님의 계명을 백성들에게 전하였고, 아론은 대제사장으로서 백성들을 대변하며 하나님께 나아갔다. 부모의 죄가 자녀의 죄는 아닌 것이다. 부모의 죄가 자녀들을 향한 하나님의 은혜와 축복을 가로막지 못한 것이다. 자녀들은 하나님의 말씀과 뜻에 따라 새로운 관계와 삶을 시작할 수 있다. 주님은 우리가 통제할 수 없는 과거에 있었던 일체의 추문과 죄로부터 우리를 치유하고 깨끗하게 만드실 수 있다.

이스라엘 백성들은 오히려 모세의 가문을 통해 하나님의 은혜와 능력을 체험했을 것이다. 우리의 조상들이 물려준 과거가 우리를 향한 하나님의 은혜를 막을 수 없다. 과거에 어떤 일이 있었든 간에 하나님은 우리를 구원하실 뿐 아니라 다른 사람을 구원하는 귀중한 그릇으로 우리를 사용하시고자 한다. 하나님이 이런 이유로 일부러 모세를, 그리고 아론을 택하지 않았을까.

하물며 당신 아들의 피를 통해 우리를 깨끗하게 만드신 하나님이 우리를 통해 어떻게 역사하실지 상상하는 것은 어렵지 않다. 우리들 각자의 가족에게 있었던 과거는 우리의 발목을 잡을 수 없다. 그리스도의 보혈로 깨끗하게 된 우리는 하나님이 귀하게 쓰시는 그릇이 되었다. 우리는 이미 주인의 쓰심에 합당하여 모든 선한 일에 준비가 되어 있음을 기억하자(딤후 2:21).

(리더십 원칙) **리더는 자신의 배경이 아닌 믿음 가운데 역할을 수행한다.**

사람 낚는 어부

"예수께서 이르시되 나를 따라오라. 내가 너희로 사람을 낚는 어부가
되게 하리라 하시니(막 1:17)"

예수님이 제자들을 삼아 사람을 낚는 어부로 만들겠다는 말씀은 구약
에 근거하고 있다. 이 말씀은 제자들이 아브라함과 이삭처럼 되어야 한
다는 말씀이다. 예수님이 제자들에게 이 말씀을 하신 이유는 첫 제자들
이 어부여서가 아니라 창세기에 나타난 언약의 약속 때문이었다.

"나를 모든 환난에서 건지신 여호와의 사자께서 이 아이들에게
복을 주시오며 이들로 내 이름과 내 조상 아브라함과 이삭의 이
름으로 칭하게 하시오며 이들이 세상에서 번식되게 하시기를 원
하나이다(창 48:16)."

이 말씀은 야곱이 요셉과 그의 두 아들, 므낫세와 에브라임을 축복하면

서 남긴 말이다. 야곱은 요셉이 이집트 여인을 통해 낳은 두 아들을 아브라함과 이삭이라는 이름으로 축복했다. 그리고 이들이 세상에서 '번식'되기를 기원하였다. 다소 저급하게 들리는 표현이지만 이렇게 번역할 수밖에 없는 이유가 있다. 여기서 번식이라는 말은 히브리어 '다가(to fish)'라는 말을 번역한 것이다. 물고기를 잡다, 혹은 물고기처럼 크게 증가하다는 뜻이다. 물고기가 많은 알을 낳는 것을 감안한다면 왜 이 어휘가 번식 혹은 번성을 의미했는지 이해하기 어렵지 않다. 이처럼 '다가'는 번식하다, 번성하다는 뜻을 의미한다(민 11:22).

이스라엘의 족장들은 가나안 지역에 거주할 때 주로 목축에 종사했다. 따라서 어업은 잘 몰랐을 가능성이 높다. 하지만 야곱이 이집트로 이주한 이후, 나일강을 중심으로 펼쳐지는 어업을 경험하며 이 어휘를 익혔으리라 생각된다.

야곱의 축복을 들어 보면 자식들의 번성을 기원할 뿐 아니라 자신의 조상인 아브라함과 이삭 또한 '번식'의 삶을 살았다고 확신하고 있음을 알 수 있다. 야곱이 요셉에게 선포한 축복의 요지는 '아브라함과 이삭이 그랬던 것처럼' 요셉과 그의 가족도 이 땅에서 물고기처럼 번성하게 될 것이라는 점이다. 그렇다면 야곱의 주장처럼 그의 조부와 아브라함과 아버지 이삭이 번식했었다는 사실을 확인할 수 있을까?

"아브람이 그의 아내 사래와 조카 롯과 하란에서 모은 모든 소유
와 얻은 사람들을 이끌고 가나안 땅으로 가려고 떠나서 마침내
가나안 땅에 들어갔더라(창 12:5)."

아브라함이 갈대아 우르를 떠나 가나안에 입성하기 전 하란이란 곳에
잠시 머물렀다. 그리고 이곳에서 사람들을 얻었다. 얻은 사람들과 함께
가나안에 들어간 것이다. 여기서 '사람을 얻었다(히: 아사 네페쉬, to do
souls)'는 말은 무슨 의미일까? 이 말은 사람을 노예로 샀다는 말이 아니
다. 오히려 같은 생각과 뜻을 가진 사람들과 함께했다는 말이다. 즉, 아브
라함이 가졌던 유일하고 전능하신 하나님에 대한 믿음을 공유한 사람들
을 얻었다는 것이다. 이들은 아브라함의 믿음을 받아들였고 기꺼이 아브
라함과 동행하기를 주저하지 않았다. 이들은 아브라함의 제자가 된 것이
다. 필자는 이것이 성경에 나타난 최초의 교회 혹은 회당 공동체라고 생
각한다. 이 주장에 대한 추가적인 증거는 다음에 나타난다.

"아브람이 그의 조카가 사로잡혔음을 듣고 집에서 길리고 훈련
된 자 삼백십팔 명을 거느리고 단까지 쫓아가서(창 14:14)"

아브라함은 조카 롯을 구하려고 사람들을 모집해서 쫓아갔다. 이때 성
경은 '훈련된 자(히: 하니크, trained)' 318명이 그와 함께 나섰다고 기록
하고 있다. 여기서 훈련된 자란 가르침을 받다(be taught, trained)는 뜻

이다.[41] 군사 훈련이라기보다는 오히려 제자(disciple) 훈련(education)에 가깝다. 이들은 하란에서 함께 내려왔을 가능성이 높으며, 아브라함의 공동체에서 자식을 낳고,[42] 계속해서 가나안에서 아브라함과 함께 유일하신 하나님 여호와에 대한 신앙을 지켰을 것이다. 첫 회당, 혹은 교회의 일원들로 볼 수 있는 것이다. 따라서 아브라함은 당시 자신만이 유일신에 대한 신앙을 간직한 것이 아니라 적어도 318명을 그의 제자로 만들었고 이들의 가족까지 감안한다면 이미 적잖은 규모의 믿음의 공동체를 형성했을 가능성이 있다.

아브라함의 아들 이삭도 마찬가지였을 것이다. 이삭은 이들 공동체와 함께 성장했을 것이며 후에 아브라함의 후계자로 공동체의 지도자로 인정받았을 가능성이 있다. 성경은 이삭이 그랄 왕 아비멜렉 및 그의 군대 장관과 언약을 맺는 모습을 기술하고 있는데(창 26:26-31), 이는 이삭이 이미 그 지역의 왕과 군사협정을 맺을 정도로 큰 세력을 형성하고 있었음을 의미한다.

이삭의 아들이었던 야곱이 이 사실을 모를 리 없다. 야곱은 성장하면서 조부와 아버지의 세력과 영향력을 지켜보았을 것이고, 이것이 여호와라 불리는 하나님과의 언약에 따른 결과임을 배우고 충분히 인식하고 있었을 것이다. 따라서 야곱은 요셉과 손자들이 자신의 조상들처럼 많은 제자들을 거느리며 나일강의 물고기처럼 번성하기를 원했던 것이다.

이러한 구약의 전승에 근거하여 예수님 역시 아브라함처럼 제자들을 삼았고 이들이 사람을 낚는 어부가 되기를 원했다. 예수님은 당신의 제자들이 물고기처럼 세상에 충만하게 될 것을 암시하였다. 그 기대대로 예수님의 제자들은 아브라함처럼, 이삭처럼 세상에 나가 수많은 제자들을 삼아 예수님이 메시아라는 진리를 선포하고 하나님의 나라를 확장시켰다.

(리더십 원칙) **리더는 제자를 양육한다.**

금송아지 사건의 본질[43]

"아론이 그들의 손에서 금 고리를 받아 부어서 조각칼로 새겨 송아지 형상을 만드니 그들이 말하되 이스라엘아 이는 너희를 애굽 땅에서 인도하여 낸 너희의 신이로다 하는지라. 아론이 보고 그 앞에 제단을 쌓고 이에 아론이 공포하여 이르되 내일은 여호와의 절일이니라 하니(출 32:4-5)"

I. 목적

본 소고는 '금송아지 사건(출 32장)'의 분석을 통해 현재 한국 사회 혹은 한국 교회의 혼란과 분열의 본질을 이해하고자 한다. 또한 이 사건이 해결되는 과정을 분석함으로써 혼란과 분열을 치유하기 위해 교회가 어떤 역할을 수행해야 하는지 탐색할 것이다. 우리 사회에 가시적 금송아지 상은 존재하지 않지만 금송아지가 제작되는 과정, 제작 후 발생한 일련의 사건들은 우리가 직면하고 있는 문제의 단면을 이해하는 데 도움을 준다. 성경은 또한 이 위기와 혼란이 해소되고 공동체가 회복되는 과정도 자세히 제공하고 있는데, 이 과정을 분석함으로써 공동체 통합을 위해 교회가 취해야 할 방향을 가늠할 수 있다.

논문은 주로 문제 해결에 초점을 맞출 것이며 이와 관련해 19세기 말 미국의 교회와 정치를 들여다본 토크빌(Alexis Tocqueville)의《미국의 민주주의》의 통찰력을 소개할 것이다. 금송아지 사건으로 위기를 맞은 이스라엘 회중이 회복되는 과정과 19세기 미국 민주주의에 대한 토크빌의 전망은 극심한 내부 갈등과 반목으로 점철된 한국 사회의 통합을 위해 한국 교회가 무엇을, 어떻게 시작해야 하는지 분명한 방향을 제시할 것이다.

II. 금송아지 사건(출 32장)과 한국 교회의 리더십 위기

II.1. 리더십 부재와 공동체 위기

무엇이 문제였을까? 모세가 잠시 자리를 비운 사이 이스라엘 백성들은 아론을 앞세워 금으로 만든 송아지 형상을 제작하였다.[44] 좀 더 정확히 표현하면 리더십이 부재한 상황에서 아론이 추대된 것이다.[45] 아론은 이 송아지 형상이 이스라엘을 애굽 땅에서 인도하여 낸 이스라엘의 신이라 선언하였다(출 32:4). 아론은 더 나아가 이 형상으로 '여호와의 명절(절일)'을 기념할 것이라고 공표하였다(출 32:5).

이러한 발언들로 인해 이 사건의 본질을 이해하기가 어려워진다. 아론과 이스라엘 회중은 자신들의 신이 누구인지 잘 알고 있었다. 이스라엘 백성은 이집트에서 벗어난 지 두 달도 지나지 않았다. 이집트를 강타한 초자연적 이적의 기억이 아직 생생할 때이다. 홍해가 갈라지는 장관도 목격했고, 바로의 병거와 군대가 수몰당하는 모습도 지켜보았다. 게다가 이들은 지금 시내산 기슭에 모여 있다. 몇 시간 전까지도 하나님이 시내산으로 하강하여 모세와 나누는 대화를 들었다. 따라서 아론이 '이것이 (금송아지) 너희를 애굽 땅에서 인도한 신이다'라고 선언했을 때 어느 누구도 그 금 조각이 조상들의 하나님이라고 생각하지 않았을 것이다. 오히려 금송아지는 모세가 부재한 상황에서 여호와 하나님이 백성들 가운데 존재하고 있다는 주장을 가시적으로 보여 주는 가시적 대체물이었을 것이다.[46]

II.2. 모세의 부재와 자가 격리

성경은 이스라엘 백성들이 금송아지를 제작하게 된 배경에 대해 설명한다. 그것은 모세의 부재였다(출 32:1). 모세는 400년간의 노예 생활에서 갓 벗어난 백성들을 홀로 두고 추가적인 율법을 수여받기 위해 시내산으로 홀로 올라갔다. 성경은 하강 시점을 명확하게 지정하지 않은 이러한 리더십의 부재가 회중 가운데 혼란과 분열을 야기했을 것이라고 암시한다(출 32:1b). 이 시점이 출애굽 이후 두 달째라는 점은 모세의 역할을 대체할 리더십이 제대로 정착하기 전이라는 가정에 힘을 싣는다.

회중과 멀어진 모세의 리더십은 금송아지 사건 이후에도 더욱 악화된다. 모세는 이 사건 이후 회중 가운데 있기보다는 스스로를 회중으로부터 격리하기로 결심한다. 모세는 회중을 떠나 별도의 '회막(히: 오헬 모에드, tent of meeting)'을 세운다(출 33:7). 앞으로 모세가 이스라엘 회중들과 더불어 세우게 될 최초의 성전인 성막, 혹은 회막과 이름조차 똑같은 건축물을 모세가 스스로를 위해 세운 것이다. 하나님의 집보다 자신의 집을 먼저 세운 것이다. 하나님의 집에 달릴 명패를 자신의 천막에 먼저 붙인 것이다. 자신의 집을 세운 모세는 백성들과 다른 차원의 거룩함을 확보한다(출 33:9-11). 하지만 자신의 거룩함을 백성들과 공유하지는 못한다.

모세는 스스로 자가 격리를 택했다. 그런데 모세가 자신만의 회막을 세운 위치는 이스라엘 진영 밖이다(출 33:7). 진영 밖은 쓰레기를 처리하고, 부정하다고 선포된 백성들이 임시로 거주하는 공간이다. 이 부정한 공간에 모세는 스스로를 격리한 것이다. 모세가 홀로 거룩해진 공간이 하나님의 관점에서는 부정한 공간이었다는 점은 아이러니다. 이러한 자가 격리는 금송아지 사건으로 취약해진 백성들의 마음에 더욱 상처를 안겨 주었을 것이다. 리더십의 부재가 리더의 분노와 실망 및 자가 격리로 이어지고 이는 리더십과 공동체 사이의 거리를 더욱 벌려 놓았다.

II.3. 한국 교회의 리더십 부재

우리는 사회와 교회의 분열과 혼란을 지적하고 질타하기에 앞서 그 원인을 내부에서 성찰할 필요가 있다. 현재 우리 사회는 정치적 스펙트럼에 따라 자신의 진영에 속하지 않는 이웃을 타도해야 할 적군으로 여기고 있다. 한국 사회의 분열과 갈등이 첨예화한 시점은 한국 교회의 1세대 지도자들의 퇴장과 맞물려 있다. 지도자들의 세대교체와 새로운 리더십의 등장은 매끄럽지 못했다. 리더는 존재하지만 리더십의 부재는 여전히 진행 중이다. 표적과 카리스마를 통해 회중을 이끌던 리더십의 갑작스런 부재는 회중의 불안을 야기하고 있다. 이 상태가 지속된다면 새로운 금송아지가 다시 출현할 수 있다.

과거 교회 지도자들의 영향력은 특정 교회를 벗어나 사회 전반, 혹은 국경을 초월하여 세계가 지경이었다. 반면 적잖은 2-3세대 지도자들은 교회 내부의 분열과 갈등조차 해결하지 못한 채 지역 교회 내부에 고립되어 있다. 거점 교회를 넘어 사회 전반에 끼치던 권위와 영향력을 상실한 채 자신만의 거룩성을 확보할 수 있는 '오헬 모에드' 안으로 스스로를 격리시키고 있다. 교회의 거룩함과 영향력은 건물 외부로 좀처럼 확장성을 보여 주지 못하고 있다. 이러한 방어적 태도와 수동성은 특정 공동체 내부에서 안전과 존경을 확보할 수 있어도 한국 사회 혹은 한국 교회라는 거시적 관점에서는 그곳이 부정한 장소임을 인식해야 한다. 자신만의 공간에서 거룩함을 즐기고 있는 지도자들은 스스로 세운 천막을 철거하고 사회라는 회중 안으로 들어와야 한다.

III. 성막과 금송아지의 평행 구조

아론과 백성들은 금송아지를 완성한 다음 여호와 하나님을 위한 명절을 기념하려고 한다. 백성들은 다른 신을 섬기려는 것이 아니다. 백성들은 자신들을 구원한 조상의 하나님, 여호와 하나님을 잊지 않았다. 이들은 분명 여호와 하나님을 섬기려고 한다(출 32:5). 그 의도와 계획은 분명하다. 하지만 이에 대한 하나님의 반응은 냉담하고 적대적이다. 하나님은 백성들이 부패했다고 일갈한다(출 32:7). 송아지를 만들어 송아지를 경배하고, 이 송아지가 자신들의 신이라 말했다고 고발한다(출 32:8). 자신이 계시한 율법의 제1 계명을 어겼다고 선언한 것이다(출 20:3).

하나님은 그 외에도 여러 가지 힐난을 퍼부으며 하나님과 백성들 사이는 돌이킬 수 없는 파국에 접어든다. 백성들은 여호와를 잊지 않았다. 여호와 하나님이 자신들을 구원한 사실을 잘 알고 있었다. 백성들은 지금 여호와 하나님을 위한 명절을 기념하려고 한다. 하지만 하나님은 백성들의 진심을 몰라주고 이들을 죄다 살육하려고 한다(출 32:10). 왜 하나님은 이토록 이 사건에 진노했던 것일까?

이 '오해'를 이해하기 위해서는 이 사건 직전 혹은 이 사건과 병행하여 진행된 일련의 사안들을 살펴볼 필요가 있다. 성경은 금송아지 사건 직전에 있었던 이야기를 상세하게 묘사하고 있다. 먼저 하나님은 모세에게 십계명 및 다른 주요 계명을 계시하였다(출 20-23장). 모세와 지도자들은 백성들을 대표하여 이 계명을 준수할 것을 서약하는 소위 '시내산 언약'을 체결하였다(출 24장). 그 이후 하나님은 모세에게 홀로 시내산 정상으로 올라오라고 지시한다(출 24:12-18).[47] 그리고 이어지는 25-31장은 성막 제조에 관한 지시 사항이다. 그렇다면 금송아지 사건(출 32장)은 이처럼 모세가 시내산에 올라가 40일간 성막 제조에 관한 지시를 받고 있는 사이(출 25-31장)에 일어난 일이다.

따라서 모세가 성막 제조에 관한 지시를 받고 있는 동 시간대에 백성들은 금송아지를 만들고 있었다고 보는 것이 타당하다. 하나님은 모세에게 자신이 거주할 집을 만들어 백성들 가운데 거하며 백성들을 인도할 계획을 계시하고 있었고, 백성들은 아론을 통해 자신들을 인도해 줄 여호와의 형상을 만들고 있었다. 이스라엘 백성들이 진정으로 원하던 바로 그것을 동 시간대에 하나님과 모세가 준비하고 있었다. 하지만 백성들은 하나님과 모세가 어떤 대화를 나누는지 알지 못했고, 모세 역시 그 사이에 백성들이 스스로 해결책을 마련하고 있으리라고는 상상하지 못했다.

III.1. 성막과 금송아지의 비교

실제로 성막 제조와 금송아지 제조는 묘하게 닮았다. 성막 제조는 이스라엘이 하나님께 가까이 가고(히: 히크리브, to sacrifice), 어떻게 하나님을 섬겨야 하는지에 대한 하나님의 생각과 방법을 제시하고 있다. 금송아지 제조는 이스라엘이 하나님께 가까이 가고, 어떻게 하나님을 섬기고 싶은지에 대한 백성들의 생각과 방법을 보여 준다. 백성들은 금송아지를 제조함으로써 하나님을 섬기고 싶었다. 백성들은 금송아지를 제조하여 하나님의 명절을 기념하고자 했다. 따라서 결국 40일이라는 동 시간대에 하나님과 이스라엘 백성들은 모두 같은 목적을 향해 나아가고 있었다.

하나님과 이스라엘은 모두 하나님을 섬기고, 그 관계를 고양시킬 어떤 수단을 고안하고 있었다. 하나님은 그 수단과 방법을 성막으로 제시하였고 백성들은 금송아지로 제시하였다. 하나님과 백성들 모두 같은 목적을 가지고 있었지만 그 결과물은 달랐다. 하나는 하나님의 영광이 충만한 성막이었고 다른 하나는 백성들이 이집트에서 보고 자란 '아피스 황소(Apis Bull)'였다.[48]

III.2. 대제사장 아론과 '제사장' 아론

성막 제조에 관한 하나님의 계획 가운데 등장하는 가장 중요한 직책은 기름 부음을 받을 제사장이다. 대제사장은 아론이 맡게 될 것이다. 모세가 이 직책에 관한 하나님의 지시 사항을 들으면서 서운했겠지만 성막이 완성되면 그때부터 핵심 인물은 모세가 아니라 아론이다. 아론과 그 아들들이다. 이유는 모른다. 그렇게 지시받았다. 물론 이 사실을 시내산 아래에 있는 아론은 알 길이 없다. 아론은 자신에게 어떤 명예와 직분이 주어졌는지도 모르면서 산 밑에서 '제사장' 역할을 이미 수행하고 있다.

금송아지 제작을 주도한 인물은 아론이다. 금송아지 제의에서 아론은 '제사장'이다. 백성들은 아론에게 나아가 자신들을 인도할 신을 만들어 달라고 요청했고, 아론은 직접 제작에 관여했을 뿐 아니라(출 32:2-4), 제사장의 역할도 수행했다(출 32:5-6). 하나님이 이미 그를 성막의 대제사장으로 낙점하고, 그에게 입힐 영광스럽고 아름다운 예복도 디자인하고 있을 때 벌어진 일이다. 그는 이 사실을 모른 채 금송아지를 만들고 스스로 제사장으로 취임하였다.

III.3. 하나님의 백성과 금송아지의 백성

하나님은 백성들에게 금과 은 등 귀중품을 예물로 받아 성막을 제작할 계획을 세웠다(출 25:1-7). 백성들이 조금만 기다렸다면 자신의 예물을 성막 제조에 사용했을 것이다. 하나님이 이집트인들을 압박하여 백성들의 소유가 된 예물의 일부가 첫 성전의 일부가 되었을 것이다. 백성들은 헌신할 준비가 되어 있었다(출 36:6). 그런데 아론은 백성들에게 금을 가져오라고 지시하였고 이 금으로 송아지 형상을 만들었다.

이 금은 백성 중 아내와 아이들이 가지고 온 것도 있었다(출 32:2). 성막에 사용되었을 금이 송아지 제조에 사용된 것이다. 백성들은 또한 성막을 위해 놋으로 된 번제단과 금을 입힌 분향단도 제작하여 주님께 바칠 수 있었다. 그러나 백성들은 송아지 상 앞의 제단을 먼저 만들었다. 하나님은 또한 성막에서 번제와 화목제 등 각종 예물을 받을 계획을 밝혔다. 하지만 백성들은 같은 시각 금송아지에게 번제와 화목제를 바쳤다(출 32:6). 하나님은 백성들이 기쁜 마음으로 드리는 것을 받을 계획이었다.[49] 그리고 화목제 등 각종 예물들을 제사장과 백성들이 함께 나누어 즐기도록 하였다. 하지만 백성들은 스스로 선택한 방식으로 먹고 마시며 뛰어놀았다(출 32:6).

성막은 보이지 않는 하나님의 신성과 거룩함이 백성들 가운데 거하는 것이다. 특히 증거궤 덮개인 속죄소의 두 그룹(Cherubs) 사이에서 주님은 백성들에게 직접 말씀하실 계획이었다. 하지만 백성들은 눈에 보이는 금송아지를 만들었지만 이를 통해 하나님의 거룩함에 참여할지 확신하지 못했고, 하나님이 직접 말씀하실 것이라는 기대를 갖지 못했다. 백성들이 금송아지 제작을 통해 열망하고 기대하는 모든 것을 사실 하나님은 모세에게 전달하고 있었다. 하나님의 계획은 성막을 통해 백성들의 열망과 기대를 뛰어넘고 있었다. 성막 제조와 금송아지 제조의 공통점을 표로 제시하면 그 유사점이 두드러진다.

표1. 성막 vs. 금송아지 비교

	성막(출 25-31장)	금송아지(출 32장)
목적	예배에 대한 하나님의 계획과 청사진	예배에 대한 백성들의 계획과 청사진
제사장	아론	아론
재료	금, 은, 동 외	금, 은 외
기능	그룹 사이에서 백성들을 만남(인도)	백성들을 인도
제의	번제, 화목제, 헌물	번제, 화목제, 헌물
결과	영광	혼란, 죽음(3,000명)

하나님은 스스로를 계시할 뿐 아니라, 이스라엘 백성들이 어떻게 하나님을 섬기고, 가까이 오며, 올바른 관계를 형성해야 하는지 그 방법도 밝혔다. 백성들은 하나님의 위엄과 영광을 체험했고, 하나님께 더욱 가까이 가고 싶었다. 하지만 어떻게 하나님을 섬기고, 가까이 가고, 올바른 관계를 만들어야 할지도 하나님께 배워야 했다. 백성들은 하나님이 원하는 방식이 아니라 자신들이 원하는 방식으로 하나님을 섬기고자 하였다. 백성들이 조금만 참고 기다렸다면 하나님은 백성들이 원하는 섬김의 열망과 기대를 채워 주었을 것이다. 백성들은 자신의 방식으로 하나님을 섬기려고 하였고, 그 성급함과 조급증은 금송아지라는 기괴한 결과를 낳았다.

III.4. 진리의 주관성과 개인주의

리더십 부재와 돌연변이적 세속주의의 영향으로 등장한 현대 사회의 금송아지는 '자신(self)'이라고 말할 수 있다. 성경적 진리에 대항하는 현대의 가장 대표적 사상은 개인주의이다. 진리는 더 이상 객관적 검증이나 경험에 의해 수용되지 않는다. 진리는 하나가 아니고 다원적이다. 진리를 판단하는 유일한 기준은 '나(me)'이다. 이스라엘 백성들이 모세의 부재 상황에서 최종적으로 고안해 낸 것이 아피스 불이라면 현대인들이 절대적 진리를 배제하고 고안해 낸 숭배의 대상은 셀피(selfie)로 대표되는 '나'이다.

현대인들 역시 불안과 두려움 가운데 자신들을 인도해 줄 대상을 원한다. 고대 시대에 그 대상은 태양신, 폭풍신 및 이와 비슷한 계통의 다양한 신들이었다. 19세기와 20세기에는 국가와 이데올로기가 그 자리를 대체했다. 그리고 21세기의 회중들은 나(me)를 그 중심에 두기 시작했다. 자아실현, 자존감, 주관, 개인주의, 셀피 등은 결국 모든 판단 기준이 자신임을 보여 준다. 정치, 사회, 도덕, 윤리 등의 판단 기준이 나의 느낌이나 생각이며 더 이상 객관적, 절대적 기준이 유효하지 않음을 보여 준다.[50]

우리 사회가 안고 있는 수많은 문제와 갈등의 뿌리에는 결국 나를 금송아지로 섬기는 새로운 사상이 자리 잡고 있다. 우리는 이러한 욕망을 때론 절대적 존재, 하나님과 동일시한다. 마치 이스라엘 백성들이 자신들을 인도해 줄 신이 여호와라고 주장하면서도 금송아지를 제작한 것처럼 현대인은 자신들을 인도해 줄 신적 존재를 탐색하다 결국 스스로 형상을 만들어 내었다.

하나님은 백성들이 기대하는 수준을 넘어 백성들 가운데 거주하며, 실제로 그의 영광을 목도하게 하고, 그룹 사이에도 대화하고, 인도할 계획이었다. 그 가운데 일부는 제사장으로, 오홀리압과 브살렐은 총괄 디자이너 등, 각자의 소명과 재능, 지혜에 따라 임명할 계획이었다. 두려움과 불안이 아닌 기쁨과 즐거움의 삶으로 이끌 계획이었다. 이러한 하나님의 계획은 현대인들에게도 마찬가지이다. 하지만 고대의 이스라엘 회중처럼 현대인들 역시 스스로 두려움과 불안을 제거할 계획을 수립하였다.

스스로 기쁨과 즐거움을 찾아 뛰어놀고 있다.

현대인들이 자아라는 우상을 통해 찾은 기쁨과 즐거움은 다름 아닌 '성(sex)'이다. 자신이 어떤 성(gender)으로 살지 내가 결정한다. 나의 주관적 판단이 나를 X라는 제3, 제4의 성으로 규정한다.[51] 이제 바야흐로 사회는 진리의 개인주의, 진리의 주관성을 인정하지 않으면 사회적, 법적 제재를 가하는 수준으로 진화하고 있다.[52] 한국 사회도 빠르게 이 흐름에 동승하고 있다.

현대인이 자아의 발로를 통해 성에 천착한 점이 잘못되었다는 것은 아니다. 실제로 하나님도 성을 통해 '호모 사피엔스'가 삶의 기쁨과 즐거움을 누리도록 계획하였다. 유대-기독교 세계관의 핵심 윤리는 생명이다.[53] 모든 생명은 창조주의 선물이다. 특히 모든 인간은 하나님의 형상에 따라 창조된 유일한 존재라는 점에서 다른 종(species)들과 구별된다. 인권 존중의 유일한 근거는 여기에 있으며, 인류는 생육하고 번성하라는 축복을 받았다. 하나님은 이 축복을 남성과 여성의 결혼이라는 법제를 통해 가족을 이룸으로 실현하였다(마 19:6). 하지만 시내산 기슭에 머물던 회중처럼 현대인들은 삶의 기쁨과 즐거움이라는 동일한 목표를 자신들의 방식으로 구현하고자 한다. 이것이 젠더 X, 동성애, 낙태 허용 법제화의 본질이다. 수많은 현대인들이 제사장의 영광스런 예복을 입기 전에 자아의 우상 앞에서 생명의 감소와 단축이라는 운명을 맞고 있다.[54]

금송아지 사건은 시대에 따라 우상의 대상이 달라질 수 있음을 보여 준다. 태양신이든, 아피스 불이든, 다양한 이름의 신이든, 국가이든 이데올로기든, 자아이든 그 우상을 통해 생명의 감소와 단축으로 나아가고 있다면 그 사회와 공동체는 이미 심각한 위기 가운데 있다. 더욱 심각한 문제는 서구뿐 아니라 한국에서조차 일부 교단이나 교회가 이 우상을 통해 '하나님의 명절'을 기념하려는 행태를 보임으로 형제의 보호자가 아닌 생명 감소의 조력자가 되고 있다는 점이다.[55] 거룩한 예복을 입을 수많은 제사장들이 우상을 위한 제사를 드리고 있으며 하나님의 나라를 위해 바쳐졌을 귀한 자원들이 우상 제조에 투입되고 있다. 그렇다면 이러한 혼란, 소음, 분열, 생명 단축을 어떻게 해결할 것인가?

IV. 모세의 해결과 하나님의 해결

IV.1. 모세의 해결

모세는 금송아지 위기에 대해 감정적으로 해결하였다. 그는 분노를 주체하지 못하고 하나님이 직접 제작한 증거판을 파괴하였다(출 32:19). 이어 송아지 형상을 부수고 불살라 가루로 만들고 물에 섞어 이스라엘 회중들에게 마시게 하였다. 나아가 회중의 편을 가르고 레위 자손들로 하여금 범죄에 가담한 동족 이스라엘 회중 3,000명을 도륙하였다(출 32:26-28).[56] 하지만 이 와중에 이 범죄의 핵심 인물인 아론은 책임을 면했다(출 32:21-24).

게다가 모세는 향후 여호와의 집에 사용될 '오헬 모에드(tent of meeting)'를 스스로를 위해 제작하고, 진영 밖에 세우고, 수시로 백성들과 거리를 둠으로써 백성들의 죄책감을 가중시켰다(출 33:7). 이러한 모세의 보복은 후에 살아남은 백성들의 뇌리에 남아 지속적으로 시빗거리를 제공하였다(민 16:41; 20:3). 이처럼 백성들에게 가해진 가혹한 수치와 처벌은 사후 여호와의 암묵적 승인을 받은 것으로 보이나(출 33:3, 5) 모세의 행동과 보복이 여호와의 뜻이나 명령이었다는 구절은 어디에서도 찾아볼 수 없다.[57]

간발의 차이로 끝난 대통령 선거 이후 승자 독식과 정치적 보복에 대한 우려로 한국 사회는 더욱 긴장감을 높이고 있다. 정권이 바뀔 때마다 반복되는 처벌과 보복은 승리를 가져간 진영에 일시적 카타르시스를 선사할 수 있겠지만 리더십 및 백성들 모두에게 상처와 불안감만을 가중시킨다는 점을 명심할 필요가 있다. 금송아지 위기로 심판을 받은 3,000명의 희생은 골고다에 스며든 피에 의해 3,000명이 다시 태어남으로 비로소 해결되었다.

IV.2. 하나님의 해결

모세의 반응을 지켜본 후 하나님 또한 금송아지 위기에 대한 해결책을 제공한다. 그 해결책은 두 가지로 첫째는 안식일 준수(출 35:2-3)이고, 둘째는 성막 제조이다(출 35:4-40:38). 하나님은 십계명 가운데 안식일 준수 규정을 꼽았으며, 성막 제조는 금송아지 사건 이전에 이미 모세에게 계시되었던 내용이다. 이처럼 금송아지 사건 이전에 계시되었던 내용이 다시 반복된 것은 흔히 주장하듯 복수의 문서가 합쳐진 것이 아니다. 금송아지 사건 이후에 제시된 안식일 준수와 성막 제조는 모세의 대응과 비교되는 금송아지 위기에 대한 공동체 회복을 위한 하나님의 대응이라고 말할 수 있다.

이 방법을 이해하기 위해서는 19세기에 기록된 한 견문록을 이해할 필요가 있다. 1891년 찰스 다윈이 비글호를 타고 갈라파고스 섬으로 향하던 해, 프랑스의 한 젊은 학자가 영국으로부터 갓 독립한 미합중국으로 향했다. 프랑스의 철학자였던 '알렉시스 토크빌(Alexis Tocqueville)'은 이때 미국을 여행한 다음 《미국의 민주주의(American Democracy)》라는 저작을 남겼다. 미국을 향하면서 토크빌이 염두에 두었던 가정 하나가 있다. 그것은 미국의 정치가 철저하게 세속화되었을 것이라는 점이다. 즉, 미국의 민주주의가 종교(청교도)의 영향력에서 벗어나 독자적으로 발전했을 것이라는 가정을 세웠다. 미국은 수정헌법 1조[58]를 통해 시작부터 정치와 종교를 완전히 분리했다. 미국은 종교의 자유를 찾아 식민지로 건너온 필그림에 의해 시작된 나라였다. 따라서 미국의 교회가 국가로부터 완전한 독립을 요구한 것은 당연한 수순이었다.

19세기 유럽은 정치에 대한 종교의 개입과 영향으로 많은 혼란을 겪었다. 프랑스 역시 예외는 아니었다. 따라서 토크빌은 완전한 정교분리 원칙에 의해 세워진 미합중국에서 정치와 종교가 어떤 관계를 설정하고 있을지 궁금했다. 그런데 토크빌의 예상과는 반대로 미합중국은 유럽의 그 어느 나라보다 '종교적인' 나라가 되어 있었다.

'미국만큼 기독교(Christian faith)가 사람들의 영혼에 큰 영향을 끼치고 있는 나라는 세상에 존재하지 않는다.'[59]

토크빌이 말한 '종교적'은 긍정적 영향이라는 함의를 가지고 있다. 그의 고향 유럽은 여전히 종교가 정치에 깊숙이 관여하고 있었다. 하지만 주로 부정적 의미에서 그랬다. 종교가 정치에 깊게 새겨져 있었지만 일반 시민들에게는 거의 영향력을 행사하지 못했다.

'나는 (유럽에서) 종교의 정신과 자유의 정신이 항상 반대로 행진하는 것만 보았다. 그러나 미국은 그렇지 않았다. 이 둘은 서로 밀접히 연합되어 있었고, 함께 같은 나라를 통치하고 있었다.'[60]

미국은 정반대였다. 교회는 철저히 정치와 분리되어 있었다. 하지만 기독교와 교회는 미국의 정치에 막강한 영향력을 행사하고 있었다. 토크빌은 관찰에만 의존한 것이 아니라 직접 시민들과 정치인, 그리고 종교인들을 면담하여 교회와 정치가 사실상 동조화된 사회가 어떻게 가능하게 되었는지 캐물었다. 정치인들과 종교인 모두 상호간의 개입에 반대했다.

그 이유는 정치가 기본적으로 '분열적(divisive)' 특성을 지니기 때문이다. 교회가 정치에 개입하는 순간 교회도 분열될 것임을 시민과 종교인 모두 알고 있었다. 대신 교회는 자신의 역할에 집중했다. 토크빌이 교회가 정치에 미치게 된 영향력의 매개변수로 지적한 것은 '가정(family)'[61]이었다.

'가족이라는 느낌이 살아 있는 한 억압에 대항하는 세력은 결코 외롭지 않다.'[62]

미국은 교회를 중심으로 예배 공동체를 형성했으며, 교회는 부부 중심의 강한 가족을 만들어 내었다. 이 가족들은 다시 교회를 중심으로 다양한 지역사회의 활동에 참여하였다. 교회는 회중들이 공동의 선을 위해 적극적으로 지역사회의 활동에 참여하도록 격려하였다. 미국을 이끄는 지도자들은 바로 이러한 지역사회의 지도자들 가운데 선출되었다. 따라서 결국 교회를 통해 미국의 주요 리더십이 꾸준히 공급되는 선순환을 이루어 낸 것이다. 미국의 리더십은 기독교의 가치를 함양하고 이를 정치적 목적에 부합시켰다. 교회로부터 시작된 다양한 공동체 형성이 최종적으로 사회 전반적 리더십까지 확산된 것이다.

토크빌에 의하면 민주주의의 적은 두 가지이다. 하나는 개인주의(indi-vidualism)이고 다른 하나는 정부의 복지(government welfare)에 대한 과도한 의존이다.[63] 개인의 자유가 신장되어 감에 따라 시민들이 자신만의 자유와 이익에 몰두하게 될 때 민주주의는 위기를 맞는다. 또한 토크 빌은 정부나 국가의 역할이 비대해짐에 따라 시민들이 정부의 복지에 의 존하게 될수록 개인의 자유를 잃어버리게 될 것이라고 간파하였다.[64]

그런데 토크빌은 미국이 건국 초기부터 이 두 가지 민주주의의 적들에 대해 효과적으로 대처하고 있다고 간파하였다. 위에 언급한 교회를 중심 으로 공동체를 형성한 것이다.[65] 토크빌은 이처럼 정치적 목적을 배제한 채 형성된 다양한 '시민 공동체(civil associations)'가 활달하고 건강한 민 주사회의 핵심이라고 주장하였다.[66] 이 공동체 내에서 개인들은 공동의 관심사, 이해, 관점들을 공유하며 이 공동체 조직들을 통해 자신들의 의 견을 표력하고 정부 정책에 영향을 끼친다. 시민 공동체는 민주정부의 효과성 증진과 안정에 기여한다.[67]

IV.3. 무리와 회중

토크빌이 미국에서 관찰한 교회로부터 시작된 시민 공동체(civil asso-ciations)를 통해 왜 하나님이 금송아지 위기에 대해 안식일 준수와 성막 제조라는 방법을 제시했는지 이해할 수 있다. 처벌과 보복이라는 모세의 대응과는 달리 하나님은 사람들의 무리(crowd)를 공통의 목적을 지닌 회 중(케힐라 또는 에다, congregation)으로 변화시키려고 한다.[68]

이 시점 이전까지 하나님이 직접 개입하고 많은 이적을 보여 주었지만 이스라엘 무리와 군중은 회중으로 변화되지 못했다. 이집트에 내린 재앙, 갈라진 홍해, 만나, 바위에서 흘러나온 물, 심지어 시내산의 현현과 율법 계시조차도 군중을 회중으로 변화시키는 데 실패하였다. 이는 외부에서 공급되는 힘, 비록 그것이 초자연적 이적일지라도 군중을 변화시킬 수 없음을 보여 준다. 군중이 회중으로 변할 수 있는 임계점은 군중, 혹은 무리들이 스스로 공통의 목표를 설정하고 집단적으로 참여할 때만 도달할 수 있다. 자신만의 방식으로 자유를 구가하며 증진시키려 했던 무리와 대중의 혼동[69]을 치료하고 질서를 회복시킬 방법으로 하나님은 공동체 형성을 제시한 것이다.[70] 그런데 그 공동체는 백성들이 자발적으로 성막 건설에 참여함으로 가능하다.

그렇다면 왜 안식일과 성막 제조인가? 안식일은 시간 개념이며 성막은 공간 개념이다. 안식일과 성전(회당), 혹은 주일과 교회는 예배의 가장 기본 원칙이다. 하나님은 특정 시간과 특정 공간을 분리시키고 이스라엘로 하여금 함께 회중(공동체)을 건설하도록 지시하였다. 다양한 생각과 의견을 지닌 무리를 하나의 팀으로 만드는 최고의 방법은 함께 무엇인가를 만드는 것이다(성막). 소원하고 멀어진 관계를 회복시키고 강화시키는 최고의 방법은 각자가 추구하는 개인적 이해나 목적, 할 일을 내려놓고 함께 모일 특정 시간을 확보하는 것이다(안식일). 특정 시간을 약속하여 함께 모여, 함께 기도하고 예배에 전념해야 하는 것이다.[71]

하나님은 메이플라워를 타고 신세계에 도착한 필그림들에게 자신들이 거주할 집보다 교회를 먼저 짓도록 했고, 필그림의 후손들은 교회와 지역 사회를 건설하였다. 이를 통해 토크빌이 목격한 것처럼 정교분리의 원칙 가운데 가장 기독교적이며 이상적인 민주주의가 탄생할 수 있었다. 자유를 찾아 약속의 땅으로 떠나는 이스라엘 무리들에게 하나님이 제시한 방식도 마찬가지이다. 자유인의 국가, 제사장의 나라를 세우기 위해서는 집단적으로 특정 시간과 공간을 구별해야 한다. 예배는 특정 시간에 함께 모여 헌신하는 것이지 혼자 기도하는 것으로 만족해서는 안 된다.[72]

IV.4. 회중과 총회

한국 교회가 분열된 사회를 치유하고 기독교적 가치를 실현하는 사회를 만들기 위하여 '바야크헬(출 35장)'로부터 무엇을 배우고 어떻게 실행에 옮길 수 있을까? 이 질문에 답하기 위하여 이곳에 등장하는 특정 단어에 초점을 맞출 필요가 있다. 그것은 '카할(q-h-l)'이라는 단어이다.

성경은 이스라엘 민족이 집단적 정체성을 띠어 갈 때 두 가지 단어로 이 과정을 표현했다. 하나는 '에다('a-d-h)'이고 다른 하나는 '카할(q-h-l)[73] 이다. 우리말 성경은 이를 회중(에다), 혹은 총회(카할) 등으로 번역하지만 일관성은 존재하지 않는다. '카할'을 이해하기 위해서는 비슷하지만 다른 '에다'를 먼저 이해할 필요가 있다.

'에다'는 출애굽기 준비 과정에서 처음으로 등장한다(출 12:3). 하나님은 모세에게 니산 10일에 모든 이스라엘 회중(에다, congregation)으로 하여금 유월절 양을 준비하라고 명령한다. '에다'는 '에드(witness)'와 관련 있으며 동사 형태(y-'a-d)에서 알 수 있듯이, 지정하다(appoint), 규정하다(designate), 고정하다(fix), 결정하다(determine)는 의미를 함축한다.[74] 따라서 이집트의 노예 집단이 '회중(에다)'로 불렸다는 사실은 이제 군중(crowd)에서 지정된 목표, 목적을 함께 공유한 집단이 되었음을 의미한다. 이제 이스라엘은 집합적 정체성을 갖는 공동체가 된 것이다. 그들은 같은 사건을 목격했고(witness), 제사장의 나라라는 공통의 목적을 공유한다. 이스라엘 노예들은 유월절 양을 준비하라는 첫 번째 명령을 받아 회중(에다)이 된 것이다.

하지만 '에다'는 상반된 측면이 있다. 공통의 목표를 향해 나아갈 때는 집단적 힘을 보이지만 또한 집단적으로 퇴행하기도 한다. 대표적인 사례가 민수기에 나타난 정탐꾼 사건이다.[75] 하나님은 집단적 퇴행을 보이는 이스라엘을 향해 일관적으로 '에다'를 사용한다(민 14:27).[76] 즉 에다의 이스라엘 회중은 올바른 공통의 목적을 유지할 때는 건강하지만 동시에 집단적 퇴행과 실패의 가능성을 보여 준다는 점에서 미성숙한 단계라고 말할 수 있다. 에다의 회중은 군중심리에 취약성을 보인다.

에다와 비슷한 뜻으로 '카할(케힐라)'이 존재한다. 카할(q-h-h)의 어근은 단순히 모으다(gather), 소집하다(convene)란 의미를 지니고 있다. 따라서 이스라엘 회중이나 총회(신 34:4)를 의미하기도 하지만 이민족이나 타 국가들을 지칭할 때도 쓰인다(창 28:3; 35:11; 48:4). 따라서 '카할'을 사용할 경우 '에다'와는 달리 목적성이나 정체성보다는 집단을 구성하고 있는 개별 단위 혹은 개별의 합(sum of individuals)으로서의 집단에 방점을 두고 있음을 알 수 있다.

그런데 출애굽기 35장 1절은 이 두 표현이 동시에 등장한다. 즉 하나님은 모세를 통해 이스라엘 회중(에다)을 소집한 것이다(카할). 이러한 표현은 그 이전에는 등장하지 않는다. 즉, 금송아지 위기에 대한 하나님의 진단은 이렇다. 이스라엘은 군중에서 '에다(회중)'가 되어야 한다. 하지만 금송아지 사건이나 후에 발생한 정탐꾼 사건, 고라의 반역에서 보듯이 언제나 목적 지향적 회중의 정체성을 유지할 수 없다. 제사장의 나라에서 순식간에 방자한 집단으로 추락할 수 있다.

이스라엘 회중은 집단적 목적을 공유하지만(에다) 개별적 차이(individuality)를 유지해야 한다(카할). 이스라엘을 구성하는 한명 한명은 다르며, 각자만의 방식으로 성막에 기여해야 한다. 개인주의는 거부하지만 개개인의 차이나 특성은 목적 지향적 회중과 병행해야 한다. 이것이 하나님이 해결책으로 제시한 보완된 형태의 이스라엘 회중 개념이다. 개별성이 보완된 후에야 이스라엘은 야곱의 총회(케힐라트 야아코브)로 불릴 수 있었다(신 33:4).

　이스라엘은 제사장의 나라라는 집단적 목적과 정체성을 갖지만 각 구성원의 특성과 차이는 인정되어야 한다. 하나님은 에다의 합목적성에 카할의 다양성과 개별적 특성을 통합시키고자 한 것이다. 이것은 에다가 집단적으로 퇴행할 가능성을 방지하고 건강한 긴장감과 활기를 지속적으로 공급할 수 있는 방법이다. 광야의 이스라엘은 합목적적 집단인 에다(회중)인 동시에 개인적 특성이 존중되는 카할(총회)인 것이다. 이처럼 상호 양립하기 어려운 개념이 출애굽기 35장 이후의 성막 제조에 구체적으로 구현되고 있다.

　'이스라엘 자손의 온 회중(에다)이 … 마음이 감동된 모든 자와 자원하는 모든 자가 와서 회막을 짓기 위하여 그 속에서 쓸 모든 것을 위하여, 거룩한 옷을 위하여 예물을 가져다가 여호와께 드렸으니, 곧 마음에 원하는 남녀가 와서 팔찌와 귀고리와 가락지와 목걸이와 여러 가지 금품을 가져다가 사람마다 여호와께 금 예물을 드렸으며, 무릇 청색 자색 홍색 실과 가는 베 실과 염소 털과 붉은 물 들인 숫양의 가죽과 해달의 가죽이 있는 자도 가져왔으며, 은과 놋으로 예물을 삼는 모든 자가 가져다가 여호와께 드렸으며 섬기는 일에 소용되는 조각목이 있는 모든 자는 가져왔으며 마음이 슬기로운 모든 여인은 손수 실을 빼고 그 뺀 청색 자색 홍색 실과 가는 베 실을 가져왔으며, 마음에 감동을 받아 슬기로운 모든 여인은 염소 털로 실을 뽑았으며 모든 족장은 호마노와 및 에봇과 흉패에 물릴 보석을 가져왔으며, 등불과 관유와 분향할 향에 소용되는 기름과 향품을 가져왔으니 마음에 자원하는 남녀는 누구나 여호와께서 모세의 손을 빌어 명령하신 모든 것을 만들기 위하여 물품을 드렸으니 이것이 이스라엘 자손이 여호와께 자원하여 드린 예물이니라(출 35:20-29).'

하나님의 치유책인 성막 제조는 추락한 이스라엘 회중이 개인적 기여에 의해 회복되는 과정이다. 일시적으로 실패한 회중이 더욱 고양된 회중으로 거듭나고 있다. 이전엔 모세와 아론, 그리고 일부 지도자들만 앞장섰다면 성막 제조에는 남녀를 불문하고 다양한 재능과 기능, 물품을 소유한 사람들이 모두 각자 기여할 수 있었다. 성막이 매우 복잡한 구조로 제작된 이유는 이 때문이다. 하나님이 이스라엘 구성원 각자(individual)가 자신만이 가진 것을 기여하고 사용하기 원했다. 예를 들어, 청, 자, 홍 염료 제작은 복잡하고 고난도의 기술이 요구되는 반면[77], 염소 털은 평범한 아낙네도 기부할 수 있었다. 각 개인이 기여한 재능, 기술, 물품은 귀천, 남녀를 불문하고 하나님의 집의 일부가 되었다.

성막이 제조되는 기간 이스라엘은 하나가 되었다. 일체의 분열, 갈등, 반목이 등장하지 않았다. 이스라엘은 하나님이 원하시는 에다 회중에 가장 근접하고 있었다. 하나님이 이스라엘을 위해 세상을 준비했다면 이제 이스라엘은 하나님을 위해 성막을 준비했다. 그리고 그 성막에 의해 하나님의 영광이 백성들 가운데 임하였다(출 40:34).

V. 결론

이스라엘 회중은 시내산에서 실패했다. 그리고 이 실패에 대한 하나님의 해결책은 안식일과 성막 제조였다. 혼란과 분열이 일상화된 한국 사회와 그 가운데 있는 한국 교회를 위한 하나님의 해결책도 이와 다르지 않을 것이다. 교회는 다시 에다의 회중으로 돌아가야 한다. 이것이 교회의 정체성이다. 하나님은 이스라엘을 제사장의 나라로 세웠다. 교회는 그리스도의 몸으로 제사장들의 회중이다. 교회는 예수가 모든 인류의 그리스도(메시아)라는 복음을 전파하기 위해 세워졌다. 이 목적을 위해서 우리는 주일에 함께 모여 그리스도의 몸을 세워 나간다.

교회가 분열된 사회를 회복시키는 길이 아닌 것은 정치적 투쟁에 직접 나서는 것이다. 정치는 분열과 투쟁의 특성을 지닌다. 이 길을 택한다면 교회도 분열될 수밖에 없다. 교회는 정반대의 특성을 지닌다. 통합과 용서, 그리고 포용이다. 한국 교회는 그동안 정치적 분열의 와중에 휩쓸리며 갈등의 중심에 서게 되었다. 이제 교회는 교회 본연의 목적으로 돌아와야 한다. 모세가 선택한 보복과 편 가르기, 자가 격리는 문제를 일시적으로만 봉합할 따름이다. 얼마 후 모세는 자신의 '회막'을 철거하고 진중 가운데로 복귀했으리라 믿는다.

교회는 다시 주일 예배와 하나님이 거하실 공간을 함께 짓기 시작해야 한다. 그 공간은 물리적 건물이 될 수도 있지만 중요한 핵심은 하나님이 거할 처소가 되는 일체의 활동(멜라카)이 수렴되는 것이어야 한다. 모든 회중 각자가 자신만이 기여할 수 있는 기회를 제공하는 무엇이어야 한다. 교회의 구성원 모두가 기여할 수 있는 하나님의 일(멜라카)이 무엇인지 리더는 제시해야 한다. 그리고 그 공간은 반드시 지역 공동체의 다양한 조직이나 활동들과 교집합을 형성해야 한다. 토크빌은 그 기회를 교회가 제공했기에 미국의 민주주의가 성공했다고 주장하였다. 민주주의의 성공은 교회가 본래의 목적에 전념할 때만 가능하다.

리더십은 추상적 비전과 더불어 구체적 실천 사항들을 동시에 제공해야 한다. 추상성과 구체성은 반드시 병행되어야 한다. 교회는 그리스도의 몸이자 복음 전파라는 합목적적인 회중인 동시에, 개인의 차이를 인정하고 차이를 차별이 아닌 특성과 아름다움으로 인식하는 곳이다. 개인주의는 거부해야 하겠지만 각 개인의 차이와 특성이 존경받아야 한다. 특히 그리스도인들이라면 정치적 이념에 따른 차이보다는 신앙공동체라는 공통점이 훨씬 크다는 점을 명심할 필요가 있다.[78] 개인의 특성과 차이가 인정받지 못할 때 교회라는 회중은 또다시 혼란과 방자에 빠질 수 있다.

교회는 지역사회에 뿌리를 내려야 한다. 이 점은 한국 교회에게 큰 도전이다. 지역사회와 동떨어져 있는 교회는 진 밖에 회막을 설치한 모세의 고립주의와 다르지 않다. 토크빌이 간파한 것처럼 교회는 다양한 지역사회의 조직과 기구에 회중을 보내야 한다. 회중들이 교회 내의 다양한 활동에 참여할 뿐 아니라, 지역사회의 다양한 수준에서 활동할 수 있도록 권장하며 지역사회와 밀접한 관계를 유지해야 한다. 교회에서 지역사회로 공급된 인재들이 자연스럽게 대한민국의 리더십을 구성할 수 있도록 장기적인 비전을 마련해야 한다.

한국 사회와 교회는 위기에 처했다. 이 위기는 방어기제로만 해결되지 않는다. 오히려 이 시기에 우리가 누구인지 정체성을 강화해야 한다. 교회는 예배의 공동체이다. 교회는 하나님을 위한 공간을 함께 지어 가는 합목적적 회중이다. 교회는 또한 차이를 차별로 인식하지 않으며 하나님의 공간을 위한 귀중한 자원으로 인식하는 총회여야 한다. 교회가 그 정체성을 더욱 강화할 때만 분열과 갈등의 시기를 극복하고 정치와 종교가 함께 발전하는 시대를 앞당길 수 있을 것이다.

(리더십 원칙) **리더는 추종자의 압력이나 비난을 두려워하지 않는다.**

예레미야의 소망

"이것을 내가 내 마음에 담아 두었더니 그것이 오히려 나의 소망이 되었사옴은, 여호와의 인자와 긍휼이 무궁하시므로 우리가 진멸되지 아니함이니이다. 이것들이 아침마다 새로우니 주의 성실하심이 크시도소이다. 내 심령에 이르기를 여호와는 나의 기업이시니 그러므로 내가 그를 바라리라 하도다. 기다리는 자들에게나 구하는 영혼들에게 여호와는 선하시도다. 사람이 여호와의 구원을 바라고 잠잠히 기다림이 좋도다(애 3:21-26)."

예레미야 애가의 저자는 '예레미야'이다. 그는 주님의 말씀에 순종하며 살았다. 그런데 그러한 삶이 그에게 가져다준 것은 주님이 약속한 것과는 달랐다. 주님은 우리가 말씀에 순종할 때 '네게 주리라 맹세하신 땅으로 너를 들어가게 하시고 네가 건축하지 아니한 크고 아름다운 성읍을 얻게 하시며, 네가 채우지 아니한 아름다운 물건이 가득한 집을 얻게 하시며 네가 파지 아니한 우물을 차지하게 하시며 네가 심지 아니한 포도원과 감람나무를 차지하게 하실 것'이라고 약속하였다(신 6:10-11). 하지만 예레미야의 삶은 그의 믿음과 기대와 달랐다. 그의 삶은 오히려 그 순종 때문에 고난을 당했다(애 3:1). 고통과 수고가 그를 에워쌌다. 그는 스스로 이르기를 '나의 힘과 여호와께 대한 내 소망이 끊어졌다'고 고백하였다 (애 3:18).

그 역시 평범한 이스라엘의 유대인으로서 경건하며 주의 말씀에 따라 살면서, 부르심의 소명을 따라 사는 가운데 주님의 축복과 은혜를 꿈꾸었을 것이다. 하지만 사람들은 그가 전한 주님의 말씀을 거부했을 뿐 아니라 예레미야를 거부하고, 배척하고, 핍박했다. 애가는 이러한 과정, 즉 그의 꿈이 어떻게 어긋나고, 삶이 어떤 지경까지 왔는지 보여 준다. 그런데 그는 축복이 아닌 고난이 지속되는 가운데 '새로운 관점'을 터득한다. 이 역시 하나님이 행하시는 것임을 깨달은 것이다.

"하나님께서 행하시는 일을 보라. 하나님께서 굽게 하신 것을 누가 능히 곧게 하겠느냐. 형통한 날에는 기뻐하고 곤고한 날에는 되돌아보아라. 이 두 가지를 하나님이 병행하게 하사 사람이 그의 장래 일을 능히 헤아려 알지 못하게 하셨느니라(전 7:13-14)."

전도서의 말씀처럼 예레미야는 자신의 삶에 일어난 일들을 곱씹어 보면서 이 역시 주님이 행하시는 일이라는 것을 깨닫게 되었다. 그는 처음

이 사실을 깨닫고 큰 충격을 받았다. 그는 자신의 민족과 자신에게 일어
난 일들을 기억하며 낙심했다(애 3:20).

  그러나 어느 순간 예레미야는 새로운 방향으로 나아간다. 대부분의 사
람들은 예레미야가 겪는 삶을 경험하면 희망을 포기하고 믿음이 흔들리
며 좌절하고 만다. 그런데 예레미야는 자신의 삶에서 일어난 일들을 묵
상하는 가운데 새로운 시각과 계시를 경험하게 되었다. 예레미야는 다음
과 같이 고백한다.

  "이것을 내가 내 마음에 담아 두었더니 그것이 오히려 나의 소망
    이 되었사옴은(애 3:21)"

  본문을 자세히 읽어 보면 영어번역(KJV)처럼, '이러한 일들을 마음에
담아 두었다. 그러므로 내가 소망을 가진다'이다. 그는 예루살렘에서 일
어나고 있는 일들(바벨론에 의한 포위와 비극)과 자신의 마음속에 일어
나는 다양한 감정들을 곰곰이 생각하는 가운데 소망을 품게 되었다. 그
렇다면 그가 어떻게 다시 소망을 갖게 되었으며, 그가 소망을 품게 된 근
거와 내용은 무엇일까?

  "주의 한결같은 사랑(히: 헤세드, grace)이 다함이 없고 그 긍휼이
    끝이 없기 때문이다. '주의 사랑과 긍휼이 아침마다 새롭고, 주의

신실이 큽니다.' 나는 늘 말하였다. 주는 내가 가진 모든 것, 그러하기에 주께 내 희망을 건다(애 3:22-24)."

절망의 끝자락에서 예레미야는 주님의 '한결같은 사랑'을 기억하였다. 이 말은 유명한 히브리어 '헤세드(은혜)'를 번역한 말이다. 그런데 그가 어떻게 이 과정에서 '은혜'를 기억하고 말하게 되었는지는 분명하지 않다. 하지만 그에게 시간을 뛰어넘어 예수 그리스도의 십자가의 사역이 계시되었을 수 있다. 그 증거가 26절에 있다.

"사람이 여호와의 구원(히: 예슈아, salvation)을 바라고 잠잠히 기다림이 좋도다(애 3:26)."

여기서 여호와의 구원은 '여호와의 예슈아', 즉 '여호와의 (아들) 예수(히: 예슈아)'이다. 이미 구약에서 예레미야는 예수의 이름을 언급하고 있다. 즉 하나님의 아들 예수를 언급하고 있는 것이다. 그가 여기서 사용한 '예슈아'가 단지 구원이라는 뜻만을 의미한다고 만족할 수 없다. 그 이유는 예레미야가 구약 선지자 가운데 구체적으로 '신약'에 대한 계시를 받은 유일한 인물이기 때문이다. 시간을 초월하는 하나님이 500년 후에 행하실 신약을 계시하면서 '예슈아'라는 이름을 숨겼을 리 없다. 많은 독자들이 신기하게 생각하겠지만 이미 구약에는 '예수'라는 이름이 이 외에도 수없이 등장한다. 구약에 '구원'으로 번역된 단어의 태반이 그냥 '예슈아'이

며 이는 예수의 히브리어 발음이다.[79]

> "여호와의 말씀이니라. 보라. 날이 이르리니 내가 이스라엘 집과
> 유다 집에 새 언약(신약)을 맺으리라(렘 31:31)."

그는 문자적으로 '예수'를 '기다리라(히: 야힐)'고 선포하는데(애 3:26) 이 단어는 21절에 '소망(히: 야힐)'이라는 단어와 같음을 알 수 있다. 즉, 21절의 '마음속으로 곰곰이 생각하며 오히려 희망을 가진다(히: 야힐)'와 26절의 '주께서 구원하여(히: 예슈아/예수) 주시기를 참고 기다리는 것(히: 야힐)이 좋다'는 서로 연결되어 있다. 그렇다면 그가 절망 가운데 소망을 품게 된 이유는 '예수'를 기다렸기 때문으로 이해할 수 있다.

예레미야는 좋은 일도, 그리고 나쁜 일도 모두 주님의 말씀과 뜻 가운데 통제되고 있음을 깨달았다(37-39절). 그리고 그 가운데 유일한 희망은 '구원(예수)'을 통한 주님의 한결같은 사랑, 즉 은혜를 바라보는 것이다. 이를 통하여 그는 회복할 수 있었다.

이러한 예레미야의 희망은 곧 우리의 희망이다. 우리보다 앞서 고난을 경험한 예레미야는 주의 말씀을 따르다가 오히려 고난을 겪는 주의 백성들을 향해 어떻게 희망을 잃지 않고 다시 일어설 수 있는지 보여 준다. 바로 주님의 구원, 예수를 통한 하나님의 한결같은 은혜를 사모하는 것이

다. 예레미야의 통찰은 오늘도 큰 고난과 어려움을 겪고 있는 모든 주님의 자녀들에게, 모든 것이 주님의 통제 가운데 있으며, 당신의 아들 예수 그리스도의 십자가 희생 가운데 주어지는 은혜를 바라보며 다시 소망 가운데 살아가야 할 것을 가르친다.

(리더십 원칙) **리더는 절망 가운데 희망의 이유를 찾는다.**

길르앗의 유향

"길르앗에는 유향이 있지 아니한가. 그곳에는 의사가 있지 아니한가.
딸 내 백성이 치료를 받지 못함은 어찌 됨인고(렘 8:22)."

　성서의 지명 가운데 '길르앗'이라는 곳이 있다. 현재는 요르단 땅에 있지만 성서 시대에는 이스라엘의 일부였다. 이 지역은 유향(balm)으로 유명했다. 이 지역에서 생산되는 특정 나무로 일종의 향수를 만들어 치료제로 사용했다. 향기를 이용한 약품인 것이다. 예레미야는 이스라엘 백성들의 죄가 심각하여 길르앗의 유향도, 의사도 백성들을 치료할 수 없다고 한탄하였다. 이 구절을 보면 길르앗의 유향은 당시 대표적인 약품 가운데 하나였음을 알 수 있다. 그런데 길르앗의 유향에는 복음과 관련된 내용이 숨겨져 있다. 길르앗의 유향은 깨어진 관계나 치유하기 힘든 상처의 '회복'을 의미한다.

"이에 야곱이 돌을 가져다가 기둥으로 세우고, 또 그 형제들에게 돌을 모으라 하니 그들이 돌을 가져다가 무더기를 이루매 무리가 거기 무더기 곁에서 먹고, 라반은 그것을 여갈사하두다라 불렀고 야곱은 그것을 갈르엣(길르앗)이라 불렀으니, 라반의 말에 오늘 이 무더기가 너와 나 사이에 증거가 된다 하였으므로 그 이름을 갈르엣이라 불렀으며, 또 미스바라 하였으니 이는 그의 말에 우리가 서로 떠나 있을 때에 여호와께서 나와 너 사이를 살피시옵소서 함이라(창 31:45-49)."

길르앗이 성경에서 처음 등장하는 곳은 창세기이다. 야곱은 외삼촌 라반 밑에서 많은 고생을 하다가 결국 탈출하기로 결심하였다. 두 아내를 데리고 도망쳤지만 라반과 그의 아들들은 결국 추적하여 야곱을 붙잡았다. 야곱과 라반은 오랫동안 쌓인 갈등과 반목을 쉽게 해결할 수 없었고, 향후 사태가 어떻게 악화될지 예측할 수 없는 단계까지 이르렀다. 이때 하나님이 직접 나섰다. 추격하는 라반에게 나타나 야곱을 해치지 말라고 경고한 것이다. 결국 라반은 야곱과 두 딸들을 보내 주기로 결정한다. 그러면서 다시 평화로운 관계를 회복하고자 언약을 맺는다. 야곱과 라반이 반목의 관계를 극복하고 화해한 곳이 바로 '길르앗' 혹은 '갈르엣'이다. '증거의 무더기(heap of witness)'라는 뜻이다.

사람들 사이에 전혀 화해나 회복의 가능성이 보이지 않는 시점에 하나님이 개입하신 것이다. 하나님은 당신의 주권으로 야곱과 라반 사이에,

그리고 라헬, 레아, 라반의 아들들 사이에 오랫동안 쌓였던 미움, 배신, 상처, 불신을 강제로 봉합시켰다. 따라서 '길르앗'은 깨어지거나 소원해진 관계의 치유나 회복을 의미하게 되었다.

"그들이 앉아 음식을 먹다가 눈을 들어 본즉 한 무리의 이스마엘 사람들이 길르앗에서 오는데 그 낙타들에 향품과 유향과 몰약을 싣고 애굽으로 내려가는지라(창 37:25)."

길르앗은 또한 요셉의 이야기 가운데도 등장한다. 요셉의 형제들은 요셉을 이스마엘 사람들에게 팔아넘겼다. 이때 이스마엘 사람들은 길르앗에서 향품, 유향, 몰약 등을 싣고 오고 있었다. 별다른 의미 없는 구절일 수도 있으나 이는 후에 요셉과 그의 형제들이 야곱과 라반처럼 다시 화해하게 될 것임을 암시한다. 하나님은 요셉을 높여 결국 형제들 사이에 쌓인 구원(舊怨)과 배신을 치유하셨다. 이렇듯 길르앗은 당시 주요 약제로 쓰이던 향품 및 유향의 산지로 이름이 높아 질병이나 상처의 치료제를 생산했을 뿐 아니라 깨어진 관계의 회복과 화해를 의미하게 되었다.

우리는 여기서 길르앗의 유향이 결국 무엇을 가리키는지 짐작할 수 있다. 동방박사들이 예수에게 가져온 물품 가운데 '유향'이 등장한다. 유향은 치료제이다. 예레미야는 백성들의 죄와 상처, 질병은 길르앗의 유향으로도, 의사로도 치료할 수 없다고 비관하였다. 하지만 이 예언은 오히려 진정한 치료제, 유향이 무엇인지 보여 준다. 질병과 상처, 깨어진 관계의 회복을 가져올 진정한 의사가 누구인지 암시하고 있다. 길르앗의 유향은 바로 예수 그리스도이다. 동방박사들은 '이스라엘의 왕'이 상처와 질병의 치료제가 될 것임을 보여 주었다. 그분만이 우리의 육신과 마음, 정신의 질병을 고치시는 분이다.

하나님이 직접 야곱과 라반 사이에 개입하여 관계를 회복시킨 것처럼 예수님은 우리의 깨어진 관계를 회복하고자 오셨다. 나락으로 떨어진 요셉을 제국의 이인자로 일으키고, 온 가족을 구원한 것처럼 예수님은 우리를 진토에서 건져내어 민족의 지도자와 함께 세우신다. 우리의 깨어진 관계를 봉합시키는 분, 그분의 이름은 길르앗의 유향, 예수 그리스도이다.

(리더십 원칙) **리더는 갈등을 치료하고 봉합하는 사람이다.**

고라 자손의 노래

"직무를 행하는 자와 그의 아들들은 이러하니 그핫의 자손 중에 헤만은 찬송하는 자라. 그는 요엘의 아들이요, 요엘은 사무엘의 아들이요, 사무엘은 엘가나의 아들이요, 엘가나는 여로함의 아들이요, 여로함은 엘리엘의 아들이요, 엘리엘은 도아의 아들이요, 도아는 숩의 아들이요(대상 6:33-35)"

　고라는 레위 가문 내에서도 유력한 자였다. 레위 지파는 크게 게르손, 고핫, 므라리 가문으로 나뉜다. 그런데 이 중 둘째인 고핫의 자손 가운데 '아므람'과 '이스할'이라는 아들이 태어난다. 아므람은 다름 아닌 아론과 모세의 아버지이다. 그리고 아므람의 동생이 이스할인데 바로 이 이스할의 아들이 고라이다(민 16:1). 쉽게 얘기하면 아론, 모세, 고라는 서로 사촌 간이다. 고라는 크게 고핫 가문의 일원이며, 사촌이 아론과 모세니 얼마나 기세등등했겠는가. 그런데 고라는 그런데도 자신이 '제사장'이 되지 못한 사실에 대해 불만이 있었던 것이다(민 16:3).

고핫 가문에 대해서 좀 더 알아보자. 이 집안은 대단하였다. 고핫은 레위의 둘째 아들임에도 불구하고 형 게르손을 제치고 레위 가문의 '장자' 역할을 맡았다. 사실상 제사장 가문의 정점에 있었다. 이유는 모른다.

당시 이스라엘 백성들이 성막과 함께 이동할 때 레위인들에게는 가문별로 담당해야 할 물품이 정해져 있었다. 성막에서 가장 핵심적인 물품이 무엇인가? 법궤이다. 이 법궤를 담당하는 가문이 가장 큰 명예를 누린다. 그런데 하나님은 첫째인 게르손 가문이 아닌 고핫 가문에 이 임무를 맡겼다(민 4:4, 19). 고핫 가문이 지성물의 운반을 맡는 명예를 얻은 것이다. 지성물은 다름 아닌 법궤를 포함, 금촛대, 진설병 탁자, 분향단 등 지성소와 성소에 안치되어 있는 가장 핵심적 물품을 포함한다. 이에 대해 장자 게르손 가문은 따로 불만을 제기하지 않았다. 다른 가문들이 천막, 가름대, 기둥 등 보조적 물품을 운반하는 것을 볼 때 고핫 가문은 레위 지파 내에서도 최상위에 위치했음이 분명하다. 이 고핫 가문의 고라는 아론과 모세와 항렬이 가장 가까운 사촌이었다.

그럼에도 불구하고 모세의 표현에 의하면 고라는 자신이 맡은 일을 작게 여겼다(민 16:9). 하찮게 여겼다는 뜻이다. 이 외에도 고라의 주장 가운데 왜곡된 점이 많았다. 고라는 '네(모세)가 우리를 젖과 꿀이 흐르는 땅에서 이끌어 내어 광야에서 죽이려 함이 어찌 작은 일이기에 오히려 스스로 우리 위에 왕이 되려 하느냐(민 16:13)'고 항의했다. 그는 가나안 땅이 아닌 이집트를 '젖과 꿀이 흐르는 땅'으로 인식하고 있음을 알 수 있다. 고라의 반역은 참혹한 결과로 이어졌다. 그와 그 자손 250명은 갈라진 땅 속으로 산 채로 매장되었다.

> "그가 이 모든 말을 마치자마자 그들이 섰던 땅바닥이 갈라지니라. 땅이 그 입을 열어 그들과 그들의 집과 고라에게 속한 모든 사람과 그들의 재물을 삼키매, 그들과 그의 모든 재물이 산 채로 스올에 빠지며 땅이 그 위에 덮이니 그들이 회중 가운데서 망하니라(민 16:31-33)."

여기까지가 우리가 잘 알고 있는 내용이다. 고라와 그에게 속한 모든 사람들이 남녀노소 할 것 없이 사라졌다. 그런데 성경을 보면 이상한 점이 등장한다. 고라의 자손들의 일부가 살아남은 것 같다. 이 사건이 지나고 얼마 후 모세는 다시 인구조사를 시행하는데 여기에 자신의 사촌 고라 자손이 다시 등장한다.

> "다단과 아비람은 회중 가운데서 부름을 받은 자들이니 고라의 무리에 들어가서 모세와 아론을 거슬러 여호와께 반역할 때에, 땅이 그 입을 벌려서 그 무리와 고라를 삼키매 그들이 죽었고 당시에 불이 이백오십 명을 삼켜 징표가 되게 하였으나, 고라의 아들들은 죽지 아니하였더라(민 26:9-11)."

성경은 뜬금없이 '고라의 아들들은 죽지 않았다'고 주장한다. 우리는 이 말씀을 어떻게 이해해야 할까?[80] 성경은 더 이상 자세한 설명을 하지 않는다. 몇 가지를 추측해 볼 수 있다. 이 '아들들'은 반역 당시 이미 성년이 되어 독립했었고, 당시 가문의 어른이었던 고라의 반란에 가담하지 않았을 수 있다. 또 다른 시나리오도 가능한데, 250명이 죽었을 때 하나님이 일부 자손들에게 은혜를 베풀어 살려 두었을 수도 있다. 분명한 사실은 성경의 기록대로 고라 자손 가운데 일부가 생존했다는 점이다.

고라의 남은 자손들이 이스라엘 회중 가운데 어떻게 살아갔을지 충분히 짐작할 수 있다. 조상의 죄 때문에 두고두고 부끄러움과 수군거림, 사회적 왕따를 당했을 것이다. 하지만 사실 그렇지 않다. 고라 자손들은 계속해서 명문가로 살아남았다.

"직무를 행하는 자와 그의 아들들은 이러하니 그핫의 자손 중에 헤만은 찬송하는 자라. 그는 요엘의 아들이요, 요엘은 사무엘의 아들이요, 사무엘은 엘가나의 아들이요, 엘가나는 여로함의 아들이요, 여로함은 엘리엘의 아들이요, 엘리엘은 도아의 아들이요, 도아는 숩의 아들이요(대상 6:33-35)"

위 명단은 후대 솔로몬 성전에서 찬양을 담당했던 헤만을 소개하고 있다. 그런데 그는 다름 아닌 고핫(그핫) 자손이란다! 그리고 이 헤만 가문에 어딘가 익숙한 이름이 등장한다. 바로 '사무엘'이다. 혹시 그 사무엘인가? 왕정 이전에 제사장, 사사, 예언자로 삼관왕이었던 그 유명한 사무엘인가? 킹메이커 사무엘 맞다. 그 사무엘이다. 그런데 우리는 사무엘을 '에브라임' 자손으로 알고 있다. 혹시나 해서 사무엘상을 통해 사무엘의 가문을 확인해 보았다.

> "에브라임 산지 라마다임소빔에 에브라임 사람 엘가나라 하는
> 사람이 있었으니 그는 여로함의 아들이요 엘리후의 손자요 도후
> 의 증손이요 숩의 현손이더라(삼상 1:1)."

사무엘의 아버지 '엘가나'에 대한 구절인데 가문의 직계 라인이 역대상의 것과 동일하다는 것을 알 수 있다. 즉 역대상에 등장하는 사무엘은 바로 그 사무엘인 것이다. 사무엘-엘가나-여로함-엘리후(엘리엘)-도아(도후)-숩의 순서이다. 역대상의 기술과 사무엘상의 기술이 동일하다면 왜 사무엘상은 엘가나를 에브라임 지파 사람으로 기술하고 있을까? 이에 반해 역대상은 레위 지파로 기술하고 있다.

두 텍스트를 조화하는 것은 어렵지 않다. 레위 지파는 할당된 땅이 없어서 형제 지파 땅에 흩어져 살았다. 따라서 사무엘상의 기록은 에브라임 땅에 거주하고 있던 '레위 자손' 엘가나를 소개하고 있음을 알 수 있다.[81] 엘가나의 아들 사무엘은 레위 가문 소속으로 후에 정당하게 엘리의

뒤를 이어 제사장의 자리까지 올라갈 수 있었다. 사무엘은 레위 자손, 그것도 레위 가문에서 장자 역할을 수행하던 고핫의 자손이었던 것이다.

아이러니다. 하나님은 고라가 탐내었던 그 직분을 결국 그의 후손 가운데 세웠다. 사무엘은 전무후무한 인물이다. 권력의 집중도로 볼 때 그는 메시아급이다. 그는 제사장이었고, 사사였고, 선지자였고, 킹메이커였다. 사울이 등장하기까지 사실상 '왕'의 역할을 감당하였다. 모세조차 제사장 직분은 형에게 양보해야 했다. 사무엘은 사실상 이스라엘의 왕이나 다름없었다. 제사장 직분까지 독점한 권력자였다. 고라 자손들은 드디어 부끄러운 가문의 수치를 벗고 하나님에 의해 높임을 받은 것이다. 사무엘은 고라 가문을 빛낸 최고의 인물이다. 어느 누구도 그 앞에서 고라의 과거를 언급하지 못했을 것이다.

뿐만 아니라 고라 자손은 다윗의 용사 가운데도 등장한다. 다윗이 사울을 피해 시글락으로 도망갔을 때 그와 함께한 용사 가운데 '고라 사람들 엘가나와 잇시야와 아사렐과 요에셀과 야소브암'이 등장한다(대상 12:1-6). 한때 모세에 반기를 들었지만 후대에는 주군이 위기에 처했을 때 운명을 함께하며 충성을 다한 것이다.[82]

하지만 고라 자손들을 가장 유명하게 만든 이야기는 따로 있다. 바로 시편에 등장하는 '고라 자손들'이다. 다윗과 솔로몬은 고라 자손들을 성전에 등용했다. 위에서 언급한 '헤만'이란 인물이 그 대표 주자이다. 고라 자손들은 또한 다윗과 더불어 많은 시편을 쓰고 멜로디를 입혔다. 총 11개의 시편이 고라 자손의 시인데 그중 2개만 읽어 보자.

"하나님이여. 사슴이 시냇물을 찾기에 갈급함같이 내 영혼이 주를 찾기에 갈급하니이다. 내 영혼이 하나님 곧 살아 계시는 하나님을 갈망하나니 내가 어느 때에 나아가서 하나님의 얼굴을 뵈올까(시 42:1-2)."

"하나님은 우리의 피난처시요 힘이시니 환난 중에 만날 큰 도움이시라. 그러므로 땅이 변하든지 산이 흔들려 바다 가운데에 빠지든지, 바닷물이 솟아나고 뛰놀든지 그것이 넘침으로 산이 흔들릴지라도 우리는 두려워하지 아니하리로다. 셀라(시 46:1-3)."

그리스도인에게 익숙한 시편들이다. 그런데 46편 2절의 '땅이 변하든지'는 자신들의 조상 고라와 그 일부 자손들의 죽음을 암시하는 듯하다. 또 다른 고라의 자손들은 '주의 궁정에서의 한 날이 다른 곳에서의 천 날보다 나은즉 악인의 장막에 사는 것보다 내 하나님의 성전 문지기로 있는 것이 좋다(시 84:10)'고 고백하는데, 조상의 죄에도 불구하고 다윗 가문과 더불어 가장 위대한 가문 중의 하나로 거듭난 고라 자손들의 다짐을 담고 있는 것 같다.

우리의 부모들은 우리에게 무엇을 물려주었을까? 어떤 연구에 의하면 교도소에 수감된 죄수 가운데 부모로부터 축복 기도를 받아 본 경험이 있는 경우는 10% 미만이라고 한다. 즉 90%가 넘는 아이들이 축복 기도를 받아 보지 못했음을 의미한다. 이는 참혹한 범죄와 교도소로의 운명으로 이어졌다. 하지만 우리 하나님은 은혜의 주님이시다. 우리가 고라 자손이 보여 준 역전의 삶에서 배울 수 있다면, 그 자손들에 대한 하나님의 은혜를 깨달을 수만 있다면 우리는 조상이 물려준 일체의 저주와 망령된 행실로부터 자유로울 수 있다. 사무엘과 같은 유력한 지도자를 배출할 수 있고, 헤만과 같은 역사에 길이 남을 음악가도 될 수 있다. 내가 어떤 가문 출신이고, 나의 부모가 어떠하든지 간에 오늘 우리는 하나님의 높임을 받을 수 있다.

'주의 눈은 의인을 향하시고 그의 귀는 의인의 간구에 기울이신다(벧전 3:12).' 오늘 그리스도 안에 있으면, 그리스도 예수를 믿기만 하면 우리는 모두 의인이다. 나의 모든 부끄러움과 수치를 예수님이 가져가셨다. 조상의 죄와 허물은 나를 향한 하나님의 은혜를 막을 수 없다. 우리는 고라 자손들처럼 그 누구보다도 하나님을 더 사랑할 수 있다.

(리더십 원칙) **리더는 수치를 영광으로 바꾼다.**

망각을 기억하라

"안식일을 기억하여(remember) 거룩하게 지키라(출 20:8)."

그리스도인들은 유대인들의 안식일에 대해 어떤 생각과 태도를 가져야 할까? 단순히 안식일이 주일로 대체된 것일까?

유대인들은 금요일 저녁, 안식일이 시작되면 두 개의 촛불을 켠다. 촛불을 켬과 동시에 안식일을 시작한다. 왜 두 개의 촛불을 사용하는가? 안식일에 관련한 구절에 두 가지 상이한 단어를 사용하기 때문이다. 하나는 본문에 나타난 것처럼 '기억하라'는 것이다(히: 자코르, remember). 둘째는 '지키라(히: 샤모르, keep)'는 명령이다.

기억하는 것과 지키는 것의 차이는 무엇일까? 우리는 종종 주일을 지킨다고 말한다. 구약의 성취가 신약이라는 관점에서 우리가 주일에 예배를 드릴 때 우리 또한 무엇을 기억하고 무엇을 지켜야 하는 것일까?

안식일이나 주일을 지킨다는 것을 이해하기는 어렵지 않다. 우리는 하루를 비워 두고 온전히 예배를 드리고 휴식에 들어간다. 그렇다면 기억하는 것은 어떤가? 단순히 일주일 가운데 특정한 요일을 기억하라는 것일까? 1년에 한 번 있는 명절이나 기념일(결혼, 생일)이라면 기억하라는 말이 타당할 것이다. 주의하지 않으면 잊기 쉽기 때문이다. 하지만 일주일 가운데 하루는 특별히 기억하려 하지 않아도 우리의 몸이 기억한다. 달력에도 표시가 되어 있기 때문에 토요일이나 일요일 같은 주말은 잊는 것이 더 어렵다.

그럼에도 불구하고 왜 하나님은 이날을 기억하라고 했을까? 출애굽기의 설명처럼 하나님이 6일간 세상을 창조하고 7일째 쉬었기 때문인가?(출 20:11) 혹은 신명기가 설명하듯 이스라엘 백성들이 이집트에서 종살이하며 일했기 때문인가?(신 5:15) 이것은 안식일이 제정된 이유에 대한 설명으로 충분히 설득력이 있지만, 그렇다고 이 이유를 매주 기억해야 하는 것일까? 혹시 매주 안식일을 맞이할 때, 유대인들이 기억해야 할 다른 무언가가 있는 것은 아닐까? 그렇다면 그 무엇이 우리 그리스도인들에게 가지는 의미는 무엇일까?

구약의 율법 가운데 안식일에 관련한 규정은 특별한 위치를 차지한다. 그 규정이 등장하는 위치를 이해하는 것이 곧 안식일에 대한 올바른 이해의 출발이다. 먼저 출애굽기에서 이 규정이 나타나는 곳을 살펴보자.

1) 출 20:8(십계명 가운데)

2) 출 31:14

3) 출 35:2-3

처음 등장한 곳은 만나가 내릴 때였으나(16장), 계명의 측면에서 제일 먼저 등장한 곳은 십계명을 언급하는 가운데이다(20장). 그러다가 31장에 다시 등장하는데, 그 이유가 분명하지 않다. 십계명이 선포되고 나서 하나님은 모세를 시내산으로 불러 성막(성전)을 어떻게 지어야 하는지 자세히 지시하였다. 그리고 그 설명을 끝낸 다음에 뜬금없이 안식일을 지키라고 명령하신다. 그게 31장 마지막에 등장한다. 왜 성막 설명을 다 마치고 갑자기 안식일을 지키라고 했는지 언뜻 이해하기 힘들다. 쉽게 얘기하자면 마치 당회에서 교회 건축에 관해 집중적으로 논의한 뒤 목사님이 장로님들에게 '주일 성수 잘 하셔야 합니다'고 당부하는 것과 같다. 상식적으로 잘 어울리지 않는다.

그런데 안식일에 관한 동일한 내용이 35장에 다시 등장한다. 35장 이후부터는 또다시 성막 제조에 관한 내용이 반복된다. 사실상 앞선 20-31장에 나온 내용과 동일하다고 말할 수 있다. 쉽게 설명하자면 '안식일-성막(20-31장)'이 등장하고 또다시 '안식일-성막(35-40장)'이 반복된다고 말할 수 있다. 고대 이스라엘의 글쓰기는 현대와는 다른 모종의 구조를 가지고 있다. 당장 이해하기 어렵더라도 찬찬히 따라와 주길 바란다.

만일 첫 번째 성막 제조(25-31장)에 관한 내용이 '지시'에 해당하고 두 번째 성막 제조에 관한 내용(35-40장)이 '실행'에 관한 것이라면 31장에서 바로 35장으로 연결되어도 전혀 문제가 없다. 지시하고 그대로 실행에 옮기면 된다. 1) 이번에 우리 교회는 이렇게 지어야 합니다. 2) 주일 성수 잘 합시다. 3) 이번에 우리 교회 이렇게 짓고 있습니다. 이렇게 되어야 한다는 것이다. 그런데 실제로는 1) 이번에 우리 교회는 이렇게 지어야 합니다. 2) 주일 성수 잘 합시다. 3) 주일 성수 잘 합시다. 4) 이번에 우리 교회 이렇게 짓고 있습니다. 이렇게 되어 있다는 것이다. 31장 마지막에 안식일이 나오고 35장을 시작하면서 다시 안식일이 나오기 때문이다. 35장은 마치 31장이 물 흐르듯 다시 시작되는 느낌이다. 그런데 이 느낌은 매우 중요하다.

도대체 왜 이런 일이 발생한 것일까? 31장과 35장 사이에 도대체 무슨 일이 있었던 것일까? 32장을 보면 잘 알 수 있다. 그 유명한 '금송아지' 사건이 발생했다. 이스라엘 백성들은 역사상 가장 끔찍한 범죄를 이때 저지른 것이다. 이 사건 이후 어떤 일이 일어났는지 우리는 잘 알고 있다. 여러 일이 있은 후 하나님은 백성들을 용서하고 언약을 다시 체결하였다(34장). 그리고 35장으로 넘어간다. 그 35장의 첫 마디가 안식일에 관한 내용이다.

다시 정리하면 이렇다. 35장의 안식일은 31장의 안식일과 바로 연결해 주는 고리 역할을 한다. 그 사이에 아무 일이 없었다는 듯 이어 주는 신호이다. 하나님은 이스라엘 백성들을 용서하고 다시 언약을 갱신한 것만이 아니다. 하나님은 다시 안식일을 거론했다. 즉 하나님은 31장 마지막에 했던 이야기를 35장 처음에 다시 언급함으로써 그 사이에 아무 일이 없었다는 듯 행동하고 있다. 당신은 이미 이 사건(금송아지)을 다 잊었다는 듯 자연스럽게 다음 단계로 넘어가고 있다.

'안식일' 규정은 이 사실을 기억하라는 것이다. 출애굽기 20장은 이미 이 사건을 내다보고 기록되었다. 유대인들은 안식일을 통해 한 가지 사실을 기억해야 한다. 하나님은 우리를 용서하고 다시 언약을 체결했다. 그뿐만이 아니다. 그는 우리의 죄를 잊으셨다. 우리의 허물을 기억하지 않는다. 우리는 기억하려 하지만 하나님은 잊으셨다. 마치 우리가 금송아지를 만든 적이 없던 것처럼 행동하신다. 이것이 이 안식일 규정이 31장 마지막과 35장 초반에 등장하는 이유이다. 이것이 십계명에서 안식일을 기억해야(remember) 하는 이유이다.

그렇다. 안식일 혹은 주일, 주님은 우리에게 무엇인가를 기억하길 원하신다. 그것은 하나님이 더 이상 기억하지 않는다는 것이다. 하나님은 안식일을 통해 당신이 이스라엘의 최대의 허물을 용서하고 잊었다는 것을 이스라엘이 '기억'하길 원하신다. 그래서 명령하신 것이다. 우리 또한 이 명령을 따라야 한다. 안식일은 주님의 부활과 함께 주일에 성취되었다.

따라서 주일은 하나님이 우리의 모든 죄를 잊으신 것을 기억하는 날이다.

구약은 신약을 이해하는 유일한 기반이다. 주일은 단지 예수님의 십자가 죽음과 부활을 기념하는 시간만이 아니다. 단지 예배를 드리기 위해 '지키는' 날만이 아니다. 이날 우리는 또한 기억해야 한다. 매 안식일마다 유대인들은 하나님이 이스라엘의 가장 비참했던 순간을 잊었다는 사실을 기억한다. 마찬가지로 매 주일 우리는 기억해야 한다. 지난주, 그리고 어떤 과거에 우리가 저질렀던 실수나 죄와 허물을 하나님이 이미 잊었음을 기억해야 한다. 이 기억은 매주 갱신되어야 한다. 이 사실이 중요하기에 하나님은 기억하라고 '명령'하셨다. 이 기억은 우리의 영적 건강을 위해 매우 중요하다. 하나님이 우리의 '금송아지'를 잊었다는 사실을 주일을 통해 기억해야 한다.

> "주께서 이르시되 그날 후로는 그들과 맺을 언약이 이것이라 하시고 … 또 그들의 죄와 그들의 불법을 내가 다시 기억하지 아니하리라 하셨으니(히 10:16-17)"

이제 우리는 이 히브리서의 말씀을 이해할 수 있다. 이 말씀은 새 언약(신약)을 예언한 예레미야를 인용한 것이다. 그런데 이 말씀은 또한 금송아지 사건 이후 모세의 중재를 통해 체결된 새 언약에 기반하고 있다. 모세의 중재를 통해 하나님은 다시 이스라엘 백성과 새롭게 언약을 체결하였다(출 34:10, 27). 두 번째 십계명 돌판이 그 증거였다. 하지만 이 사건은 그리스도 예수를 통해 세워질 본질적인 새 언약의 그림자이다. 예레미야는 이 사건을 내다보고 있었다(렘 31장). 그리고 예수 그리스도의 보혈을 통해 이스라엘과 모든 인류를 위한 신약이 성취되었다.

모세의 중재를 통한 '새 언약'도 효력을 발휘하였다. 하나님은 금송아지 사건을 잊고 다시 이스라엘 백성 가운데 거하였다. 안식일은 이 사실을 기억시키는 것이다. 하물며 흠 없는 하나님의 어린 양 예수 그리스도의 죽음과 부활을 통한 새 언약의 효력은 어떨 것인가? 이것이 히브리서의 저자가 하고 싶은 말이다.

여기 모세보다 위대한 인물이 있다. 예수님은 자신의 죽음을 통해 유대인과 이방인이 함께 하나님과 화해하고 서로 화해하며 거룩하게 되는 길을 열었다. 그 보혈의 결과로 하나님은 우리의 죄와 불법을 결코 다시 기억하지 않는다. 예수님이 부활하신 주일은 이 사실을 기억하는 것이다. 예수 그리스도의 죽음과 부활을 통해 하나님이 우리의 죄와 불법을 기억하지 않는다(못한다)는 것을 기억하는 것이다. 우리는 매 주일 이 사실을 상기하고 기억할 필요가 있다. 하나님은 오늘 우리와 다시 새로운 여정을 시작하기를 원하신다. 우리는 오늘 다시 그분의 성령이 거하실 처소가 된다. 일체의 두려움과 의심을 떨치고 주일에 우리는 다시 시작할 수 있다.

예수님이 십자가에 올라가시고 3일 후인 주일에 부활하심으로 우리는 주일을 성수하게 되었다. 하지만 안식일과 마찬가지로 주일은 단지 지키는 날만이 아니다. 우리에게는 예수 그리스도의 죽음과 부활을 통해 주일이 주어졌다. 이날 우리는 기억해야 한다. 주님이 우리의 불의를 긍휼히 여기고(히 8:12), 우리의 죄와 허물, 불법을 다시 기억하지 않으신다. 우리를 마치 죄를 짓지 않은 것처럼 여기신다. 우리를 의인으로 여기신다. 새로운 언약 가운데 다시 여정을 시작하신다.

오늘, 그리고 매주 우리는 기억해야 한다. 나는 그리스도 안에서 하나님의 의가 되었다(고전 1:30). 그리스도를 통해 나와 하나님 사이에 맺은 언약, 갱신된 언약은 바로 이 진리를 드러낸다. 오늘 나는 새롭게 다시 출발할 수 있다. 주님은 나의 예배를 받으시고, 기도를 들으시며, 나와 동행하시며, 나를 약속의 땅, 영원한 안식으로 이끄신다. 이것이 오늘 우리가 안식일을 통해 이 주일을 지키며 매주 기억해야 하는 내용이다.

(리더십 원칙) **리더는 조직에게 새로운 시작을 부여한다.**

사마리아

"나병환자들이 그 친구에게 서로 말하되 우리가 이렇게 해서는 아니되겠도다. 오늘은 아름다운 소식이 있는 날이거늘 우리가 침묵하고 있도다. 만일 밝은 아침까지 기다리면 벌이 우리에게 미칠지니 이제 떠나 왕궁에 가서 알리자 하고(왕하 7:9)"

구약과 신약에는 사마리아라는 지명과 관련한 '복음'이 등장한다. 구약 시대, 북이스라엘의 수도 사마리아에서 전쟁이 일어났다. 이때 굶주림 가운데 죽음만을 기다리던 사람들에게 복음을 전한 네 명의 나병환자를 만날 수 있다(왕하 6-7장). 신약에는 사마리아의 한 우물로부터 복음을 전한 여인이 등장한다(요 4장).

이 두 사건은 사마리아라는 장소 외에도 공통점이 있다. 두 사건 모두 복음을 전할 것 같지 않은 사람들에 의해 복음이 전해졌다. 그리고 복음을 전한 사람들의 이름이 나와 있지 않다. 먼저 구약의 사마리아 복음을 살펴보자.

　시리아(아람)의 벤하닷이 이스라엘을 침공하여 사마리아를 에워쌌다
(왕하 6:24). 성안은 먹을 것이 다 떨어져 비둘기 똥마저 고가에 거래되고
있었다. 여인들은 서로의 자식들을 잡아먹고 있었다(왕하 6:26-30). 이때
성문 어귀에 있었던 나병환자 네 명이 서로에게 말하기 시작했다. 성안
에서 굶어 죽으나 적군에게 잡혀 죽으나 마찬가지다. 따라서 이들은 구
걸하러 아람 진영으로 떠났다. 그런데 그들이 적군 진영에 가 보니 적군
들이 모두 황급히 도망가고 온갖 음식과 가축, 물건들이 고스란히 남아
있었다. 이들은 즉시 배불리 먹고 은, 금, 의복 등 귀중품들을 숨겨 놓았
다. 하지만 이들은 곧 정신을 차리고 이 기쁜 소식을 사마리아 성에 전하
기로 결심한다.

　위 본문에 언급된 이들이 말한 '아름다운 소식'이 히브리어로 '브소라
(tidings)' 즉, 복음(good news)이다. 이 복음을 통해 왕을 비롯하여 사마
리아 성이 구원을 받게 되었다. 신약의 '복음'은 여기서 유래했다. 예수님
은 자신이 전할 메시지에 제목을 붙이고 싶었다. 그리고 이 나병환자들
이 언급한 '아름다운 소식'을 당신의 트레이드마크로 사용하기로 결심하
셨다(막 1:15).

　신약 시대의 사마리아에서도 유사한 일이 발생하였다. 예수님과 대화

를 나눈 한 여인은 물동이를 버려두고 동네로 들어가 예수님에 대한 '아름다운 소식(복음)'을 전하였다. 그녀는 사람들에게 '와서 보라'고 외쳤다 (요 4:29). 그리하여 사마리아의 많은 사람들이 믿게 되었고, 사마리아 사람들은 '그가 참으로 세상의 구주'라고 고백함으로써 이 여인이 전한 복음을 통해 구원을 받게 되었다.

수백 년의 시간이 흘러 발생했던 두 사건에는 특별히 주목해야 할 또 다른 공통점이 있다. 이미 언급한 것처럼 복음을 전한 사람들은 복음을 전하기에는 적합해 보이지 않는다. 구약에서는 나병환자들이고 신약에서는 사생활이 매우 의심스러워 보이는 여자였다. 게다가 이들은 이름조차 나와 있지 않다. 어떻게 이들이 전한 말을 신뢰할 것인가?

하지만 하나님이 나병환자들과 이 여인을 복음을 전할 주체로 사용하신 데에는 이유가 있다. 바로 우리가 이들과 같은 사람들이기 때문이다. 우리도 나병환자나 여인처럼 죄인이다. 이름조차 떳떳하게 밝히기 힘든 죄인이다. 나병환자나 이 여인은 사람들의 눈을 피해 사는 사람들이다. 이렇게 죽으나 저렇게 죽으나 매한가지이다. 여러 명의 남자들과 결혼했지만 지금 살고 있는 남자도 공식적인 남편이 아니다. 설명하고 변명하기도 복잡하다. 하지만 하나님은 나병환자를 나병환자로 끝내지 않았다. 수상한 여인을 문란한 여인으로 끝내지 않았다. 주님은 나병환자들 통해 사마리아 성을 구원하였다. 수치가 많은 여인을 통해 많은 사람들이 예수를 그리스도와 주로 고백하게 하였다.

 하나님은 우리를 부르신다. 우리가 죄인일 때 우리를 부르신다. 사람들에게 배척받는 우리를 부르신다. 부끄러운 우리를 불러 복음을 전하게 하신다. 하나님은 우리에게 복음을 전할 소명을 맡기셨다. 이것이 은혜이다. 죄인으로 한 도시를 구원하신다. 오늘 우리에게 복음을 전할 기회를 주셨을 때 일어나 성읍으로 들어가자.

(리더십 원칙) **리더는 자신에 대한 평가보다는 자신의 사명에 헌신한다.**

유월절과 바알

"모세가 이스라엘 모든 장로를 불러서 그들에게 이르되 너희는 나가서 너희의 가족대로 어린 양을 택하여 유월절 양으로 잡고(slaughter the Passover), 우슬초 묶음을 가져다가 그릇에 담은 피에 적셔서 그 피를 문 인방과 좌우 설주에 뿌리고 아침까지 한 사람도 자기 집 문 밖에 나가지 말라(출 12:21-22)."

유월절 양으로 십자가에 달리신 예수님이 부활하셨다. 예수님은 왜 '유월절'에 돌아가셨을까? 곰곰이 생각해 보면 이날보다 '대속죄일'이 더 낫지 않았을까? 대속(redemption)이라는 관점에서 본다면 대속죄일이 그리스도의 죽음과 부활에 더 어울릴 것 같은 생각이 든다. 하지만 하나님은 유월절 양이 도살되는 시간[83]에 예수님이 십자가에 올라가 죽음을 맞이하게 했다. 본문에 있는 유월절 구절을 통해 이 이유를 일부 유추해 볼수 있다.

첫 유월절 규정이 등장하는 출애굽기를 보면 하나님은 모세를 통해 '유월절 양을 잡으라고 지시한다. 하지만 성경 원문은 단지 '유월절(Passover)'을 잡으라고(죽이다, to kill) 적고 있다. 문맥상 유월절에 쓰일 양을 잡는 것이기 때문에 하나님의 의도는 유월절이 아니라, 유월절 양임이 분명해 보인다. 하지만 한편으로 하나님은 문자 그대로 '유월절'을 죽이라고 의도했을 수도 있다.

유월절을 죽이다니 무슨 의미일까? 이 의미를 이해하기 위해서는 '유월절'이란 말을 먼저 이해할 필요가 있다. 유월절(Passover)이라는 말은 무엇인가를 뛰어넘는다(pass over)는 뜻의 동사인 '파사흐(p-s-ch)'를 모음만 약간 바꿔 명사로 만든 말(페사흐)이다. 문자 그대로 이해하기에 어려움이 없어 보인다. 도살된 양의 피가 발라져 있는 집을 하나님의 천사가 '뛰어넘는다', '건너뛰다'는 의미를 지닌다. 이스라엘 사람들의 가정은 죽음의 재앙을 피하게 되었고 결국 해방과 구원을 얻게 되었다.

그런데 유월절의 기반이 되는 'p-s-ch'라는 동사는 사실 성경에 많이 등장하지 않는다. 그리고 의외로 번역하기도 까다롭다. 이곳 출애굽기를 제외하고 그나마 일부 등장하는 곳이 있다. 엘리야가 바알의 제사장들과 대결을 펼칠 때이다.

"엘리야가 모든 백성에게 가까이 나아가 이르되 너희가 어느 때

까지 둘 사이에서 머뭇머뭇하려느냐(limping between two opin-
ions), 여호와가 만일 하나님이면 그를 따르고 바알이 만일 하나
님이면 그를 따를지니라 하니 백성이 말 한마디도 대답하지 아니
하는지라(왕상 18:21)"

엘리야는 갈멜산에 바알의 선지자 450명을 모아 놓고 백성들에게 외쳤
다. 하나님을 섬길 것인지 바알을 섬길 것인지 선택하라는 것이다. 둘 사
이를 왔다 갔다 하며 양다리 걸치지 말라는 것이다. 엘리야는 둘 사이에
서 머뭇거리지 말라고 일갈하였다. 여기서 '머뭇거리다'는 '유월'을 뜻하
는 '파사흐'의 번역이다. 그렇다. 파사흐는 건너뛰다(pass over)는 뜻 외
에 '머뭇거리다(halt)', '절뚝거리다(limp)'는 뜻도 지니고 있다. 히브리어
로 절음발이(limp)를 '피세아흐'라고 부른다. 물론 '파사흐'에서 나왔다.

"그들이 받은 송아지를 가져다가 잡고 아침부터 낮까지 바알의
이름을 불러 이르되 바알이여 우리에게 응답하소서 하나 아무
소리도 없고 아무 응답하는 자도 없으므로 그들이 그 쌓은 제단
주위에서 뛰놀더라(왕상 18:26)."

바알의 선지자들은 아무리 불러도 바알이 대답이 없자 제단 주위에서
발을 구르기 시작했다. 뭔가 애절한 몸짓을 표현하는 것 같은데, 물론 아
무런 반응이 없었다. 우리말 성경은 '뛰놀다'로 썼지만 발을 '동동 구르다'

로 번역하면 더 좋았을 것 같다. 그런데 '뛰놀다' 역시 '파사흐'의 번역이다. 그 몸짓이 마치 절뚝거리고 머뭇거리듯 우스꽝스럽고 애처로웠던 것 같다. 바알의 선지자들은 나중에 자기 몸에 상처를 내어 피를 흘리면서 제단 주위에서 난리를 쳤다.

이제 이런 용례를 통해 하나님이 모세를 통해 '유월절(passover)'을 죽이라고 명령하신 의미를 반추해 보자. 첫째는 물론 '유월절 양'을 도살하여 문지방에 바르기 위해서이다. 하지만 동시에 이 사건은 예언적 성격을 지닌다. 하나님은 미래에 이스라엘의 후손들이 여호와 하나님을 잊고 바알을 섬기며, 하나님과 바알 사이에서 머뭇거리거나 바알의 제단 앞에서 뛰놀게 될 것을 아셨다. 따라서 하나님은 '유월절(페사흐)' 즉 '머뭇거림(페사흐)', '절뚝거림'을 죽이라고 명령한 것이다. 갈라진 마음을 정리하고 오직 하나님만을 섬기라고 명령한 것이다. 이런 의미에서 하나님은 '유월절'을 죽이라고 지시하신 것이다.

여러 이유로 많은 사람들이 교회를 떠나고 있다. 일부 종교지도자들의 행태를 보며 실망하기도 하고, 교회라는 공동체를 통한 신앙생활에 쉽게 적응하지 못하는 사람들도 있다. 이유가 무엇이든 하나님을 섬기지 않으면 결국 자기 자신이든 다른 대상이든 우리는 무엇인가를 섬기게 되어 있다. 믿음이 성장하지 못한 것도 위험하다. 이 경우 하나님을 섬기지만 동시에 바알도 섬기게 된다. 바알이란 말은 가나안 지역의 말로 '주(主)'라는 뜻이다.[84] 당시 이스라엘 사람들은 대부분 이런 경우였다. 여호와를 주(主)로 섬기지만 동시에 바알도 주(主)로 섬겼다. 일종의 보험을 든 것이다.

현대의 그리스도인도 별반 다르지 않을 것이다. 하나님보다 더 의지하는 것이 있다면 그것은 하나님과 바알 사이를 머뭇거리는 것이다. 하나님의 말씀과 타협하는 것이 있다면 그것은 바알의 제단 앞에 있는 것이다. 마음 한구석에 하나님께 온전하게 맡기지 못한 부분이 있다면 그것이 바로 '누룩'이자 제거해야 할 '페사흐(limping)'인 것이다. 하나님은 이 절뚝거림을 죽이라고 명령하신다. 유월절 양을 잡아 그 피를 바를 때만 우리는 자유와 구원을 얻을 수 있다. 부활하신 예수만이 우리가 섬길 주님이다. 하나님과 바알 사이에서 계산적으로 왔다 갔다 하는 것이 아닌 오직 하나님과 구주 예수님만을 섬기겠다고 다짐하자.

(리더십 원칙) **리더는 머뭇거리지 않는다.**

노아의 소망

"저녁때에 비둘기가 그에게로 돌아왔는데 그 입에 감람나무 새 잎사귀

가 있는지라. 이에 노아가 땅에 물이 줄어든 줄을 알았으며(창 8:11)"

홍수는 끝났다. 하지만 그것으로 끝이 아니었다. 노아가 아침에 눈을 뜨고 밖을 보면 세상은 온통 물뿐이다. 동서남북을 돌아봐도 물뿐이다. 어디로 가야 할지 모른다. 방주는 엔진도, 돛대도 없다. 저을 노가 있는 것도 아니다. 단지 물이 빠지면 그곳에서 내려야 한다. 남은 8명의 인간과 동물들의 운명이 노아 한 사람에게 달려 있는 것 같다. 하나님은 노아에게 홍수를 미리 알려 주었지만 이 물이 언제 빠질지는 말씀해 주지 않았다. 언제까지 이렇게 물 위에서 살아야 할까? 하나님은 세상을 다시 창조하실 것인가? 그분은 다시 시작할 수 있을까? 아니, 우리는 다시 시작할 수 있을까?

어느 날 노아는 비둘기를 날려 보냈다. 그리고 그 비둘기는 작은 올리브 잎을 물고 노아에게 돌아왔다. 노아의 눈에 보이는 것은 여전히 물, 물, 물이지만 노아는 직감적으로 물이 줄어들고 있다는 사실을 알았다. 그는 비둘기가 물어 온 그 잎사귀를 통해 소망을 품을 수 있었다. 그 잎사귀 하나가 8명의 노아 가족과 앞으로 세상에 충만할 모든 동물들의 미래가 된 것이다. 그런데 비둘기는 성령을 의미한다. 신약을 보면 성령이 비둘기 같은 형상으로 나타난 것을 알 수 있다.

"예수께서 세례를 받으시고 곧 물에서 올라오실새 하늘이 열리고 하나님의 성령이 비둘기같이 내려 자기 위에 임하심을 보시더니(마 3:16)"

성령이 비둘기의 형상으로 나타난 이유를 여기서 찾을 수 있다. 비둘기가 노아에게 소망의 증거를 가져다주었듯이 성령 또한 우리에게 소망의 증거를 가져다주신다. 따라서 우리는 아무리 작은 것이라도 성령이 보여주시는 증거들에 주목해야 한다.

노아의 비둘기는 감람(올리브)나무 잎사귀를 물어 왔다. 이는 우리 주님이 기도하신 겟세마네 동산을 연상시킨다. 겟세마네란 '기름을 짜는 통(oil press)'이란 뜻이다. 이곳이 올리브나무로 가득한 언덕임을 알 수 있다. 주님은 십자가에 달리시기 전, 이곳에서 기도하시며 피와 땀을 흘리셨다. 그가 흘린 피와 땀은 겟세마네의 땅 위에 스며들었다. 우리는 이 사실로 저주받은 땅이 회복되었음을 안다(창 3:17). 또한 그리스도는 우리를 위하여 저주를 받아 율법의 저주에서 우리를 속량하셨다(갈 3:13).

올리브나무는 또한 그 자체로 메시아, 즉 그리스도를 의미한다. 메시아, 그리스도란 바로 '기름 부음을 받은 자(the Anointed One)'라는 뜻이기 때문이다(레 8:12). 이처럼 비둘기(성령)가 물어 온 감람나무 잎은 본질적으로 예수 그리스도를 가리키고 있다.

이 잎이 그리스도를 가리키고 있다는 증거는 이 외에 더 찾아볼 수 있다. 성경은 비둘기가 그 부리에 '감람나무 새(freshly plucked) 잎사귀'를 물고 있었다고 기록하고 있다. 여기서 '새롭게 뜯다'는 '타라프(t-r-f)'라는 단어를 번역한 것이다. 이 단어는 원래 갈기갈기 찢다(torn to pieces)란 뜻이다. 비둘기가 물어 온 잎사귀를 묘사하기에는 적절치 않아 보인다. 다음 경우에나 적합한 어휘이다.

> "아버지(야곱)가 그것을 알아보고 이르되 내 아들의 옷이라. 악한 짐승이 그를 잡아먹었도다. 요셉이 분명히 찢겼도다(히: 타라프, torn to pieces) 하고(창 37:33)"

요셉의 형제들은 야곱에게 조작된 증거를 가져왔다. 형제들은 요셉을 상인들에게 팔아넘기고 그의 옷을 찢어 피를 묻히고 죽은 것으로 위장했다. 이를 본 야곱은 요셉이 분명 죽은 것으로 알고 통곡했다. 이처럼 이 단어는 죽음을 강력하게 상징한다. 따라서 비둘기가 가져온 잎사귀는 그리스도의 잔혹한 죽음을 상징한다고 말할 수 있다. 그런데 예수는 죽은 것 같았지만 요셉의 경우처럼 사실 죽은 것이 아니다. 부활했기 때문이다. 야곱은 죽은 줄만 알았던 요셉과 재회했다. '부활'한 아들을 만난 것이다. 마찬가지로 십자가에서 '찢겨진' 예수는 다시 살아나 제자들 앞에 나타났다.

비둘기가 가져온 잎사귀가 예수 그리스도를 가리킨다는 마지막 증거는 줄어든 물에 있다. 그 잎사귀를 보고 노아는 '물이 줄어든 것'을 알았다. 여기서 '줄어들다'는 '칼랄(q-l-l)'을 번역한 것이다. 원래는 가볍다는 말이다. 그래서 줄어든다는 뜻으로도 쓰였다. 그런데 '칼랄'이 가장 많이 사용된 용례는 '저주하다'는 의미이다. 누군가를 가볍게 여기는 것, 업신여기는 것이 곧 저주이다.

> "여호와께서 그 향기를 받으시고 그 중심에 이르시되 내가 다시는 사람으로 말미암아 땅을 저주하지(칼랄, to curse) 아니하리니…
> (창 8:21)"

하나님이 노아의 번제를 받으시고 다시는 땅을 저주하지 않겠다고 약속했다. 이때 '저주하다'가 바로 '칼랄'이다. 즉 물이 줄어들었다(칼랄)는 사실은 땅의 저주(칼랄)가 끝났음을 의미한다.[85] 물론 홍수의 심판 이후에도 사람들은 여전히 죄를 범하였다. 따라서 궁극적인 땅의 저주는 예수 그리스도의 땀과 보혈이 땅에 스며듦을 통해 끝났다고 말할 수 있다. 그가 나무에 달려 저주를 받고, 그 보혈이 땅에 스며듦으로 땅이 저주에서 풀려나게 되었다.

그리스도 예수는 유월절 양이 도살되는 저녁쯤에[86] 십자가에서 운명하였다. 비둘기(성령)가 '저녁쯤'에 올리브 잎사귀를 물고 온 이유는 여기에 있다. 작은 한 구절이지만 이처럼 강력하게 메시아를 통한 심판의 종식을 선언하고 있는 곳도 없는 것 같다. 그렇다면 그는 어떻게 이처럼 성령의 증거를 받은 사람이 되었을까?

예수님은 마지막 때, 즉 예수님이 다시 오실 때가 '노아의 때'와 같을 것이라고 말씀하였다. 성령의 증거를 받은 노아가 자신이 살았던 때에 어떻게 살았는지 이해한다면 우리 또한 '우리의 때'를 어떻게 살아가며 성령의 증거를 받게 될지 알 수 있다.

"그러나 노아는 여호와께 은혜를 입었더라 … 노아는 의인이요
당대에 완전한 자라. 그는 하나님과 동행하였으며(창 6:8-9)"

노아는 자신의 때에 하나님께 은혜를 입었다. 그는 의인이었고 당대,

즉 자신의 때를 완전한 모습, 흠이 없는 모습으로 산 사람이었다. 이 말씀은 우리에게도 적용된다. 노아의 시대 같은 지금, 우리가 하나님의 은혜를 입고, 의인으로 불리며 완전하고 흠이 없는 사람으로 살아갈 수 있는 길은 오직 하나이다. 그것은 예수 그리스도를 믿는 것이다. 예수 그리스도를 믿을 때, 즉, 죄를 회개하고 예수님을 주와 그리스도로 고백할 때만 이 노아의 시대 같은 지금을 노아처럼 하나님의 은혜를 입고, 의인으로, 흠 없이 살아갈 수 있는 것이다. 이것이 복음이다.

또한 노아는 하나님과 동행하였다. 하나님의 뜻대로 살았다는 것이다. 하나님의 말씀대로, 명령대로 살았다는 것이다. 그는 하나님의 말씀에 따라 방주를 지었고, 가족들과 동물들을 구원할 수 있었다. 우리 또한 마찬가지이다. 우리는 노아처럼 하나님과 동행해야 한다. 하나님의 말씀대로 살아가야 한다. 그렇다면 어떻게 하나님과 동행하며 함께 걸을 수 있을까?

"보혜사 곧 아버지께서 내 이름으로 보내실 성령, 그가 너희에게 모든 것을 가르치고 내가 너희에게 말한 모든 것을 생각나게 하리라(요 14:26)."

그 방법은 성령의 인도를 받는 것이다. 하나님이 예수의 이름으로 보낸 성령이 우리에게 모든 것을 가르치고 그리스도의 말씀을 생각하게 하실 것이다. 우리가 매일, 매 순간 성령의 인도함을 구한다면 우리는 노아처럼 이 시대에도 하나님과 동행할 수 있다. 하나님은 우리가 성령의 인도를 따라 당신과 함께 걷기를 원하신다. 노아에게 감람나무 잎을 물어다 준 비둘기는 그가 성령을 따라 살았음을 암시한다.

> "옛 세상을 용서하지 아니하시고 오직 의를 전파하는 노아와 그 일곱 식구를 보존하시고 경건하지 아니한 자들의 세상에 홍수를 내리셨으며(벧후 2:5)"

노아는 의를 전했다. 자신의 시대에도 의로움을 전한 것이다. 사람들에게 하나님에 대해 전한 것이다. 하지만 그 복음을 받아들인 사람은 오직 자신의 가족 7명뿐이었다. 홍수에 대한 경고를 받고 방주를 지으며 거의 100년간 복음을 전했지만 가족 외에 더 구원받은 사람은 없었다. 어떤 면에서는 그는 자신의 시대에 하나님의 말씀에 따라 가정을 일구었다. 아내를 찾아 결혼을 했고 자식들을 낳았다. 그리고 자식들도 아버지를 본받아 각자 아내를 찾아 결혼을 하였다. 그래서 아내와 아들들, 그리고 며느리들을 구원할 수 있었다. 그런데 거기까지였다. 그가 전하는 복음을 듣고 더 이상 돌아온 사람들은 없었다. 모든 사람이 구원을 받는 것이 하나님의 뜻이긴 하지만(벧후 3:9), 구원의 길은 좁고 찾는 사람도 적었다(마 7:14). 지금도 마찬가지일 것이다.

"노아가 여호와께 제단을 쌓고 모든 정결한 짐승과 모든 정결한
새 중에서 제물을 취하여 번제로 제단에 드렸더니(창 8:20)"

그럼에도 불구하고 노아가 방주에서 나온 후 제일 먼저 한 일은 하나님
께 번제를 드리는 것이었다.[87] 하나님께 감사드린 것이다. 우리 역시 마찬
가지이다. 우리는 가정을 일구고, 자녀들에게도 가정을 일구도록 가르쳐
야 한다. 그리고 의로움, 예수 그리스도에 대한 기쁜 소식을 전해야 한다.
먼저 가정부터 시작해야 한다. 더 많은 사람들에게 말씀을 전해야 한다.
하지만 노아의 시대처럼 사람들의 마음까지 바꾸는 것은 우리의 일이 아
니다. 생명의 길은 여전히 좁다. 찾는 사람들조차 적다. 그럼에도 불구하
고 하나님은 우리가 감사의 제사를 드리길 원하신다.

"그러므로 우리는 예수로 말미암아 항상 찬송의 제사를 하나님
께 드리자. 이는 그 이름을 증언하는 입술의 열매니라. 오직 선
을 행함과 서로 나누어 주기를 잊지 말라. 하나님은 이 같은 제사
를 기뻐하시느니라(히 13:15-16)."

하나님이 노아의 제사를 받으신 것처럼 우리 역시 하나님이 기뻐 받으실
찬송의 제사를 드려야 한다. 여기서 '찬송(헬: 아니네시스, thanksgiving)'은
감사를 뜻한다. 결과에 상관없이 우리는 하나님께 감사로 나아가야 한다.
감사의 제사는 우리 입술의 열매이다. 또한 계속해서 선을 행하라고 가르

친다. 이것이 노아의 때와 같은 지금을 노아처럼 살아가는 방법이다.

노아를 통해 성령님은 우리가 이 마지막 때를 어떻게 살아가야 할지 가르친다. 세상과 담을 쌓고 사는 것이 하나님의 뜻이 아니다. 노아처럼 우리도 이 세상에서 하나님과 동행할 수 있다. 성령의 인도를 받아야 한다. 하나님이 원하시는 삶을 살아야 한다. 믿음의 배우자를 찾고 또 자녀들을 낳아 경건한 가정을 이루게 해야 한다. 사람들이 듣든지 말든지 계속 복음을 전해야 한다. 그리고 그 결과에 상관없이 감사의 제사를 드리고 계속 선을 행하며 살아야 한다. 그것이 마지막 때를 사는 하나님의 뜻이다. 그리고 아무리 작은 것이라도 성령의 비둘기가 가져오는 증거에 주목하자. 주님이 깨달음을 주실 것이다.

(리더십 원칙) **리더는 일상의 삶을 충실히 살아간다.**

옆구리를 찌른 이유

"한 군인이 창으로 옆구리를 찌르니 곧 피와 물이 나오더라(요 19:34)."

왜 로마 병사는 예수님의 옆구리를 창으로 찔렀을까? 그는 필요 없는 행동을 취했다. 왜냐하면 예수가 이미 죽은 것을 확인했기 때문이다. 일 반적으로 로마는 십자가 처형을 가속화하기 위해 죄수들의 다리를 꺾는 다. 다리뼈를 부러뜨리면 죄수는 더 이상 다리로 몸을 지탱할 수 없어 체 중이 아래로 실린다. 이때 팔의 위치 때문에 목이 짓눌리고 질식에 의해 곧 사망에 이른다. 그런데 예수님은 다리를 꺾기 전에 이미 사망했다. 분 명 채찍질에 의한 충격이 심각했을 것이다. 따라서 다리를 부러뜨릴 필 요가 없었다. 그런데 이 병사는 갑자기 이해하기 힘든 행동을 취했다. 갖 고 있던 창으로 죽은 예수의 옆구리를 찔렀다. 그 이유는 무엇일까?

사망을 확인하기 위한 행동이었을까? 그렇다면 다른 죄수와 마찬가지 로 다리를 부러뜨리면 된다. 그런데 갑자기 창으로 옆구리를 찔러 시신을 훼손했다. 이 행동을 이해하기 위해서는 고대 이스라엘의 결혼이라는 제도를 이해해야 한다.

일반적으로 구약에서는 하나님과 이스라엘의 관계를 결혼에 비유한다 (사 61:10). 하나님과 이스라엘이 시내산에서 언약을 맺었을 때 이스라엘은 하나님의 신부가 되었다. 아가서는 하나님과 이스라엘 간의 부부관계를 시적으로 표현하고 있다. 거룩(히: 카도쉬)이란 용어는 하나님과 관련된 가장 대표적 속성이다. 그런데 이 단어가 하나님을 제외하고 인간 사회에서 사용되는 경우가 있다. 바로 결혼이다.[88] 결혼을 히브리어로 '키두쉰(kidushin)'이라고 부르는데 말 그대로 '거룩'이라는 뜻이다. 하나님은 자신을 제외하고 이 제도에 자신의 속성을 드러내는 대표적인 어휘를 부여하였다. 그런데 이 결혼이 성경에 처음 등장한 예를 찾아볼 수 있다. 바로 에덴동산에서이다.

> "여호와 하나님이 아담을 깊이 잠들게 하시니 잠들매 그가 그 갈빗대 하나를 취하고 살로 대신 채우시고, 여호와 하나님이 아담에게서 취하신 그 갈빗대(쩰라)로 여자를 만드시고 그를 아담에게로 이끌어 오시니, 아담이 이르되 이는 내 뼈 중의 뼈요 살 중의 살이라. 이것을 남자에게서 취하였은즉 여자라 부르리라 하니라(창 2:21-23)."

아담과 하와는 첫 부부였다. 하나님은 아담의 신부 하와를 아담의 갈빗대로 만들었다. 그런데 여기서 갈빗대(히: 쩰라, side)는 사실 엄밀히 말하면 갈비뼈(rib)를 의미하지 않는다. 매우 크게 돌아 의역한 것인데 히브리어 '쩰라'의 원래 뜻은 '부분(side)', '면'이란 뜻이다. 옆이란 말로 이해할 수도 있고, 그런 의미에서 '옆구리'가 되며 옆구리에 위치한 '갈비뼈'까지 나아간 것이다.

> "금고리 네 개를 만들어서, 그 밑의 네 모퉁이에 달되, 한쪽(히:
> 쩰라, side)에 고리 두 개, 다른 한쪽(히: 쩰라, side)에 고리 두 개
> 를 달아라(출 25:12)."

법궤를 제작하는 과정의 일부이다. 법궤의 한쪽(면)에 고리 두 개, 다른 한쪽(면)에 고리 두 개를 달아 나중에 채를 끼워 운반한다. 여기서 한쪽(면)이 바로 '쩰라(side)'이다. 따라서 하나님은 아담의 갈빗대가 아닌 아담의 '한쪽'을 통해 하와를 만든 것이다. 그 의미는 하와가 아담의 다른 한쪽이라는 뜻일 것이다. 이처럼 두 쪽이 만나 하나가 된다. 이것이 부부이고 결혼이다.[89] 법궤는 한쪽으로만 채를 끼워 들거나 운반할 수 없다. 반드시 두 쪽에 채를 끼워야 한다. 법궤는 또 채를 끼운 상태를 항상 유지해야 한다. 지성소에 유치하는데 채를 빼지 않고 채를 끼운 상태로 보관한다. 부부 관계란 그런 것이다. 두 쪽이 만나 항상 하나인 상태를 유지해야 하는 것이다. 법궤는 하나님이 나타나는 장소이자 가장 거룩한 장소에 보관한다. 그래서 결혼도 '거룩'인 것이다.

하나님이 이스라엘을 신부로 맞이한다고 했을 때 하나님의 생각과 의도는 이스라엘이 자신의 반쪽이라는 뜻이다. 이스라엘을 통해 당신이 비로소 완성된다고 스스로를 낮추신 것이다.

이제 하나님은 이스라엘뿐 아니라 교회와의 결혼을 염두에 두셨다. 예수는 새로운 '아담'이다. 그리고 예수의 신부로 교회를 선택하셨다. 에덴동산의 아담은 새로운 반쪽을 찾았다. 하나님이 찾아 주었다. 그러나 새로운 아담, 예수의 신부는 다르다. 교회는 물(세례)과 피로 탄생했다. 그리스도의 피로 씻어 신부(교회)가 깨끗해진 것이다.

로마 병사가 정확히 어떤 의도로 창으로 예수의 옆구리를 찔렀는지는 알 수 없다. 하지만 그의 행동은 하나님이 교회에 대해 가지고 있었던 태초 이전의 계획을 실현시켰다. 아담의 옆구리를 통해 새로운 반쪽인 하와를 만드신 하나님은 이제 그리스도의 옆구리를 통해 새로운 반쪽, 신부인 교회를 만드신 것이다. 그리스도의 옆구리에서 나온 물과 피로 교회가 탄생한 것이다. 교회는 그리스도의 옆구리에서 나왔다. 교회는 그리스도의 다른 쪽이 된 것이다. 그리스도와 교회는 결혼을 통해 부부가 되었다. 교회는 그리스도의 옆구리에서 나온 그의 신부이다.

(리더십 원칙) **결혼은 두 쪽이 만나 한 쪽이 되는 것이다.**

메시아의 날개

"내 이름을 경외하는 너희에게는 공의로운 해가 떠올라서 치료하는 광
선을 비추리니 너희가 나가서 외양간에서 나온 송아지 같이 뛰리라(말
4:2)."

구약의 마지막 책인 말라기서는 주님의 날(Day of the LORD)이 오면
공의로운 해(sun of righteousness)가 떠올라서 치료하는 광선을 비출 것
이라고 예언하였다. 그런데 이 구절은 사실 상당히 의역된 사례에 속한
다. 몇몇 중요한 번역이 빠져 있다.

이 구절을 대체적으로 직역한 듯한 KJV을 살펴보자. The sun of righ-
teousness will arise with healing in his wing. 이런 번역이 히브리 원문
에 가깝다. "공의로운 해가 그 날개에 있는 치유(healing)와 함께 떠오를
것이다." 차이를 눈치챘을 것이다. 한국어 번역은 '치료하는 광선'에 초점
이 있다. 그런데 원문은 '날개에 있는 치유(healing in wings)'에 방점이

있다. 비슷해 보이지만 한 여인에게는 차이가 컸다. 우리말 성경의 번역도 원문의 의미를 비슷하게 전달하지만 이 구절을 원문 그대로 이해해야 하는 이유가 있다. 한 여인의 행동을 이해하기 위해서이다.

"예수의 뒤로 와서 그의 옷 가(헬: 크라스페돈, fringe/tassel)에 손을 대니 혈루증이 즉시 그쳤더라(눅 8:44)."

혈루증을 앓던 이 여인은 마지막이라는 생각으로 예수의 옷자락에 손을 대었다. 그러자 혈루증이 즉시 그쳤다. 여기서 누가가 사용한 '크라스페돈'이란 단어는 구약의 헬라어 번역인 칠십인역에서 가져온 것으로 구약성서의 옷술(히: 찌찌트, tassel)을 번역한 것이다.

"이스라엘 자손에게 명령하여 대대로 그들의 옷단 귀에 술(히: 찌찌트, 헬: 크라스페돈, fringe)을 만들고 청색 끈을 그 귀의 술에 더하라(민 15:38)."

이스라엘 사람들은 옷을 만들 때 네 귀퉁이(혹은 옷단, corners)에 술(fringe)을 달도록 되어 있다. 이 옷술은 항상 외부로 노출되어 누구나 볼 수 있도록 제작되었다(민 15:39, 마 23:5). 옷술의 용도는 민수기에 나타나 있듯이 이스라엘 백성들이 항상 하나님의 말씀을 기억하고 행하도록 상기시키는 것이다. 옷술을 만들 때 율법의 개수인 366이 나오도록 매듭을 366회 꼬기 때문이다.

그런데 이 말씀을 실천한 사람이 있다. 즉 말씀을 기억하고 행동으로 옮긴 것이다. 바로 복음서에 등장하는 혈루병을 앓고 있던 여인이다. 이 여인은 예수를 보고, 그 옷술에 손을 대었다. 다른 복음서에 의하면 '마음에 그 겉옷만 만져도 구원을 받을 수 있다'고 생각했다고 적고 있다(마 9:21). 즉 마태의 설명에 의하면 이 여인은 예수님을 보았을 때 그의 옷술이 눈에 들어왔고 어떤 말씀을 기억하고 실천했다는 의미이다. 그런데 민수기를 보면 옷술의 규정은 있어도 손을 대라는 규정은 없다. 그렇다면 어떻게 옷술에 손을 댈 생각을 했을까? 그리고 어떻게 그 옷술을 만지면 나을 수 있을 것으로 추론했을까?

이 여인의 믿음과 옷술 접촉을 연결해 주는 말씀이 바로 말라기에 있는 말씀이다. 공의로운 해가 그 '날개'에 치유와 함께 떠오를 것이라는 말씀이다. 어떻게 이 말씀이 그리스도의 옷술 접촉으로 이어졌을까? 이 여인이 이 특이한 행동을 취하게 된 논리적 흐름을 따져 보자.

이 여인에게 필요한 것은 치유이다. 신적인 치유이다. 메시아가 왔다는 소문을 들었다. 용기를 내서 만나러 갔다. 그런데 사람들이 많아 도저히 부탁할 엄두가 나지 않았다. 그때 손이 닿을 만한 거리에서 그의 옷술이 보였다. 먼저 민수기의 말씀이 떠올랐을 것이다. 주님의 말씀을 기억하고 행하는 것이다. 그리고 말라기의 말씀도 기억했다. 말라기의 말씀 어딘가 그의 날개에 치유가 있다는 구절이 떠올랐다. 공의로운 해는 물론 그리스도이다. 그리고 그의 날개에 치유(healing)가 있단다. 메시아의 날개에 치유가 있는 것이다. 날개는 히브리어로 '카나프(wing)'라고 한다. 그런데 카나프는 또한 '귀퉁이(corner)'라는 뜻을 가지고 있다. 이 여인은 히브리 사람이 아닌가. 히브리 여인은 순간적으로 통찰이 떠올랐다. '그래, 저분이 입고 있는 옷술은 네 귀퉁이(히: 카나프, wing/corner)에 부착하잖아! 그렇다면 저 귀퉁이에 있는 옷술에 주님의 치유가 있다는 말이겠군. 저 옷술만 만져도 구원을 받겠구나(마 9:21).' 그리고 그 후는 우리 모두가 아는 바다.

이 여인은 메시아의 날개, 즉 예수님의 의복 네 귀퉁이에 치유가 있다는 말라기의 말씀을 떠올린 것이다. 이 여인은 민수기 말씀처럼 하나님의 말씀을 기억하고 치유가 있는 곳을 찾았다. 바로 메시아의 날개였다. 이 여인은 그 날개를 잡았고 그 믿음대로 치유를 받았다.

(리더십 원칙) **리더는 기억하고 실천하는 사람이다.**

엘리아김의 못과 장막

> "내가 또 다윗의 집의 열쇠를 그의 어깨에 두리니 그가 열면 닫을 자
> 가 없겠고 닫으면 열 자가 없으리라. 못이 단단한 곳에 박힘같이 그를
> 견고하게 하리니 그가 그의 아버지 집에 영광의 보좌가 될 것이요(사
> 22:22-23)"

이사야의 그리스도에 관한 예언 가운데 잘 알려지지는 않았지만 중요
한 '엘리아김' 예언이 있다. 8세기 히스기야 왕 시대에 하나님은 '셉나'라
는 이름의 한 고위 관리를 해고하도록 했다(사 22:15-19). 셉나는 국고와
왕궁을 책임지고 있었던 고위 관료였다. 이 셉나를 대신하여 하나님은
힐기야의 아들 '엘리아김'을 세웠다. 그리고 이 관리에 대해 어떤 예언을
남겼다.

엘리아김이란 '하나님이 세울 것이다'는 뜻이다. 그런데 이 예언은 그의
임명이 단순한 관리 교체로 끝나지 않을 것임을 암시한다. 왜냐하면 그

에 관한 예언이 맡겨진 역할을 뛰어넘기 때문이다. 하나님은 정권, 혹은 통치권(히: 멤샬라, government)을 엘리아김에게 넘길 것이다(사 22:21). 또한 엘리아김은 예루살렘 주민과 유다 집의 아버지가 될 것이다. 게다가 다윗의 집의 열쇠가 그의 어깨 위에 있을 것이고, 그가 열면 닫을 자가 없고, 그가 닫으면 열 자가 없을 것이다. 못이 단단히 박힘같이 그가 견고히 서서 아버지 집에 영광의 보좌가 될 것이다(사 22:23).

도대체 이 공무원이 누구기에 심상치 않은 신탁이 주어졌을까. 왜 하나님은 엘리아김이라는 관리에게 왕국 전체를 넘기는 듯 말씀하신 것일까? 엘리아김 예언은 그가 단순한 관리가 아닌 새로운 통치자가 될 것을 의미한다. 이 예언은 실제로 엘리아김이 셉나를 대신하여 셉나가 맡고 있던 관직을 맡은 것으로 성취되었다(사 36:3, 22). 하지만 이 예언의 본질은 그리스도를 가리키고 있다.

하나님은 셉나와 같이 부패한 유대 지도자들을 대신하여 정권, 통치권을 예수 그리스도에게 넘겼다(빌 2:9). 유대 지도자들은 예수를 갈릴리 출신이라고 주장하며 그가 다윗의 자손일 리가 없다고 무시했다. 그가 베들레헴에서 태어난 사실도 믿지 않았다. 지도자들은 그가 빌라도 앞에서 자신이 유대인의 왕임을 부인하지 않자 십자가에 처형해야 한다고 백성들을 선동했다. 하나님은 한 사람을 세우셨다. 그는 하나님의 왕국을 책임질 것이다. 그 어깨 위에 다윗의 집의 열쇠가 주어졌다(마 16:19, 눅 1:32).

그런데 여기서 못이 왜 등장한 것일까? 못은 물체를 견고하게 고정한다. 물론 엘리아김 예언에 등장한 못(nail, stake)은 예수의 십자가의 죽음을 의미한다. 동시에 여기서 못은 이사야서에서 또 다른 의미를 함축하고 있다. 이 못은 주의 백성의 회복과 번영을 의미한다.

> "네 장막터를 넓히며 네 처소의 휘장을 아끼지 말고 널리 펴되 너
> 의 줄을 길게 하며 너의 말뚝을 견고히 할지어다. 이는 네가 좌우
> 로 퍼지며 네 자손은 열방을 얻으며 황폐한 성읍들을 사람 살 곳
> 이 되게 할 것임이라(사 54:2-3)."

이사야는 마지막 때에 이스라엘이 회복될 것을 예언하였다. 주의 백성들이 회복될 것이다. 따라서 잉태하지 못하며 출산하지 못했다 하더라도 노래하게 될 것이라고 말하였다. 홀로 된 여인의 자식이 남편 있는 자의 자식보다 많을 것이라고 예언을 시작한다(사 54:1). 따라서 장막의 터를 넓히고 휘장을 아끼지 말라고 주문한다. 또한 줄을 길게 하며 말뚝을 견고하게 박으라고 요청한다. 주의 백성들이 회복되어 번영할 것을 의미한다. 예상했겠지만 여기서 '말뚝(히: 야테드, stake)'으로 번역된 말이 이전에 엘리아김 예언에 등장한 못(히: 야테드, stake/nail)과 동일하다. 우리말 성경은 못과 말뚝으로 번역을 달리했지만 히브리 성서는 '야테드(stake/nail)'라는 말로 동일하다.

따라서 엘리아김 예언에 등장한 못(말뚝)은 이중적 의미를 지니고 있다. 한편으로 못은 그리스도의 십자가 고난과 희생을 담고 있다.[90] 하지만 거기서 그치는 것이 아니다. 그리스도의 고난과 희생을 통해 주의 백성은 돌아오게 될 것이다. 이사야의 말을 빌리자면 주의 자녀들은 열방을 얻게 될 것이다. 하나님이 이 세상을 당신의 자녀들에게 유산과 기업으로 물려주셨다. 따라서 자녀들의 장막은 넓어질 것이고 그 말뚝은 더욱 견고해질 것이다.

주전 8세기, 예루살렘의 한 부패한 관리를 교체하면서 하나님은 그리스도의 고난과 희생을 통해 주의 백성들의 회복과 축복을 약속했다. 그가 일으킬 한 남자(엘리아김: YHWH will raise)를 약속한 것이다. 관리에 불과한 엘리아김이 다윗의 왕좌를 물려받듯, 갈릴리 지방의 나사렛 예수가 다윗의 왕좌에 앉을 것이다. 그가 십자가에서 못으로 고정됨으로 그의 나라가 견고해질 것이다. 그가 못 박힘으로 주의 백성들이 포로에서 돌아오게 될 것이다. 돌아온 포로들은 장막을 넓혀야 할 것이다. 줄을 길게 하여 못을 견고하게 박아 넓힌 장막을 고정하게 될 것이다. 예수는 하나님이 일으키신 '엘리아김'이다.

(리더십 원칙) **리더는 하나님이 일으킨 사람이다.**

모퉁이 머릿돌의 조건

"건축자가 버린 돌이 집 모퉁이의 머릿돌이 되었나니(시 118:22)"

대표적 메시아 시편 가운데 하나인 시편 118편에는 '모퉁이의 머릿돌 (headstone of the corner)'라는 표현이 나온다. 모퉁이의 머릿돌(히: 로쉬 피나, head of the corner)이란 무엇인가? 흔히 모퉁이 돌(cornerstone)로 알려진 이 돌은 모퉁이라는 말에서 알 수 있듯이 모퉁이에 위치한 돌이다. 사각의 건물을 생각해 본다면 네 귀퉁이(모퉁이) 중의 하나에 위치한다. 이것을 머릿돌(headstone)이라고 부르기도 한다. 그 이유는 흔히 직육면체로 된 이 돌을 모퉁이에 처음(히: 로쉬, head/first) 설치하기 때문이다. 이제 이 돌을 기준으로 다른 모든 돌들이 켜켜이 쌓이게 된다. 다른 모든 돌들은 이 머릿돌을 기준으로 각도, 개수, 방향 등이 정해지게 된다. 따라서 이 돌을 기초돌(히: 무사드, foundation stone)이라고 부르기도 한다(사 28:16).

"그러므로 주 여호와께서 이같이 이르시되 보라. 내가 한 돌을 시온에 두어 기초(무사드)를 삼았노니 곧 시험한 돌이요, 귀하고, 견고한 기초돌이라. 그것을 믿는 이는 다급하게 되지 아니하리로다(사 28:16)."

이사야 28장은 이 돌에 대한 좀 더 자세한 정보를 제공하고 있다. 이 기초석은 두 가지 조건을 갖춰야 한다. 첫째, 시험한 돌이어야 한다. 둘째, 귀한 돌이어야 한다.[91] 하나하나 따져 보자.

첫째, 이 돌은 시험한 돌(tested stone)이어야 한다. 모퉁이 돌이 될 만한지 검증되어야 한다는 것이다. 우리는 여기서 왜 예수님이 사탄에 의해 시험받았는지 알 수 있다. 예수가 광야에서 시험을 받은 이유는 그가 모퉁이 돌, 머릿돌이 되기 위해서이다. 이스라엘의 메시아로서 그는 반드시 시험을 거쳐야 했다.

둘째, 이 돌은 귀한 돌(costly stone)이어야 한다. 예수는 아무런 죄도 짓지 않았음에도 불구하고 십자가에서 자신의 생명을 바쳤다. 자신이 가진 가장 귀한 생명을 죄인들을 위해 바친 것이다. 이스라엘의 메시아, 모퉁이 돌의 두 번째 조건은 여기서 이해할 수 있다. 그리스도가 십자가에서 피를 흘려 목숨을 버린 사건은 '귀한' 모퉁이 돌이 되기 위한 필수 과정이었다.

성서와 리더십

그런데 이 머릿돌에 대해서 시편 기자는 또 다른 조건을 내걸었다. 이 돌은 건축자가 버린 돌이어야 한다. 따라서 셋째, 이 돌은 버림받은 돌(rejected stone)이어야 한다. 시편 기자는 건축자가 버린 돌이 모퉁이 돌이 되었다고 선언하였다. 이스라엘의 메시아는 유대 지도자들로부터 배척받았다. 인정받지 못했다. 예수는 자신이 자란 나사렛에서도 배척받았다. 하지만 이 사건은 역설적으로 그가 진정한 이스라엘의 메시아, 모퉁이 돌이라는 사실을 증명한다.

이제 우리는 이 머릿돌을 기초로 세워지고 있다. 우리는 모두 산 돌(living stone)이다(벧전 2:5). 우리가 기준으로 삼은 모퉁이 돌은 그리스도이다. 그는 시험을 받고, 배척을 당하고, 목숨을 바쳐 귀한 돌이 되었다. 이 올바른 기초석 위에 우리 모두 살아 있는 돌이 되어 하나님이 세우시는 건물의 일부가 되고 있다. 오늘 성령의 인도로 우리 모두는 이 건물에 딱 들어갈 자리가 있다. 건축가는 때로 특정 위치에 돌을 위치시키기 위해 깎고, 다듬고, 다른 돌들과의 조화를 고려한다. 우리가 이 건축의 어떤 과정에 있든지 간에 하나님은 유일한 기초석 위에 우리의 자리를 마련할 것이다. 따라서 하나님의 나라에서 우리 모두는 특별한 역할이 있다.

(리더십 원칙) **리더는 검증된 사람이다.**

고래와 탕자

"요나가 밤낮 사흘 동안 큰 물고기 뱃속에 있었던 것같이 인자도 밤낮
사흘 동안 땅 속에 있으리라(마 12:48)."

예수가 언급한 구약의 예언자 가운데 요나가 있다. 사실 요나는 구약의
예언자 가운데 대표적 인물은 아니다. 소예언서에 포함되어 있고 매우
짧은 내용만을 담고 있어 그다지 주목받지 못했다. 하지만 요나가 물고
기 뱃속에서 3일간 머물게 된 사건은 그리스도의 죽음과 부활과 관련하
여 예수님이 직접 언급할 정도로 중대한 의미를 지니고 있다. 하지만 요
나와 예수의 관계는 단지 이 사건으로 제한되지 않는다. 요나서는 미래
의 그리스도에 관한 더 깊은 진리를 담고 있다.

"나는 감사하는 목소리로 주께 제사를 드리며 나의 서원을 주께
갚겠나이다. 구원은 여호와께 속하였나이다 하니라(욘 2:9)"

요나는 물고기 뱃속에서 기도를 드렸다. 위 구절은 그 기도의 마지막 구절이다. 이 기도를 마치자 주님은 물고기로 하여금 요나를 육지에 뱉게 하여 살려 주었다. 요나는 마지막으로 '구원은 여호와께 속하였다'고 고백하였다. 여기서 요나가 고백한 구원은 히브리어로 '예슈아(혹은 예슈아타)'이다. 이 말은 다름 아닌 메시아의 이름 '예수'이다. 즉 '예수님이 여호와 하나님으로부터 왔다'는 고백이다. 예수님이 그리스도라는 고백이다.

이 고백이 나오자마자 물고기는 요나를 토해 내었다. 사실상 죽음에서 다시 살아난 것이다. 요나는 예수를 고백한 것이다. 따라서 예수님이 구약의 수많은 예언자들 가운데 요나를 특별히 언급한 점은 전혀 놀랍지 않다.

요나의 임무는 이방 나라인 아시리아(니느웨)의 회개와 구원이었다. 하나님은 이방을 위하여 이스라엘의 선지자를 파견했다. 하나님은 이스라엘이 자신들을 침략하고 괴롭힌 아시리아를 용서하길 원했다. 원수인 아시리아에게 긍휼을 베풀 것을 요구하였다. 원수를 사랑할 것을 명령한 것이다.

그러나 요나는 주님의 말씀을 거역하고 정반대 방향인 다시스(스페인)로 향하였다. 하나님은 폭풍우를 보내 뱃사람들로 하여금 요나를 바다에 던지게 하였다. 그리고 고래(큰 물고기)를 보내 요나를 삼키게 하였다.

"요나를 들어 바다에 던지매 바다가 뛰노는 것이 곧 그친지라 …
여호와께서 이미 큰 물고기를 예비하사 요나를 삼키게 하셨으므
로 요나가 밤낮 삼 일을 물고기 뱃속에 있으니라(욘 1:15-17)."

요나가 니느웨로 가기 싫었던 이유는 두 가지이다. 첫째, 니느웨는 그
의 조국 이스라엘의 원수였다. 둘째, 그럼에도 불구하고 요나는 하나님
이 니느웨에게 보복이 아닌 긍휼과 은혜를 베풀 것을 알았고 그는 그것이
싫었다.

"요나가 매우 싫어하고 성내며, 여호와께 기도하여 이르되 여호
와여. 내가 고국에 있을 때에 이러하겠다고 말씀하지 아니하였
나이까. 그러므로 내가 빨리 다시스로 도망하였사오니 주께서는
은혜로우시며 자비로우시며 노하기를 더디 하시며 인애가 크시
사 뜻을 돌이켜 재앙을 내리지 아니하시는 하나님이신 줄을 내
가 알았음이니이다(욘 4:1-2)."

요나는 이스라엘의 하나님이 이방 원수들에게까지 은혜를 베풀 것을
알았다. 그래서 이러한 하나님의 태도가 싫었고 분노했다. 그런데 이런
요나의 반응은 신약에 나오는 탕자의 형의 반응과 매우 흡사하다.

"그가 노하여 들어가고자 하지 아니하거늘 아버지가 나와서 권

한대, 아버지께 대답하여 이르되 내가 여러 해 아버지를 섬겨 명을 어김이 없거늘 내게는 염소 새끼라도 주어 나와 내 벗으로 즐기게 하신 일이 없더니, 아버지의 살림을 창녀들과 함께 삼켜 버린 이 아들이 돌아오매 이를 위하여 살진 송아지를 잡으셨나이다(눅 15:28-30)."

탕자의 형 역시 방탕하게 유산을 탕진하고 돌아온 동생에게 은혜를 베푼 아버지가 못마땅했다. 사실 형은 아버지가 그런 자신의 동생에게 은혜를 베풀 것을 잘 알고 있었다. 머리로는 알았지만 막상 보고 나니 아버지를 향해 서운함과 실망과 분노를 느낀 것이다.

하지만 우리 모두가 인정해야 할 사실이 여기 있다. 우리 모두는 이러한 하나님의 모습이 필요하다는 사실이다. 우리는 모두 그분의 은혜의 보좌 앞에 서야만 한다.

"그러므로 우리는 긍휼하심을 받고 때를 따라 돕는 은혜를 얻기 위하여 은혜의 보좌 앞에 담대히 나아갈 것이니라. (히 4:16)"

요나는 폭풍 가운데 바다에 던져지고, 고래에게 먹힌 후, 고래에 의해 자신이 있어야 할 자리로 오게 되었다. 고래는 요나를 니느웨로 가는 길에 토해 내었다. 깨어나 보니 그 자리는 니느웨로 가는 길이었다. 은혜로

우며 자비로운 하나님, 재앙을 보류하려는 하나님 앞이었다. 탕자의 형은 방탕한 동생이 돌아와 극진한 대접을 받는 것을 보고서야 은혜로운 아버지에 대해 이해하게 되었다. 머리로는 알고 이해하고 있었지만 방탕한 동생이 환대받는 것을 보고서야 하나님의 은혜의 자리와 보좌로 인도된 것이다. 사실 동생이 돌아오지 않았더라면 은혜로운 아버지 앞으로 가지 못했을 것이다. 동생이 고래 역할을 한 것이다.

하나님은 당신의 은혜의 보좌 앞으로 우리를 다양한 방식으로 인도하신다. 우리는 당연히 하나님의 은혜의 보좌 앞으로 가길 원하지만 요나나 탕자의 형의 예를 보면 그 길이 만만치 않다는 것을 알 수 있다. 그 길에서 폭풍우와 역경과 고래 뱃속이나 뻔뻔하고 역겨운 인물과 조우할 수도 있는 것이다.

> "물이 나를 영혼까지 둘렀사오며 깊음이 나를 에워싸고 바다풀
> 이 내 머리를 감쌌나이다. 내가 산의 뿌리까지 내려갔사오며 땅
> 이 그 빗장으로 나를 오래도록 막았사오나 나의 하나님 여호와
> 여. 주께서 내 생명을 구덩이에서 건지셨나이다(욘 2:5-6)."

때론 그 길이 탕자의 성공을 목격하는 시기(envy)를 통할 수도 있다. 결국 요나나 탕자의 형도 은혜를 입었다고 주장할 수 있다. 그런데 요나서와 예수님의 비유는 모두 결말이 확실치 않다. 하지만 필자는 해피엔

딩이라고 생각한다. 요나와 탕자의 형은 모두 회개하고 은혜로우신 하나님, 자비롭고, 노하기를 더디 하고, 인애가 크며, 재앙을 돌이키는 하나님이 자신의 하나님이고 아버지임을 깨달았다. 그리고 자신 또한 이런 아버지의 은혜가 필요하며 그 가운데 안전하게 보호받으며 살아가게 될 것을 알았을 것이다.

그리스도인들은 요나나 탕자의 형처럼 하나님의 은혜가 수많은 죄인들에게도 넘쳐나고 역사하는 모습을 본다. 때론 그 모습들이 우리를 힘들게 한다. '그들이' 먼저 구원을 받고, 치유를 받으며, 부유해지고, 승리를 거두며, 평안을 누린다. 반면 우리는 여전히 폭풍 가운데 시달리고, 고래의 뱃속에 있는 것 같고, 들에 나가 고생만 하는 것 같다. 하지만 믿지 않는 수많은 사람들을 향한 그리스도의 관심과 사랑은 우리가 지금 어떤 아버지를 모시고 있는지 확인시켜 준다. 주님을 떠나 살고 있는 죄인들에 대한 하나님 아버지의 은혜는 때로 우리를 노하게 하며 시기하게 만들지만 이런 하나님이 사실 나의 하나님이다.

"아버지가 이르되 얘 너는 항상 나와 함께 있으니 내 것이 다 네 것이로다(눅 15:31)."

마지막 때의 신호가 넘치는 세상에서 넘치는 주님의 은혜를 볼 때 우리는 화를 내며 좌절하거나 등을 돌리지 말아야 한다. 오히려 죄인들에게 은혜를 베푸는 주님의 은혜의 보좌 앞으로 담대히 나아가야 한다. 죄인들과 원수에게도 은혜를 베푸시는 하나님을 보며 우리는 그리스도의 보혈을 통해 이미 구원을 받았으며 의롭게 된, 장자 된 우리에게 베푸실 하나님의 은혜의 크기와 넓이와 높이를 짐작할 수 있다.

다음과 같은 말이 위로가 되길 원한다. 니느웨는 일시적으로 심판을 면했을 뿐이지만[92] 요나의 이스라엘은 다시 일어나 중동에서 가장 강력한 나라가 되었고, 이 지역의 유일한 민주주의 국가로 거듭났다. 유대민족은 전 세계에 흩어져 살며 인류의 삶을 성장시키는 거의 모든 분야에서 두각을 발휘하고 있다. 탕자는 좋은 옷과 금가락지를 받았을 뿐이지만, 형은 아버지가 가진 '모든 것'을 상속받았다.

(리더십 원칙) **리더는 다른 사람의 성공에 기뻐하는 사람이다.**

마지막 때의 미래

"이제 내가 마지막 날에 네 백성이 당할 일을 네게 깨닫게 하러 왔노라.
이는 이 환상이 오랜 후의 일임이라 하더라. 그가 이런 말로 내게 이를 때
에 내가 곧 얼굴을 땅에 향하고 말문이 막혔더니(단 10:14-15)"

그리스도인은 마지막 날에 대해서 잘 알고 있다. 구약과 신약은 모두
마지막 날에 대해서 이야기하고 있다. 마지막 날(때)에 대한 일반적 시각
은 두려움과 공포이다. 그날은 하나님이 세상을 심판하는 날이다.

그리스도인은 마지막 때와 관련하여 몇 가지 복잡한 생각을 가진다. 첫
째, 마지막 때는 승리의 날이다. 그리스도가 재림하여 원수를 무찌르고
우리는 승리의 부활과 영생을 누릴 것이다. 우리는 이 점을 의심하지 않
는다. 둘째, 마지막 때는 두려움과 공포의 날이다. 마지막 때와 관련해 그
리스도인이 지니는 두려움은 그때에 이르는 과정이 심상치 않기 때문이
다. 이 시간은 정확히 언제부터인지 확인하기 어렵지만 어떤 시점에서

주님이 재림하기 전까지의 과정이다. 따라서 '마지막 날'이라기보다는 '마지막 때(히: 아하리트 하 야밈, the last days)'라고 부르는 것이 맞을 것 같다. 실제로 다니엘서의 해당 구절도 마지막 때, 혹은 마지막 날이 '복수(plural)'로 되어 있음을 알 수 있다. 주님의 재림을 포함 그 시간에 이르는 모든 날들이 마지막에 포함되어 있다.

> "난리와 난리 소문을 듣겠으나 너희는 삼가 두려워하지 말라. 이런 일이 있어야 하되 아직 끝은 아니니라. 민족이 민족을, 나라가 나라를 대적하여 일어나겠고 곳곳에 기근과 지진이 있으리니, 이 모든 것은 재난의 시작이니라(마 24:6-8)."

예수님은 마지막 때와 관련, 그때가 이르기 전 우리에게 두려워하지 말 것을 지시하였다. 달리 얘기하면 이 말씀은 주님의 재림이 가까이 올수록 '두려워할 일들'이 많이 발생할 것임을 의미한다. 다니엘마저도 '인자(人子)'를 통해 마지막 날에 발생할 일들에 대해 들었을 때 '얼굴을 땅에 향하고, 말문이 막혔다'고 기술하고 있다. 매우 충격적인 이야기를 들었음이 분명하다.

> "아이들아. 지금은 마지막 때라. 적그리스도가 오리라는 말을 너희가 들은 것과 같이 지금도 많은 적그리스도가 일어났으니 그러므로 우리가 마지막 때인 줄 아노라(요일 2:18)."

셋째, 마지막 때는 적그리스도가 일어나는 시기이다. 존경받던 지도자들이 사실은 양의 탈을 쓴 늑대로 판명될 것임을 의미한다.[93] 따라서 많은 성도들이 실족할 것이다. 이렇듯 마지막 때는 기대와 두려움이 뒤섞인 시간이다. 우리는 지금 이런 시간을 지나가고 있다.

하지만 성도들은 마지막 때에 관한 또 다른 의미와 복음을 놓쳐서는 안 된다. 마지막 때의 복음은 단지 최종적으로 예수님이 오셔서 원수들을 심판할 것만이 아니다. 마지막 때의 숨겨진 복음은 재난과 환난 가운데 하나님이 제공하시는 특별한 '미래'가 숨겨져 있다는 것이다.

"여호와의 말씀이니라. 너희를 향한 나의 생각을 내가 아나니 평안이요 재앙이 아니니라. 너희에게 미래(히: 아하리트, future, last)와 희망을 주는 것이니라(렘 29:11)."

예레미야는 바벨론에 끌려간 백성들을 향한 하나님의 계획을 계시한다. 하나님은 당신의 계획이 평안, 미래, 희망이라고 말씀하셨다. 여기서 '미래'라고 번역된 것은 '아하리트'라는 말이다. 이 말은 원래 '마지막(last)'이라는 뜻이다. 그렇다. 다니엘이 언급한 '마지막 때'의 그 마지막이다. 히브리어의 아하리트는 '마지막', '끝'이라는 뜻 외에도 이처럼 '미래'라는 뜻을 함께 가지고 있다.

마지막 때의 미래

그런데 이 미래는 단순한 미래가 아니다. 단순히 시간의 흐름상 미래를 얘기하는 것이 아니다. 예레미야의 용례에서도 보듯이 이 '아하리트'가 미래라는 의미로 사용될 때 이 미래는 평안(샬롬)과 희망(티크바)이 함께 한 미래이다. 하나님은 종말 외에는 남아 있지 않았을 유다의 포로들에게 끝이나 종말이 아닌 평안과 희망이 섞인 '미래'를 계시하였다. 이것은 '마지막 때'를 향한 하나님의 진짜 의도를 드러낸다. 하나님은 마지막 때에 당신의 자녀들에게는 평안과 희망의 미래(마지막 때)를 준비해 놓았다. 적그리스도, 지진, 전쟁, 난리, 전염병, 배교가 판칠 마지막 때에도 하나님의 자녀들이 두려워할 필요가 없는 이유가 여기 있다. 예수님이 두려워하지 말라고 말씀하신 이유가 여기 있다. 우리에게는 주님이 약속한 평안과 희망[94]의 미래가 있기 때문이다. 또 다른 구절을 살펴보자.

"정녕히 네 장래(히: 아하리트)가 있겠고 네 소망(히: 티크바)이 끊어지지 아니하리라(잠 23:18)."

잠언은 여호와를 경외하는 자에 대해 서술하고 있다. 그런 사람은 정녕히(surely) 장래가 있단다. 여기서 장래로 번역된 말은 미래와 동일하다. 마지막이란 뜻의 '아하리트'인 것이다. 따라서 마지막 때에는 하나님이 숨겨 놓은 키워드가 있다. 주님의 자녀들에게만 귀뜸한 비밀이 있다. 세상은 근심하고 두려워해야 하겠지만 그리스도인들에게는 평안과 희망이 수반되는 미래가 있는 것이다. 이것이 마지막 때에 대해 우리가 반드시 알아야 할 내용이다. 그리스도 예수 안에 있는 자야말로 진정 하나님을 경외하는 자들이기 때문이다.

"지혜가 네 영혼에게 이와 같은 줄을 알라. 이것을 얻으면 정녕히
네 장래(히: 아하리트)가 있겠고 네 소망이 끊어지지 아니하리라
(잠 24:14)."

잠언의 저자는 지혜를 얻으면 미래(장래)가 있다고 선언한다. 지혜란 무엇인가? 아니, 정확한 질문은 지혜가 누구인가이다. 예수님이 우리의 지혜이다(고전 1:24, 30). 따라서 그리스도를 믿는 자들은 성령님의 내주(內住)를 통해 지혜를 얻으며, 그 지혜를 통해 마지막(아하리트) 때에도 미래(아하리트)가 있는 것이다.

"그러나 그가 강성할 때에 그의 나라가 갈라져 천하 사방에 나누
일 것이나 그의 자손(히: 아하리트, posterity)에게로 돌아가지도
아니할 것이요 또 자기가 주장하던 권세대로도 되지 아니하리니
이는 그 나라가 뽑혀서 그 외의 다른 사람들에게로 돌아갈 것임
이라(단 11:4)."

마지막 그리고 미래라는 뜻의 '아하리트'는 또한 자손, 자녀라는 뜻을 지니고 있다. 다니엘 11장 4절은 알렉산더 대왕에 관한 내용이다. 알렉산

더 사후 그리스 제국은 분열되었다. 그리고 주지하듯이 제국은 그의 자손에게 돌아가지 못했다. 여기서 자손은 '아하리트'의 번역이다. 그리스도를 알지 못하는 왕은 자녀에게 물려줄 땅이 없었다. 그는 지혜와 철학의 나라 그리스의 왕이었지만 참 지혜를 알지 못했기 때문이다.

그리스도 안에서 미래를 약속받은 우리들은 다르다. 우리에게는 미래에 자녀들이 있을 것이다. 자식들은 여호와의 기업이다. 하나님이 우리에게 물려준 유산이다. 자녀들은 주님이 주시는 상급이다(시 127:3). 우리에게 신앙과 경건을 물려받은 자녀들을 주신 주님은 이 자녀들도 우리처럼 주님의 은혜를 누리며 평안과 희망의 미래를 살도록 인도하신다. 우리는 자녀들을 통해 우리의 미래를 본다.

지금은 마지막 때이다. 마지막 때의 마지막이 매 순간 가까이 오고 있다. 이 마지막 때에, 예수님이 오시기 전에도 우리에게는 평안과 소망이 수반된 미래가 있다. 자녀들이 있다. 물려줄 땅이 있다. 우리의 자녀들 역시 우리처럼 동일한 미래가 있을 것이다. 이것이 마지막 때에 숨겨진 하나님의 복음이다.

(리더십 원칙) **리더는 최후의 순간에도 미래와 소망, 평안을 이야기한다.**

표적과 기적

> "내가 애굽 땅을 칠 때에 그 피가 너희가 사는 집에 있어서 너희를 위하
> 여 표적(sign)이 될지라. 내가 피를 볼 때에 너희를 넘어가리니 재앙이
> 너희에게 내려 멸하지 아니하리라(출 12:13)."

하나님이 열 번째 재앙을 통해 이집트의 모든 장자를 치시기 전, 자신의
자녀들인 이스라엘에게 표식(혹은 표적)을 만들라고 지시한다. 즉, 양 한
마리를 잡아 그 피를 문설주와 인방에 바르는 것이다. 이 표식(sign)을 보
고 죽음의 천사가 이 집이 이스라엘 자녀의 집인 줄 알고 넘어갈 것이다.

하지만 여기에 몇 가지 질문이 있다. 주님은 왜 표식을 요구했을까? 모
든 것을 아시는 주님이 어떤 집이 이집트인의 집인지 어떤 집이 히브리인
들의 집인지 몰랐을까? 또한 단순히 표식을 위한 것이라면 왜 굳이 동물
의 피가 필요했을까? 다른 방법으로도 충분히 표식을 남길 수 있었을 것
이다.

우리는 여기서 표식 혹은 표적(sign)과 이적(혹은 기적, wonder)의 차이를 이해할 필요가 있다. 유월절 밤, 이집트의 모든 장자가 죽임을 당한 것은 이적이다. 홍해가 갈라진 것도 마찬가지이다. 자연법칙을 뛰어넘었기 때문에 이것들은 모두 이적이자 기적이다. 하지만 표식 혹은 표적은 다르다. 표식은 초자연적일 필요가 없다. 단지 일종의 메시지를 전달하기만 하면 된다. 즉, 그 자체가 아니라 어떤 본질적인 것을 가리키는 역할을 수행한다. 예를 들어 누군가가 십자가 목걸이를 하고 있다면 그 목걸이는 그가 그리스도인이라는 본질을 가리키는 표식(sign)인 것이다. 따라서 표식은 반드시 기적일 필요가 없다.

유월절과 관련한 표식은 단순히 이스라엘과 이집트를 구별하기 위해 주어진 것이 아니다. 이 표식이 가리키고 있는 본질을 찾을 수 있어야 한다. 물론 그 본질은 예수 그리스도이다. 먼저 흠이 없는 양을 준비해야 한다. 흠이 없는 양은 죄가 전혀 없는 예수를 가리킨다. 굳이 희생시킨 양의 피로 표식을 삼은 이유는 예수의 십자가 죽음을 가리키기 위해서이다. 이와 관련 아홉 번째 재앙(흑암)을 유심히 살펴볼 필요가 있다. 흑암은 기적일까 표식일까? 흑암은 표식이자 기적이다.

"여호와께서 모세에게 이르시되 하늘을 향하여 네 손을 내밀어 애굽 땅 위에 흑암이 있게 하라. 곧 더듬을 만한 흑암이리라. 모세가 하늘을 향하여 손을 내밀매 캄캄한 흑암이 삼 일 동안 애굽

온 땅에 있어서(출 10:21-22)"

　이집트인들에게 있어 이 흑암은 사실 특별한 현상이 아니다. 가끔 할리우드 영화에서도 등장하는 모래 폭풍에 의한 자연현상이다. 중동 지역은 '함심'이라고 불리는 모래 폭풍이 종종 발생한다. 필자도 이스라엘에서 공부할 때 유월절을 즈음하여 불어닥치는 함심을 경험한 적이 있다. 이 지역에서는 함심이 며칠간 지속되곤 한다. 하지만 주님은 이 어두움을 표식으로 주었다. 이 흑암은 우리 주님이 못 박히셨을 때 나타났던 3시간의 어두움을 가리킨다.

"제육시로부터 온 땅에 어둠이 임하여 제구시까지 계속되더니
(마 27:45)"

　3일간의 어두움은 본질적으로 주님이 십자가에 달릴 때 나타났던 3시간의 어둠을 가리키는 표식이었던 것이다. 물론 당시는 그 함심이 십자가 처형의 표식이었다는 것을 이해할 수 없었을 것이다. 그런데 함심이 이스라엘 백성들이 거주하는 고센 지역만 피해 갔다(출 10:23). 그것도 3일 동안 지속되었다는 점에서 '기적'으로도 분류될 수 있다.

　우리의 눈에는 자연현상으로 보이는 것들을 통해, 혹은 유월절 양을 준비하는 것과 같이 불필요하고 이해하기 힘든 말씀을 통해 하나님은 그리스도의 십자가의 사역과 은혜라는 본질을 보기 원하신다. 이집트인들도 그리고

후에는 이스라엘조차도 주님의 표적을 제대로 이해하지 못했다. 이집트인들은 3일간의 어둠을 단순히 함심에 의한 자연현상으로 생각했다. 이것을 통해 나타났던 기적, 즉 이스라엘의 거주지에는 빛이 있었다는 사실은 외면했다. 1세기 이스라엘도 마찬가지이다. 그 전, 천오백 년간 유월절을 지켜오면서 그리고 지금까지도 왜 양의 피로 표식을 만드는지 이해하지 못하고 있다.

오늘도 주님은 여러 가지 표식과 때로는 이적으로 우리에게 말씀하신다. 우리 눈에 평범하게 보이는 것들도 있고, 혹은 기적들도 있다. 우리는 듣고 혹은 보고 있다. 우리 주님은 지금도 많은 표적을 통해 우리가 그리스도를 보고 깨닫기를 원하신다.

> "여호와께서 이와 같이 말씀하시되 너희는 길에 서서 보며 옛적 길 곧 선한 길이 어디인지 알아보고 그리로 가라. 너희 심령이 평강을 얻으리라 하나 그들의 대답이 우리는 그리로 가지 않겠노라 하였으며(렘 6:16)"

우리가 일상에서 일어나는 모든 일을 통해 그리스도의 십자가의 사역과 은혜, 부활을 상기할 수만 있다면 그것이야말로 주님이 우리에게 주시는 표적이 될 것이다. 오늘 나는 어떤 표적을 보고 있는가?

(리더십 원칙) **리더는 표식을 통해 본질을 지향한다.**

보배로운 백성의 색깔

"여호와께서도 네게 말씀하신 대로 오늘 너를 그의 보배로운 백성이 되게 하시고 그의 모든 명령을 지키라 확언하셨느니라. 그런즉 여호와께서 너를 그 지으신 모든 민족 위에 뛰어나게 하사 찬송과 명예와 영광을 삼으시고 그가 말씀하신 대로 너를 네 하나님 여호와의 성민이 되게 하시리라(신 26:18-19)."

보배로운 백성이란 무엇인가? 보배로운 백성(히: 암 스굴라, treasured people)은 '암 스굴라'의 번역이다. '스굴라'는 일반적으로 소유물, 보물로 번역된다. 그런데 이 특별한 단어는 어떤 색깔과 관련 있다. '사골(sagol)'이란 단어이다. 이는 자(주)색(purple)이란 뜻이다. 이 '사골'에서 '스굴라'가 나왔다. 자색은 주지하듯 왕이 사용하는 색깔이다(삿 8:26, 요 19:2, 5) 따라서 보배로운 백성이란 하나님이 이스라엘 백성들을 모두 '왕족'으로 여기겠다는 뜻이다.[95] 왕의 보물과 같은 백성이 될 것이라는 뜻이다. 신명기의 말씀은 사실 출애굽기에서 약속한 말씀을 다시 한번 확인한 것이다.

"세계가 다 내게 속하였나니 너희가 내 말을 잘 듣고 내 언약을 지키면 너희는 모든 민족 중에서 내 소유(히: 스굴라, treasure)가 되겠고, 너희가 내게 대하여 제사장 나라가 되며 거룩한 백성이 되리라. 너는 이 말을 이스라엘 자손에게 전할지니라(출 19:5-6)."

하나님은 이스라엘을 모든 민족 가운데 당신의 '소유(왕가의 보물: 스굴라)'로 만들겠다고 약속하였다. 뿐만 아니라 제사장 나라가 될 것이라고 추가하였다. 여기서 제사장 나라는 제사장들의 '왕국(히: 맘레케트 코하님, Kingdom of Priests)'이라고 번역하는 것이 정확하다. 역사적으로 고대 근동에서는 왕이 '제사장'의 역할을 겸하였다. 이스라엘도 다윗과 솔로몬이 통치하던 초기 왕이 제사를 직접 주재하던 모습을 찾아볼 수 있다. 다윗은 자신의 아들들을 '제사장'으로 임명하였고[96] 솔로몬은 성전을 완성하고 직접 헌당식을 주재하였다.

하나님은 이스라엘 백성에 대하여 일관적으로 왕국, 왕족, 왕가의 보물이라는 표현을 사용한다. 하나님이 당신의 백성들을 어떤 관점으로 보는지 뚜렷하게 보여 주고 있다. 베드로가 교회를 향해 '택하신 족속이요, 왕 같은 제사장들이요, 거룩한 나라요, 그의 소유가 된 백성'이라고 선포했을 때 그는 위 출애굽기와 신명기의 예언이 성취되었음을 염두에 둔 것이 분명하다.

그렇다면 우리는 어떻게 하나님이 약속하신 것처럼 모든 민족 위에 뛰어나며, 찬송과 명예와 영광이 되며, 하나님의 소유가 된 백성, 보배와 같은 민족이 될 것인가. 우리는 이미 이 약속이 그리스도 안에서 주어졌음을 믿는다. 하지만 아직 이 약속이 나타나지 못했다면 다음과 같은 말씀 속에서 이 약속의 발현을 요구해야 한다.

"만군의 여호와가 이르노라. 너희의 온전한 십일조를 창고에 들여 나의 집에 양식이 있게 하고 그것으로 나를 시험하여 내가 하늘 문을 열고 너희에게 복을 쌓을 곳이 없도록 붓지 아니하나 보라. 만군의 여호와가 이르노라. 내가 너희를 위하여 메뚜기(히: 오켈, devourer)를 금하여 너희 토지 소산을 먹어 없애지 못하게 하며 너희 밭의 포도나무 열매가 기한 전에 떨어지지 않게 하리니, 너희 땅이 아름다워지므로 모든 이방인들이 너희를 복되다 하리라. 만군의 여호와의 말이니라(말 3:10-12)."

말라기는 수신인이 명확하다. '제사장'들을 향한 말씀이다. 즉, 현재의 우리를 향한 말씀인 것이다. 우리 성도들이 모두 믿음 안에서 제사장이다. 그런데 제사장들을 향한 말씀 가운데 '보배로운 백성'이 되는 방법을 발견할 수 있다. 그것은 십일조이다. 온전한 십일조를 통해 하늘의 복이 임한다. 포식자들이 우리의 재산에 손을 댈 수 없다. 모든 이방인들이 우리를 복되다고 칭찬한다. 이어지는 구절이 십일조와 하나님의 소유의 연관성을 드러낸다.

> "만군의 여호와가 이르노라. 나는 내가 정한 날에 그들을 나의 특
> 별한 소유(히: 스굴라)로 삼을 것이요 또 사람이 자기를 섬기는
> 아들을 아낌같이 내가 그들을 아끼리니(말 3:17)"

이어서 익숙한 표현이 다시 등장한다. 바로 '소유(히: 스굴라)'이다. 제
사장들을 다시 주님의 자줏빛 보물로 삼겠다는 것이다. 보배로운 백성
의 약속을 받은 우리는 예수 그리스도의 본을 따라갈 의무가 있다. 비
록 우리가 율법의 저주에서 해방되었다고 하지만 우리는 그리스도 예
수의 길을 따라가야 할 제자들이다. 예수님은 십일조를 드렸다. 우리 역
시 그분의 본을 따라 십일조를 드려야 한다. 성경은 십일조에 대해 '제거
(remove)'하라고 가르친다. 왜 이런 표현이 등장한 것일까?

> "그리 할 때에 네 하나님 여호와 앞에 아뢰기를 내가 성물을 내
> 집에서 내어(히: 바아르, burn, remove) 레위인과 객과 고아와
> 과부에게 주기를 주께서 내게 명령하신 명령대로 하였사오니 내
> 가 주의 명령을 범하지도 아니하였고 잊지도 아니하였나이다(신
> 26:13)."

십일조는 거룩한 것이다. 하나님의 소유물이다. 따라서 우리가 손을 대

면 안 된다. 가까이해서는 안 되는 거룩한 부분이다.[97] 어떻게 해야 할까? 성경에 처리 방법이 나와 있다. 제거해야 한다. 원문(바아르)의 의미는 '불로 태워 버리다'는 뜻이다. 하지만 이 말은 비유적 표현이다. 그만큼 손 대려는 시도조차 하지 말라는 것이다. 그렇다면 어떻게 불로 태울 수 있을까? 어떻게 제거할까? 누군가에게 주는 것이다. 수입의 1/10을 제사장 및 가난한 사람들에게 주어 버려야 한다. 이때 제사장과 같은 백성들에게 복이 임한다. 예수님이 모범을 보였다. 우리 역시 이 본을 따라야 한다.

때론 보배가 땅에 떨어져 더러워질 때가 있다. 십일조를 주저하고 있다면 그 사람은 땅에 떨어진 하나님의 소유이다. 하지만 보물은 여전히 보물이다. 아직 온전한 십일조를 실천하지 못했다면 지금부터라도 시작해 보라. 보물에 묻은 오물을 떼어내라. 오늘 삶에서 십일조를 제거함으로써, 태워 버림으로써 다시 하나님의 보배로운 백성으로서의 정체감을 되찾자. 우리가 하나님의 소유라는 의미를 삶에서 깨닫게 될 것이다.

(리더십 원칙) **리더는 십일조를 제거한다.**

왜 유다 지파인가?

"우리 주께서는 유다로부터 나신 것이 분명하도다(히 7:14)."

왜 그리스도는 유다 지파의 자손으로 오셨을까? 창세기를 보면 오히려 요셉 지파의 자손으로 왔다면 더 어울리지 않았을까?[98] 왜 하나님은 예수님을 유다 지파의 후손으로 보냈을까? 한 가정도 사회나 문명과 크게 다르지 않다. 어떤 가정이든 위기에 봉착할 수 있고 붕괴의 위기를 맞이한다. 하지만 어떻게 대처하는가에 따라 회복될 수도 있고, 해체되어 사라져 버릴 수도 있다. 위기에 직면한 문명에 대한 해결책으로 '유다'라고 불리는 사람의 가문을 살펴보는 것이 의미가 있다.

유다는 이스라엘의 12족장 가운데 한 명이다. 야곱의 아들 가운데 한 명이다. 창세기를 보면 그가 위대한 가문의 조상으로 등극할 가능성은 거의 없어 보인다. 특히 요셉과 비교할 때 더욱 그렇다. 창세기 마지막 1/3의 주인공은 분명 요셉이다. 유다는 이 요셉을 팔자고 제안한 사람이다(창 37:26-27). 그는 이후 가나안 사람 수아의 딸과 결혼했다(창 38:2). 유다는 아들 세 명을 두었는데, 두 아들은 죄 때문에 죽고 말았다. 그는 후에 창녀를 만나 성관계를 갖고 그녀를 임신시킨다. 나중에 드러난 사실이지만 그 창녀는 다름 아닌 자신의 죽은 아들의 아내, 즉 자신의 며느리였다. 이러한 유다에 관한 이야기는 요셉의 이야기 '가운데' 언급됨으로 그 대비가 더욱 뚜렷해진다. 보디발의 아내의 유혹을 떨쳐내고 끝내 이집트의 이인자의 자리까지 오른 요셉과 비교할 때 유다는 한없이 초라해 보인다.

그러나 이것이 역사의 끝이 아니다. 요셉의 가문과 유다의 가문은 시간이 지나면서 다시 극명하게 뒤바뀌게 된다. 요셉의 가문은 후에 에브라임 지파와 므낫세 지파로 나뉜다. 그리고 북이스라엘의 핵심 지파였던 두 가문은 아시리아의 침공으로 역사 속으로 완전히 사라진다. 요셉의 가문이 사라진 것이다. 이에 반해 유다의 가문은 왕가를 이루었다. 유다 자손 가운데 한 명인 다윗은 온 이스라엘을 통일했으며, 무려 오백 년을 지속한 위대한 왕가를 이루었다. 유다 가문은 바벨론 유수에도 살아남았다. 현재 다시 이스라엘이란 국가를 재건한 민족을 '유대인(히: 예후딤, Jews)'이라 부르는데 이는 유다 가문의 사람들이란 뜻이다.

그렇다면 어떻게 요셉이 아닌 유다 가문이 이스라엘의 지도자가 되었을까? 이러한 의문에 답하기 위해 이스라엘(야곱)이라는 가족이 완전한 교착 상태에 빠졌던 시기로 돌아가 보자. 형제들은 요셉을 시기하여 이집 트로 팔아넘겼다. 그리고 아버지에게는 야생동물에 의해 죽임을 당했다 고 둘러댔다. 가나안에 극심한 가뭄이 들이닥쳤다. 야곱은 아들들을 이집 트로 보내 식량을 구해 오도록 했다. 하지만 아들들이 돌아와서 야곱에게 와서 전한 이야기는 이 가족을 더욱 비탄에 빠트렸다. 야곱이 사랑했던 라헬 사이에서 낳은 베냐민을 이집트로 데려가야 한다는 것이다. 이미 요 셉을 잃은 야곱으로서는 도저히 받아들일 수 없는 일이었다. 하지만 베냐 민이 가지 않으면 이집트에 볼모로 잡혀 있는 시므온의 생명이 위태롭다 (창 42:24). 게다가 이집트에서 가져온 식량도 바닥이 났다(창 43:2).

이러한 가족의 비극과 딜레마 앞에 유다가 나섰다(창 43:3-5). 유다는 야곱을 설득하여 자신이 베냐민의 안전한 귀환을 보장하겠다고 약속한 다. 자신이 베냐민을 위한 담보가 되겠다고 설득시켰다(창 43:9). 한때 형 제를 팔아넘겼던 유다는 이제 형제를 위해 자신을 기꺼이 희생하겠다는 '형제의 지킴이'가 된 것이다(창 4:9).

아들들이 어렵게 아버지를 설득하여 베냐민을 이집트로 데려갔지만 더 큰 악몽이 기다리고 있었다. 형제들이 이집트를 떠나려 할 때, 베냐민 의 짐에서 총독의 은잔이 발견된 것이다. 베냐민은 고향으로 돌아가지 못하고 이집트에서 노예로 남아야 했다. 이때 다시 유다가 나서서 가문 의 운명을 바꾸는 발언을 한다. 그는 아버지의 슬픔에 대해 웅변적으로 고해하며 요셉을 설득한다. 베냐민마저 잃으면 야곱은 비탄에 빠져 죽게 될 것이다. 유다는 자신이 베냐민의 무사 귀환을 아버지에게 보장했다고 말하고는 다음과 같이 요셉에게 제안한다.

"이제 주의 종으로 그 아이를 대신하여 머물러 있어 내 주의 종이 되게 하시고 그 아이는 그의 형제들과 함께 올려 보내소서(창 44:33)."

유다가 이 말을 마치자 감정에 휩싸인 요셉은 그의 정체를 드러내고 지금까지의 모든 드라마는 막을 내린다. 이러한 유다의 모습은 그가 왜 이스라엘 왕가의 조상이 되었는지 보여 준다. 요셉은 의인이었다. 하지만 유다는 회개하였다. 요셉은 왕의 이인자가 되었지만, 유다는 그 후손 다윗을 통해 왕의 조상이 되었다. 의인보다 회개한 사람이 더 위대하다. 이것이 성경의 가르침이다(눅 15:7). 유다는 한때 동생을 노예로 팔았다. 하지만 다시 동일한 상황이 닥치자 그는 회개가 무엇인지 보여 주었다. 그는 진정한 형제의 모습으로 돌아왔다. 형제는 다른 형제를 지키는 사람이다. 또 다른 동생 베냐민이 노예로 전락할 순간 자신이 베냐민 대신 노예가 되겠다고 자처한 것이다(창 44:33). 이때 요셉도 자기의 정체를 드러내고 그의 형제들을 용서하였다.

유다는 어느 순간부터 변화하기 시작했다. 이 사건 이전 유다가 변화하기 시작한 시점을 찾을 수 있다. 며느리 다말이 유다가 화대로 맡긴 담보물을 내밀었다. 이에 그의 대답은 의외였다. 그녀가 자신보다 더 의롭다고 고백한 것이다(창 38:26). 이 장면은 성경에서 사람이 잘못을 인정하고 회개한 첫 번째 사례이다. 아마도 그의 이름에 유다의 미래가 이미 내포되어 있었는지 모른다. 그 이름 '유다(예후다)'는 하나님께 감사하다는 뜻이다. 동사 형태(히프일) '레호도트'는 '감사하다'는 의미이지만, 또한 '히트파엘'[99] 형태인 '레히트바도트'는 고백하다는 의미이다. 그는 이름 그대로 자신의 잘못과 죄를 뉘우치고 고백한 사람의 조상이 된 것이다.

요셉과 같이 고상하고 흠결이 없는 도덕적 인간은 제국을 물리적 붕괴로부터 구할 수 있다. 하지만 요셉은 제국이 내부적으로 붕괴되는 것을 막을 수는 없었다. 요셉 이후 나타난 왕은 요셉을 알지 못했다. 그 왕은 사회의 가장 약자인 노예와 어린아이들을 학대하고 학살하였다. 그 왕은 출애굽 시대의 바로로 추정되는 람세스 2세이다. 이 바로는 이집트 신왕조의 전성기를 구가했다. 현재 이집트에 남아 있는 대부분의 유적이 그와 연관되어 있을 정도이다. 하지만 거기까지였다. 이집트는 람세스 2세 이후 '현대'에 이르기까지 과거의 영광을 한 번도 회복하지 못했다. 이집트의 몰락은 람세스 2세 이후부터이다. 이집트는 이후 한 번도 고대 근동의 유력한 세력으로 부상하지 못했으며 아시리아, 바벨론, 페르시아에게 눌려 지냈다. 결국 그리스에 멸망당하고 이후 역사의 무대에서 거의 존재감을 나타내지 못했다.

이에 반해 평범한 인물도 못 되고 흠결이 많았던 유다는 달랐다. 회개한 유다는 유다 왕조의 조상이 되었다. 그의 이름은 이스라엘 민족과 동의어로 남았다. 현재 중동 최강의 국가인 이스라엘 민족의 이름이며 지명으로도 남아 있다.[100] 유다는 사자의 지파(tribe of lion)이며, 그리스도의 조상이며, 영원한 왕조이다. 이스라엘은 여전히 유다에서 시작된 다윗 왕조의 부활을 꿈꾸며 그리스도는 유다의 왕으로 복귀할 것이다.

누구나 실수를 한다. 개인이나 가정, 사회도 마찬가지다. 중요한 것은 그 이후이다. 성경은 누구든지 잘못을 고백하고(히: 레히트바도트, to confess), 회개하면(히: 슈브, to return) 변화할 수 있다고 말한다. 유다와 마찬가지로 그의 자손 다윗 역시 전혀 의로운 사람이 아니었지만 실수를 인정하고(시 51편), 그것으로부터 배우고, 그것으로부터 성장했다.

회개는 비단 개인의 삶에만 국한된 영역이 아니다. 한 제국 또한 회개를 통해 문명의 붕괴를 막을 수 있다(요나서). 예수님이 유다 지파의 후손으로 오신 이유가 여기 있다. '회개'하는 사람이 가장 위대한 사람임을 보여 주기 위해서가 아닐까.

(리더십 원칙) **리더는 잘못을 인정하고 회개하는 사람이다.**

가장 큰 기적

"예수께서 이 첫 표적을 갈릴리 가나에서 행하여 그의 영광을 나타내시
매 제자들이 그를 믿으니라(요 2:11)."

예수님이 행하신 기적, 혹은 표적[101]은 성경에 기록된 것 말고도 훨씬
더 많다. 요한은 예수님이 행하신 일들이 이 외에도 많아 만일 낱낱이 기
록된다면 이 세상에 기록된 책들을 두기에 부족할 것이라고 말했다(요
21:25). 그렇다면 예수님이 행하신 수많은 기적 가운데 가장 크고 중요한
기적은 무엇일까? 너무 많아 성경에 일부만 기록했다는 점을 감안한다면
요한복음의 첫 기적은 그 중요성이 낮아 보인다. 성경에는 눈먼 자가 눈
을 뜨고, 귀머거리가 청력을 회복하며, 앉은뱅이가 다시 걷게 되는 기적
이 등장한다. 심지어 없던 손마저 다시 자라나거나, 죽은 사람이 다시 살
아나는 기적도 등장한다. 현대인의 관점에서 보아도 불가능해 보이는 이
러한 기적들에 비해 물로 포도주를 만드는 기적은 그 효과나 중요성 면에
서 약해 보인다.

예수님은 당신의 첫 표적으로 물로 포도주를 만드는 사역을 선택했다.[102] 마치 하나님이 창조의 첫 작품으로 '빛이 있으라'고 선언한 것과 비견된다. 왜 예수님은 물로 포도주를 만드는 기적을 첫 표적으로 선택하셨을까? 혹시 이 사건은 예수님이 보여 주신 표적(sign) 가운데 첫 번째일 뿐 아니라 가장 중요한 이적(miracle)은 아닐까? 물로 포도주를 만든 기적과 나머지 기적들의 차이는 무엇일까?

물로 포도주를 만드는 사건은 첫 표적일 뿐 아니라 예수님의 기적 가운데 가장 핵심적이고 영광스러운 기적이다. 이렇게 주장하는 이유는 다른 기적들이 '회복'에 초점을 맞추는 반면 요한복음 2장의 기적은 '창조'에 초점을 맞추고 있기 때문이다. 물론 회복도 중요하지만 '창조'는 회복을 뛰어넘는 새로운 차원, 더 높은 차원의 사건이자 영광임을 알 수 있다.

눈이 보이지 않는 사람이 눈을 떴다. 그는 회복되었다. 이제 정상인이 된 것이다. 귀가 들리지 않는 사람, 일어설 수 없는 사람, 혈루병, 한센병 환자들도 마찬가지다. 불치병에서 기적적으로 회복되었다. 정상인이 된 것이다. 죽었던 소녀나, 나인성 과부의 아들도 마찬가지다. 생명을 다시 받아 '정상'으로 회복되었다. 불가능한 사건이며, 분명 초자연적 능력이 나타났다. 하지만 결과적으로 모두 이전 상태 혹은 정상 상태로의 '회복'이다.

그러나 물이 포도주로 변한 사건은 다르다. 이 기적은 이전 상태로의 회복이 아니다. 물은 그 자체로 정상이다. 그런데 가나의 혼인 잔치에서 물은 전혀 새로운 물질인 '포도주'가 되었다. 물과 포도주는 그 성격이 완전히 다르다. 즉, 예수님은 물을 사용하여 포도주라는 새로운 물질을 '창조'하신 것이다.[103] 그것도 최상급의 포도주가 나왔다. 따라서 이 기적은 본질상 단순히 이전 상태로의 '회복'이 아닌 전혀 새로운 상태로의 '창조'인 것이다.

이 사건은 예수님의 첫 표적이자 최고의 기적이다. 즉, 예수님은 이 사건으로 자신이 창조의 주임을 드러내었다(표적). 예수님은 이 사건으로 자신이 하나님임을 드러내었다(기적). 예수님은 단지 우리를 회복시키는 분이 아니다. 물론 우리는 회복이 필요하다. 동시에 우리는 회복을 뛰어넘은 창조, 그것도 '재창조(recreation)'가 필요하다. 단지 과거의 상태로 돌아가는 것이 전부가 아니다. 우리는 과거에 존재하지 않았던 새로운 선물이 필요하다.

단지 건강의 회복이 전부가 아니다. 우리는 새로운 봄이 필요하다. 이전 상태로의 복귀가 아닌 더 건강하며, 더 젊은 상태가 새로운 창조인 것이다. 주님은 우리의 청춘을 독수리같이 새롭게 하실 것이라고 약속하셨다(시 103:5). 주 안에서 우리의 믿음은 단지 잃어버린 재산을 회복하는 것이 아니다. 주님은 우리의 영혼을 만족하게 할 것이라고 약속하였다

(시 63:5). 잃어버린 재산의 원상회복으로 영혼이 만족될지 생각해 보라. 과거 수준으로의 회복을 넘어 좋은 것으로 우리의 소원을 만족하게 하실 것이라고 약속하셨다(시 103:5).[104]

주님은 사모하는 영혼에게 만족을 주시는 분이다(시 107:9). 이 약속은 회복의 능력을 넘어 새로운 창조의 능력이 나타날 때 가능하다. 따라서 성경은 누구든지 그리스도 안에 있으면 새로운 피조물(new creation)이라고 선언했다(고후 5:17). 주님은 당신의 자녀들에게 과거의 상태로 회복되는 것을 넘어 완전히 새로운 존재(새 것)가 될 것을 약속했다. 우리는 이 약속을 믿어야 한다. 그런데 새로운 피조물(존재)은 새로운 옷이 필요하다.

"새 포도주를 낡은 가죽 부대에 넣는 자가 없나니 만일 그렇게 하면 새 포도주가 부대를 터뜨려 포도주와 부대를 버리게 되리라. 오직 새 포도주는 새 부대에 넣느니라 하시니라(막 2:22)."

새 부대는 새로운 존재의 집이다. 새 포도주는 새 부대에 담겨야 한다. 우리의 믿음은 새 포도주를 담을 수 있어야 한다. 전혀 새로운 종류의 삶이 시작될 것이다. 하나님이 그리스도를 통해 새롭게 창조해 주시기를 믿고 간구하자.

가장 큰 기적

예수님의 첫 표적은 가장 큰 기적이었다. 이 기적을 통해 주님은 당신의 영광을 나타냈다. 아버지 하나님처럼 당신 또한 창조의 주임을 보이셨다. 오늘 주님이 이 영광을 우리에게도 보여 주길 원한다. 우리의 삶을 회복시킬 뿐 아니라 새로운 창조로 바꾸시며 변화시키길 원한다. 물로 포도주를 창조하신 것처럼 이미 우리 주변에 있는 것을 재료로 전혀 새로운 선물을 만드실 것이다. 이것을 기대하고 요청하는 것이 믿음이다.

(리더십 원칙) **리더는 회복을 넘어 창조를 지향한다.**

나사로의 죽음 앞에서

"예수께서 그가 우는 것과 또 함께 온 유대인들이 우는 것을 보시고 심령에 비통히 여기시고 불쌍히 여기사 이르시되 그를 어디 두었느냐 이르되 주여 와서 보옵소서 하니 예수께서 눈물을 흘리시더라(요 11:33-35)."

예수님은 나사로[105]가 병들었다는 소식을 들었지만 일부러 바로 오시지 않고 있던 곳에 계속 머물렀다. 예수님은 다른 계획을 가지고 있었다. 예수님은 나사로를 죽음에서 일으킬 계획이었다.[106] 그렇다면 이 구절에 나타난 예수님의 반응과 태도는 이해하기 힘들다. 이때 예수님은 심령에 '비통히 여겼다(groan)'고 한다. 일찍 왔더라면 나사로가 죽지 않았을 것이라며 원망하는 마리아와 통곡하는 사람들을 보고 심령에 비통히 여겼다. 무엇 때문에 비통함을 느꼈을까? 비통하다는 말은 매우 슬프거나 고통스럽다는 뜻이다. 억울하거나 괴롭다는 말이다.

그런데 원문(헬: 엠브리마오마이)의 뜻은 다소 다르다. 이 말의 본래 의미는 '분노하여 (분기를) 코로 내뿜다(to snort in anger)'이다(G1690). 마치 투우사에게 달려드는, 거친 숨을 내쉬는 투우의 모습을 묘사한다. 그렇다면 예수님은 비통한 모습을 보인 것이 아니라 오히려 분노하신 것이 아닐까. 같은 단어가 사용된 다른 곳을 찾아보자.[107]

> "이 향유를 삼백 데나리온 이상에 팔아 가난한 자들에게 줄 수 있었겠도다 하며 그 여자를 책망하는지라(막 14:5)"

한 여인이 나드향 옥합을 가져와 예수님의 머리에 부었을 때 어떤 사람들은 화를 내고 책망하였다(헬: 엠브리마오마이). 여자의 이상한 행동에 분노한 것이다. 허투루 낭비하지 말았어야 했다는 뜻이다. 이렇듯 '엠브리마오마이'는 비통함과 거리가 멀다. 그렇다면 예수님은 누구에게, 무엇 때문에 분노한 것일까? 마리아와 사람들이 예수님께 책임을 전가하고 울부짖는 모습에 분노했을까?

> "이에 예수께서 다시 속으로 비통히 여기시며(헬: 엠브리마오마이) 무덤에 가시니 무덤이 굴이라 돌로 막았거늘(요 11:38)"

예수님은 또다시 비통히 여기시며(분노하시며) 나사로의 무덤으로 발걸음을 옮겼다. 예수님의 분노는 마리아나 사람들의 믿음 없음과 책임

전가를 향한 것이 아니었다. 마리아와 사람들이 우는 것을 보시고 나사로를 뺏어간 질병과 죽음에 대해 분노하신 것이다. 나사로의 무덤에 가까이 가며 예수님은 분노의 대상을 더 명확히 드러낸다. 예수님은 '죽음(무덤)'을 향해 분노하며 나아갔다. 예수님은 자신이 사랑하는 사람들을 병들게 하고 생명을 빼앗는 죽음을 향해 분노한 것이다. 이것이 예수님의 태도이다. 예수님은 친구의 고통과 질병, 죽음 앞에서 비통하며 무기력하지 않다. 우리의 생명을 일찍 앗아가는 사탄의 쏘는 것에 대해 분노하며 대적하신다. 꾸짖고 내쫓으신다.

> "내 분노의 불이 일어나서 스올의 깊은 곳까지 불사르며…(신 32:22)"

하나님의 분노는 때로 불순종한 백성들을 책망하지만 또한 백성들을 위해 원수를 불사른다. 하나님의 분노는 스올(지옥)의 깊은 곳까지 불사른다.[108] 하나님은 백성들의 원수에게 분노하시며 그 원수에게 보응하시는 분이시다(사 59:18).

> "이 말씀을 하시고 큰 소리로 나사로야 나오라 부르시니(요 11:43)."

예수님이 큰 소리로 나사로를 불렀을 때, 그것은 사탄에 대한 책망과 위협이다. 예수님은 돌을 옮기라고 외쳤다(요 11:39). 예수님은 죽음에 대한 승리를 미리 선포하고 하나님께 감사 기도를 드렸다(요 11:41-42). 예수님은 우리를 위해 죽음에 분노하시고 싸우시는 분이다.

"예수께서 눈물을 흘리시더라(요 11:35)."

그런데 예수님은 왜 눈물을 흘리신 것일까? 곧 나사로에게 명하여 죽음에서 일으키실 것을 아시면서 슬퍼할 이유가 있을까? 오히려 담담하고 담대한 태도가 어울리지 않을까? 주님은 우리를 위한 희망과 미래, 샬롬의 계획을 가지고 있다(렘 29:11). 하지만 동시에 우리가 삶을 사는 동안 슬픔과 고통이 찾아올 것도 아신다. 하나님에게 천 년이 하루 같은 시간이라 할지라도 주님은 짧은 시간이나마 주의 자녀들이 겪는 사망의 그림자 골짜기의 고통과 슬픔을 잘 아신다. 따라서 그 시간 우리와 똑같이 느끼시길 원한다. 우리가 이 시간을 혼자 지내거나 홀로 남겨지길 원치 않는다. 주님은 이 시간 우리와 함께 우신다. 고통을 함께 느끼신다. 주님은 그런 분이다. 오늘 주님은 우리를 위한 구원의 계획을 가지고 계시지만 동시에 이 시간을 우리와 함께 보내길 원하시며, 같이 슬퍼함으로 우리의 고통의 짐을 나누어 지신다.

"예수께서 와서 보시니 나사로가 무덤에 있은 지 이미 나흘이라 (요 11:17)."

죽은 지 4일째는 유대인의 관습에 따르면 사람이 완전히 죽은 시간이다.[109] 4일째가 되면 죽은 자의 영혼이 완전히 육신을 떠났다고 생각했다. 이제 그 사람은 완전히 죽은 것으로 판단되었다. 살아 있는 인간으로의 소망은 끝난 것이다. 하지만 그때 주님은 시작이다. 주님의 능력은 한계가 없다. 주님은 언제라도 생명을 공급하신다. 주님이 우리의 문제와 대적에 분노하여 싸우심을 믿고, 우리의 슬픔 가운데 같이 슬퍼하심을 믿는다면, 우리는 하나님의 영광을 볼 수 있다(요 11:40).

(리더십 원칙) **리더는 분노할 줄 아는 사람이다.**

예복

"임금이 손님들을 보러 들어올새 거기서 예복을 입지 않은 한 사람을 보고 이르되 친구여, 어찌하여 예복을 입지 않고 여기 들어왔느냐 하니, 그가 아무 말도 못 하거늘 임금이 사환들에게 말하되 그 손발을 묶어 바깥 어두운 데에 내던지라. 거기서 슬피 울며 이를 갈게 되리라 하니라. 청함을 받은 자는 많되 택함을 입은 자는 적으니라(마 22:11-14)."

과거나 현대나 옷은 우리가 생각하는 것보다 많은 것을 상징한다. 한때 잘나가던 사람들이 수의를 입고 TV에 등장하는 것을 자주 볼 수 있다. 그 가운데 어떤 이들은 수갑을 감추기 위해 옷소매로 억지로 가리기도 한다. 재판을 받으러 나올 때 사복으로 갈아입기도 한다. 처음 소환될 때는 기자들의 질문에 한두 마디 대답을 하다가도 수의로 갈아입고 수갑을 차게 되면 표정이 변하고 말이 없어진다. 고개를 숙이거나 눈을 마주치려하지 않는다. 우리는 그 이유를 잘 알고 있다. 입고 있는 옷은 그 사람이 지금 어떤 상태인지, 누구인지, 무엇이 문제인지 보여 준다. 그는 죄인이다.

예수님은 천국 비유로 자신의 아들(예수님)을 위해 혼인 잔치를 베푼 임금(하나님)의 이야기를 들려준다. 처음에 초대받은 사람들(유대인들)은 이 초대를 거절하였다. 따라서 초대받지 않았던 사람들을 청하여 데려왔는데 그들의 일부는 정해진 드레스 코드를 지키지 않았다. 왕의 아들 결혼식에 적합한 예복을 입지 않은 것이다. 일반 결혼식이나 어떤 장소에도 지켜야 할 복장에 관한 예의가 있다. 하물며 왕실의 가장 특별한 행사라면 더할 나위 없다. 그 결과는 충분히 예상할 수 있다. 왕은 그 사람을 바로 내쫓았다.

그렇다면 왕은 하객들이 이 결혼식에 어떤 예복을 갖추기 원하셨을까. 이 결혼식에 입어야 할 드레스 코드는 무엇일까? 아쉽게도 예수님의 비유는 이 부분을 말해 주지 않는다. 하지만 다른 곳에서 이 예복에 대한 힌트를 얻을 수 있다.

"군인들이 예수를 십자가에 못 박은 뒤에, 그의 옷을 가져다가 네 몫으로 나누어서, 한 사람이 한 몫씩 차지하였다. 그리고 속옷은 이음새 없이 위로부터 아래까지 통째로 짠 것이므로, '이것은 찢지 말고, 누구의 것이 될지 제비를 뽑자' 하고 그들이 서로 말하였다. 이는 '그들이 내 겉옷을 서로 나누어 가지고, 내 속옷(tunic)을 놓고서는 제비를 뽑았다' 하는 성경 말씀이 이루어지게 하려는 것이었다. 군인들은 이런 일을 하였다(요 19:23-24)."

십자가에서 우리는 예수님이 입었던 한 옷에 대한 정보를 얻을 수 있다. 예수님은 당시 두 가지 옷을 입고 있었다. 겉옷은 군인들이 네 몫으로 나누어 가졌다. 그리고 이어서 속옷에 대한 이야기가 이어진다. 속옷이라고 번역했지만 사실 '튜닉(헬: 키톤)'이라고 불리는 옷이다. 이 옷은 이음새가 없이 통으로 짠 것이다. 따라서 군인들은 찢어 나누지 않고 제비를 뽑았고 한 사람이 차지하였다. 예수님은 이 옷을 십자가에 매달리기 전 빼앗긴 것이다. 그런데 성경을 보면 옷을 성품에 비유한 곳이 많다.

"젊은이 여러분, 이와 같이 여러분도 장로들에게 순종하십시오. 모두가 서로서로 겸손의 옷을 입으십시오. 하나님께서는 교만한 자를 물리치시고, 겸손한 사람에게 은혜를 주십니다(벧전 5:5)."[110]

"저주하기를 옷 입듯 하였으니, 그 저주가 물처럼 그의 뱃속까지 스며들고, 기름처럼 그 뱃속에까지 배어들게 하십시오. 그 저주가 그에게는 언제나, 입은 옷과 같고, 항상 띠는 띠와 같게 하십시오(시 109:18-19)."

겸손한 성품은 그가 입은 옷과 같다. 또한 욕하고 저주하는 사람들 역시 매일 입는 옷처럼 본성을 숨길 수 없다. 따라서 예수님이 빼앗긴 그 의복(tunic)은 그분의 완전한 성품, 완전무결한 상태를 의미한다고 말할 수 있다. 이음새가 없이 통으로 짰다는 것은 그분의 완전한, 죄 없는 본성을 의미한다.

그런데 예수님은 그 옷을 빼앗기고 다른 의복으로 갈아입었다. 사실 갈아입을 옷이 없었다. 그가 대신 입은 것은 수치였다. 십자가에 매달릴 때 사실상 벌거벗은 것이다. 예수님은 자신이 못 박힐 십자가를 지고 예루살렘 거리로 끌려다니다가 이제 걸치고 있던 옷마저 빼앗겼다. 어머니와 사랑하던 자들 앞에서 벌거숭이가 된 것이다. 최악은 그가 죄인이 되어 죄인의 옷, 즉 수치와 치욕을 입고 있는 것이다.

> "그는 우리 죄를 그의 몸에 몸소 지시고, 나무에 달리셨습니다. 그
> 것은 우리가 죄에는 죽고, 의에는 살게 하시려는 것입니다. 그가
> 매를 맞아 상함으로, 여러분이 나음을 얻었습니다(벧전 2:24)."

예수님이 우리를 대신하여 죄를 지고, 모든 수치와 부끄러움의 옷을 입으셨다. 그리고 대신에 그분의 완전한 예복을 우리에게 내어 주셨다. 우리가 하나님의 잔치에 입고 가도록 내어 준 것이다. 이 예복이 바로 우리가 입어야 하는 옷이다. 예수님이 십자가에 매달림으로써 우리에게 주어진 통으로 짠, 이음새 없는 완전한 옷을 받아서 왕의 잔치에 나아가야 한다. 이 예복을 입지 않으면 우리는 절대 잔치에 갈 수도, 끝까지 참여할 수도 없다. 예수님이 죄인의 옷인 수치와 모욕을 입고 십자가에 매달림

으로 자신이 입었던 영광의 예복을 우리에게 주셨다. 우리는 이 예복을 입고 하늘나라의 잔치에 가야 한다.

잔치에 적합한 유일한 예복은 예수님이 십자가에서 빼앗기신 바로 그 예복이다. 예수님이 주신 이음새 없이 완전한 의복, 의로움과 성결, 구원, 지혜의 의복을 입고(고전 1:30) 하늘잔치에 참여해야 한다. 이 예복은 십자가에서 예수님이 주신 것이다. 우리는 이제 담대하게 하나님 아버지가 베푼 잔치에 나아갈 수 있다.

"누구든지 그리스도와 연합하여 세례를 받은 사람은, 그리스도로 옷을 입은 사람입니다(갈 3:27)."

리더십 원칙) **리더는 수치를 입고 영광을 추종자에게 입힌다.**

오천 명을 먹인 장소

"예수께서 대답하여 이르시되 열 사람이 다 깨끗함을 받지 아니하였느냐. 그 아홉은 어디 있느냐? 이 이방인 외에는 하나님께 영광을 돌리러 돌아온 자가 없느냐 하시고, 그에게 이르시되 일어나 가라. 네 믿음이 너를 구원하였느니라 하시더라(눅 17:17-19)."

감사하는 마음은 하나님을 찬양한다. 그 이유는 은혜를 주시는 분이 오직 하나님 아버지임을 잊지 않기 때문이다. 사실 신약에서 은혜(헬: 카리스)와 감사(헬: 유카리스테오)는 같은 어원을 가지고 있다. 헬라어의 감사는 은혜가 좋다는 뜻이다. 그런데 안타깝게도 모든 사람이 은혜를 좋다고 인정하거나 받아들이지 않는다. 오히려 우리의 본성은 은혜와 생명의 근원인 하나님을 쉽게 인정하지 못한다. 본문의 사건에 우리 본래의 모습이 잘 나와 있다.

예수님이 길을 가시다가 10명의 나병환자를 만났다.[111] 그리고 이들의 간절한 요청에 응답하시고 모두 치유하셨다. 그리고 이들에게 제사장에게 가서 확인을 받으라고 명하셨다. 나병 같은 병은 단지 나았다고 끝난 것이 아니다. 율법에 의하면 이 병은 반드시 제사장의 확인을 받고 취해야 하는 후속 조치가 있었다. 이들은 예수님의 말씀을 듣고 제사장에게 가던 도중 모두 치유를 받았다(14절). 그렇다면 이들은 누가 자신들을 치료했는지 알았을 것이다. 그렇다면 예수님께 돌아와 감사를 드린 다음 제사장에게 갔어야 했다. 하지만 실제로 감사를 드리러 돌아온 사람은 오직 한 사람밖에 없었다. 그것도 이 사람은 이방인 취급을 받던 사마리아인이었다. 그래서 예수님은 물으셨다.

"예수께서 대답하여 이르시되 열 사람이 다 깨끗함을 받지 아니하였느냐. 그 아홉은 어디 있느냐(17:17)."

즉, 90%의 사람들은 감사함을 잊은 것이다. 그런데 실제 이 모습이 우리의 현실이다. 감사는 자연스러운 것이 아니다. 많은 사람들이 은혜와 축복을 구하러 하나님께 나아간다. 하지만 은혜와 축복을 받은 후에는 자기 길을 가 버린다. 하나님보다는 축복을 구한 것이다. 이 모습은 예수님을 실망시킨다. 우리는 믿음에 의해 은혜를 받았다. 동시에 우리는 은혜를 베푸시는 주님과 하나님께 영광과 감사를 돌리는 것을 잊지 말아야 한다. 믿음의 조상들은 하나님께 감사하고 영광을 돌리는 것을 잊지 않았다.

"여호와께서 아브람에게 나타나 이르시되 내가 이 땅을 네 자손
에게 주리라 하신지라 자기에게 나타나신 여호와께 그가 그곳에
서 제단을 쌓고(창 12:7)"

아브라함은 하나님의 말씀을 들은 곳에 제단을 쌓아 감사의 제사를 드
렸다.

"예수께서 떡을 가져 축사하신 후에 앉아 있는 자들에게 나눠 주
시고 물고기도 그렇게 그들의 원대로 주시니라(요 6:11)."

예수님이 물고기 두 마리와 빵 다섯 개로 오천 명을 먹이신 장소는 어
디일까? 복음서의 제자들은 분명 그곳의 이름과 위치를 알고 있었음에도
불구하고 그곳을 '주께서 감사를 드리고 빵을 먹이신 곳'으로 표현하고 있
다(요 6:23). 제자들의 기억에도 무리를 앞에 두고 어린이가 가져온 도시
락에 감사 기도를 드린 모습이 선명했던 것 같다. 오천 명, 오병이어 등
기적의 규모보다는 예수님이 그 상황에서 드린 '감사 기도'가 제자들의 기
억에 가장 인상 깊었던 것이다. 이것이 제자들이 기억하는 예수님의 모
습이었다.

믿음의 조상들은 단지 눈에 보이는 선물과 기적만을 보고 감사한 것이
아니다. 아브라함은 단지 주님의 말씀만 듣고도 감사했고 제단을 쌓았

다. 오늘 우리들의 태도는 어떠한가? 매일 성경책을 펴서 하나님의 말씀을 접할 수 있다는 것이 얼마나 큰 선물과 감사의 제목인가? 예수님은 오천 명을 먹여야 하는 필요 앞에서 물고기 두 마리와 빵 다섯 개만으로 감사하셨다. 축복 자체보다 축복의 근원인 하나님을 기억하고 감사하며 동행하는 것에 더 의미를 두었다. 우리 중 일부는 '만일 내가 충분한 축복을 받으면 감사할 것이다'고 주장할지 모르겠다. 하지만 자기 길을 가 버린 9명의 나병환자들을 상기하고 다음과 같은 말씀이 있음을 기억하자.

> "네가 먹어서 배부르고 아름다운 집을 짓고 거주하게 되며, 또 네 소와 양이 번성하며 네 은금이 증식되며 네 소유가 다 풍부하게 될 때에, 네 마음이 교만하여 네 하나님 여호와를 잊어버릴까 염려하노라 … 네가 마음에 이르기를 내 능력과 내 손의 힘으로 내가 이 재물을 얻었다 말할 것이라(신 8:12-17)."

우리는 기도가 응답받고 약속이 이루어졌을 때 감사하기가 더 힘들고 교만해지기 쉽다는 경고를 잊어서는 안 된다. 감사는 신비롭다. 감사는 더 놀라운 세계로 우리를 인도한다.

> "그에게 이르시되 일어나 가라. 네 믿음이 너를 구원하였느니라 하시더라(눅 17:19)."

감사를 드리러 돌아온 사마리아인에게 주님은 더 큰 은혜와 축복을 베푸셨다. 바로 '구원(헬: 소조)'을 선포하신 것이다. 이 사마리아인은 단지 감사하러 왔을 뿐이었지만 주님은 그 태도를 '믿음'으로 인정하시고 '구원'까지 선물하신 것이다. 나머지 9명은 단지 병이 나았을 따름이지만 이 사마리아인은 영혼까지 구원받은 것이다. 구원은 단지 영혼의 구원만을 의미하지 않는다. 완전한 상태의 회복을 의미하는 경우가 있다(막 5:34). 따라서 예상하건대 나병으로 상실된 손마디나 발가락, 그리고 흉측해진 외모까지도 회복되었을 것이다(made whole). 이 사마리아인은 단지 병이 낫기를 구했지만, 기대하거나 구한 것보다 더 많은 선물을 받은 것이다.

(리더십 원칙) **리더는 감사하는 사람이다.**

비극의 치유

"이 사람이 불의의 삯으로 밭을 사고 후에 몸이 곤두박질하여 배가 터
져 창자가 다 흘러나온지라. 이 일이 예루살렘에 사는 모든 사람에게
알리어져 그들의 말로는 그 밭을 아겔다마라 하니 이는 피밭이라는 뜻
이라(행 1:18-19)."

사도행전은 가룟 유다의 죽음에 대해 복음서보다 상세한 내용을 보여
준다. 가룟 유다는 비참하고 어이없는 죽음을 맞았다. 주님과 함께 이스
라엘의 한 지파를 다스릴 운명이었던 유다는 스스로 생명을 끊었다.

"유다가 은을 성소에 던져 넣고 물러가서 스스로 목매어 죽은지
라(마 27:5)."

마태복음은 단지 그가 목을 매 자살한 것으로 언급하지만 사도행전은
그 후 그가 곤두박질하여 배가 터져 창자가 다 흘러나왔다고 보도하고 있

다. 안타까운 비극이 아닐 수 없다. 하지만 이 참담한 비극에는 앞으로 다가올 희망과 승리, 그리고 치유의 소식이 숨어 있다.

유다라는 이름은 '하나님을 찬양하다'는 뜻이다(창 29:35). 원래 12지파 가운데 하나였지만 포로기 이후 이스라엘 전체를 지칭하는 이름이 되었다. 유대인(Jew)이라는 이름도 유다에서 유래했을 정도이다.[112] 예수님이 오셨을 때 이스라엘 땅은 유다(유대) 땅이라고 불렀다. 유다는 또한 왕의 지파이다. 다윗이 유다 자손이었고 예수님조차 유다 지파였다. 이렇듯 자랑스러운 이름을 가지고, 예수님과 같은 지파에 속했던 가룟 유다[113]는 실패했다. 그리고 스스로 목숨을 끊었다. 나무에서 떨어지면서 창자가 쏟아지는 끔찍한 장면까지 연출했다. 하지만 여기에도 복음이 있다.

하나님은 유다(이스라엘)의 실패와 비극을 승리로 바꾸고 그 상처를 치유하셨다. 그것은 다름 아닌 곧 이어질 성령의 강림을 통해서이다. 유다는 땅에 떨어지면서 배가 터지고, 창자가 흘러나왔다(burst, pour out). 여기서 '흘러나오다'는 헬라어 '에크케오(εκχεω)'의 번역이다. 그런데 이 단어는 또한 오순절 성령의 강림에도 등장한다.

"하나님이 말씀하시기를 말세에 내가 내 영을 모든 육체에 부어 주리니(εκχεω) 너희의 자녀들은 예언할 것이요 너희의 젊은이들은 환상을 보고 너희의 늙은이들은 꿈을 꾸리라. 그때에 내가 내

영을 내 남종과 여종들에게 부어 주리니(εκχεω) 그들이 예언할
것이요(행 2:17-18)"

오순절 성령 강림 시 베드로는 요엘서의 예언을 인용하며 예수님이 약
속하신 성령의 강림을 증명했다(욜 2:28-29). 이때 베드로는 성령이 모든
사람에게 부어질 것이라고 말했다. 이때 성령의 부어짐, 강림에 사용된
말이 바로 '에크케오(εκχεω)'이다. 유다의 창자가 쏟아질 때 사용된 단어
와 같다. 즉 성령이 믿는 자들에게 쏟아지듯 부어질 것이다.

베드로가 인용한 요엘서는 물론 구약성서에 포함되어 있다. 따라서 헬
라어가 아닌 히브리어로 쓰여 있다. 그렇다면 '붓다', '쏟다'라는 뜻의 '에
크케오'는 히브리어의 어떤 단어의 번역일까? 요엘서로 가 보면 '샤파흐
(sh-p-ch)'라는 동사가 사용된 것을 알 수 있다. 의미는 거의 유사하다. 그
런데 이 단어는 예수 그리스도의 십자가의 사역을 함축하고 있다. '샤파
흐'가 성경에서 제일 먼저 등장한 곳은 다음과 같다.

"다른 사람의 피를 흘리면(히: 샤파흐, shed, pour out) 그 사람의
피도 흘릴 것이니 이는 하나님이 자기 형상대로 사람을 지으셨
음이니라(창 9:6)."

홍수 이후, 하나님이 노아와 언약을 맺으면서 이 단어가 등장한다. 피

를 흘린다는 뜻이다. 생명은 생명으로 바꾼다. 하나님은 후에 성령의 강림을 이처럼 피 흘림으로 표현하셨다. 성령의 강림(히: 샤파흐)이 그리스도의 피 흘림(히: 샤파흐)으로 가능했음을 보여 주시는 것이다. 성령이 그리스도의 피 흘림을 통해 믿는 모든 사람에게 쏟아지게 된 것이다. 유다는 이 은혜를 받아들이지 못하고 창자를 '흘렸지만' 이 비극을 주님은 성령의 '흘림'을 통해 능력과 은혜로 바꾸신 것이다. 이것이 비극을 승리와 회복으로 바꾸시는 우리 주님의 능력이다. 예수님은 유다의 비극적 죽음을 성령의 강림으로 바꾸어 위로하시고 승리를 주신 것이다.

(리더십 원칙) **리더는 실패를 승리로 전환한다.**

최종 목적

> "헤롯 왕 때에 예수께서 유대 베들레헴에서 나시매 동방으로부터 박사
> 들이 예루살렘에 이르러 말하되, 유대인의 왕으로 나신 이가 어디 계시
> 냐. 우리가 동방에서 그의 별을 보고 그에게 경배하러 왔노라 하니, 헤
> 롯 왕과 온 예루살렘이 듣고 소동한지라(마 2:1-3)."

위 본문이 일어난 시기는, 즉 예수님이 탄생한 시기는 소위 '헤롯대왕'이
라고 불리는 인물(2:1)의 마지막 통치 시기와 겹친다. 당시 그는 병들어 죽
어가고 있었는데 임질 및 한 가지 이상의 암, 그리고 병적인 신경쇠약을 앓
고 있던 것으로 알려져 있다. 그는 당시 이미 약 40년 동안 권좌에 앉아 있
었다. 당시 유대는 로마 치하였다. 헤롯은 유대의 왕(분봉왕)이었지만 사실
유대인이 아니었다. 이두매(에돔) 출신이었다. 하지만 당시 로마의 실력자
였던 '안토니'의 후원으로 유대의 왕위에 올라설 수 있었다. 후에 안토니가
아우구스투스(눅 2:1)와의 권력 다툼으로 죽은 뒤에도 헤롯은 동물적인 권
모술수로 아우구스투스의 신임을 받아 계속 유대를 다스릴 수 있었다.

정치적 이유로 헤롯을 계속 신임하기로 했지만 아우구스투스는 헤롯을 경멸했다. 아우구스투스의 명언 가운데 가장 유명한 말은 바로 '헤롯의 아들이 되기보다는 차라리 그의 돼지가 되겠다'이다. 이렇게 말한 이유는 헤롯 통치의 잔혹성 때문이다. 헤롯은 자신이 유대인이 아니고 정통성이 없다는 것을 잘 알고 있었다. 따라서 끊임없이 권력에 집착했다. 유대인의 환심을 사고자 유대인인 '마리암네'라는 여자를 부인으로 받아들였다. 하지만 자신의 왕위를 넘본다는 이유를 들어 마리암네와 그와의 사이에서 난 자신의 아들 3명을 함께 처형해 버렸다(장모도 함께 처형했다). 그는 자신의 왕위에 위협이 된다고 판단되면 가차 없이 가족을 포함해 누구든지 처형해 버렸다. 현대 학자들조차 아직까지 얼마나 많은 사람들이 헤롯에 의해 죽었는지 정확히 파악하기 힘들 정도이다.

예수님이 나시던 해 헤롯은 베들레헴에서 2살 미만의 유아들을 살해하였다. 이와 더불어 헤롯은 자신의 죽음이 가까이 왔다는 사실을 직감하고 당시 유대에서 존경받던 유대 지도자들을 여리고에 있는 로마 경기장에 수감해 놓고 있었다. 그리고 자신이 죽으면 동시에 그들을 처형하라고 유언을 남겨 놓았다. 자신의 사망일에 온 유대가 함께 슬픔에 잠기도록 하기 위함이었다. 유대인들이 자신의 기일이 되면 어쨌든 슬퍼할 것이라고 생각한 것이다.

하나님이 예수님을 이 땅에 보내신 때는 바로 이처럼 유대인들에게 있어 가장 어두운 시기였다. 로마의 식민지 지배뿐 아니라 헤롯의 40년 통치는 유대인들의 마음에 있던 일말의 희망마저도 모두 짓밟아 버린 암흑의 시기였다. 헤롯은 죽어가는 순간까지도 그 잔인함과 피의 발광을 멈추지 않았다.

그때 나타난 사람들 가운데 동방의 박사들로 불리는 인물들이 있다. 이들은 헬라어 원문에 '마기(magi)'[114]라고 불렸다. 페르시아 다리우스(다리오) 왕(학 1:1)의 '베히스툰 비문'을 통해 우리는 이들의 출신지와 직업을 추정할 수 있다. 이들은 페르시아 시대(기원전 6-5세기)의 지배 엘리트로서 주로 천문학 등 당시 최고의 지식과 지혜를 연구하던 집단이었다. 이들은 또한 학문의 영역을 넘어 강력한 정치세력을 형성하기도 했는데 한때 다니엘도 이들 집단에 속했다(단 2:48; 5:11). 이들은 로마시대까지 그 전승을 유지하고 있었다. 이들은 바벨론 포로기 시절 유대인들이 가져온 성경(구약성서)을 접하고 별도의 연구를 통해 '유대인의 왕(메시아)'에 대한 정보를 입수하게 되었을 것이다. 동시에 다니엘과 같은 인물들과의 교류를 통해 관련 지식을 습득했을 것이다.

> "내가 그를 보아도 이때의 일이 아니며 내가 그를 바라보아도 가까운 일이 아니로다. 한 별이 야곱에게서 나오며 한 규가 이스라엘에게서 일어나서 모압을 이쪽에서 저쪽까지 쳐서 무찌르고 또 셋의 자식들을 다 멸하리로다(민 24:17)."

만일 이들이 순수하게 성서 연구를 통해 메시아의 출현을 알고 있었다면 민수기의 발람 예언을 통해서 이 정보를 입수했을 가능성이 크다. 하나님은 예수님이 탄생하기 2년 전에 한 별을 페르시아에서 관찰할 수 있도록 하셨다. 이것이 바로 헤롯이 2세 이하의 아이들을 살해한 이유와 관련 있다. 이 시간은 페르시아(이란)에서 유대까지의 이동 시간과 일치한다. 왜 이들은 페르시아에서 이곳까지 힘든 여행을 감행했던 것일까? 그 이유는 그들이 여정의 목적을 달성하고 보여 주었던 행동에서 찾을 수 있다.

> "유대인의 왕으로 나신 이가 어디 계시냐. 우리가 동방에서 그의 별을 보고 그에게 경배하러 왔노라 하니 … 집에 들어가 아기와 그의 어머니 마리아가 함께 있는 것을 보고 엎드려 아기께 경배하고 보배합을 열어 황금과 유향과 몰약을 예물로 드리니라(마 2:2, 11)."

이들은 두 번에 걸쳐 자신들의 목적을 밝힌다. 경배하고 예물을 드리기 원한다는 것이다. 세상의 모든 지식과 지혜를 다 수집하고 섭렵한 이들의 최종 목적은 바로 유대인의 왕, 아니 인류의 구주에게 경배하는 것이었다. 오늘 우리가 예배를 드리는 이유 중의 하나이다. 이들이 다시 고향으로 돌아간 이유는 자신들이 추구했던 모든 지식과 지혜의 최종 목적을 달성했기 때문이다.

유대인들에게 있어 가장 어두운 시기, 암흑의 시기가 있다면, 눈을 감았을 때 아침이 오지 않기를 원했던 시기가 있다면 바로 이 시간이었다. 그래서 예수님이 오셨을 때 양 떼를 지켜야 했던 일부 목자들 외에는 모두 잠들어 있었다. 슬픔과 고통 가운데 눈을 뜨려 하지 않았다. 우리 하나님은 바로 그때, 우리 주님을 보내셨다. 주님은 빛으로 오셨다(요 8:12). 칠흑같이 어두웠기에 별빛을 비춰 주셨다. 어두움이 깊어질수록 별은 빛나는 법이다. 그리고 새벽이 찾아온다.

우리의 삶이 가장 어두운 순간에 주님은 찾아오신다. 1세기 때 목자들은 아기 예수를 보고 세상 속으로 다시 돌아가야 했다. 하지만 지금은 다르다. 우리 가운데 비추는 주님의 빛은 부활의 빛이다. 어둠을 이기고 하나님 우편에 안식하고 앉아 계신, 다시 오실 그리스도의 빛이다. 크리스마스의 화려함에 동참할 수 없는 모든 영혼들에게, 사망의 음침한 골짜기를 걷고 있는 당신의 자녀들에게 주님은 빛으로 오신다. 이 빛에 기꺼이 경배한다면, 이 빛은 외로운 영혼에게 임마누엘이 되어 주신다. 갈증과 목마름에 지친 영혼이 있다면 주님은 생수가 되어 주신다. 1세기에는 동방박사가 찾아갔지만 이제는 우리 주님이 직접 찾아가신다(계 3:20). 일어나 문을 열고 경배하며 그분의 빛을 받아야 한다.

(리더십 원칙) **리더는 최종 목적을 향해 나아간다.**

미주

1   물론 내가 내세운 명제가 틀린 것은 아니었다. 유대인들은 '메시아'가 유다 지파의 자손인 동시에 요셉 지파의 자손이라고 주장했다. 유다 지파의 자손이라는 점은 그가 '왕'임을 드러낸다. 동시에 그가 요셉 지파의 자손이라는 주장은 요셉처럼 많은 고난을 겪을 것임을 암시한다. 요셉이 겪은 고난의 핵심은 형제들로부터 배신을 당했다는 것이다. 예수 역시 같은 동족이자 형제들인 유대인들에 의해 십자가에 처형되었다. 요셉의 형제들은 나중에 요셉의 정체를 알고 요셉과 화해하였다. 예수 역시 동일한 과정을 겪을 것이다. 유대인들은 자신들이 거부한 예수가 바로 자신들이 오랫동안 기다려 온 메시아라는 사실을 알고 모두 구원을 얻게 될 것이다(롬 11장).

2   복음서 내부에서 '헤롯의 잔치'와 '오천 명을 먹인 예수의 잔치'를 대조적으로 비교(Synkrisis)하려는 시도는 있었다. 예를 들어, Robyn J. Whitaker, "The Tale of Two Feasts: The Use of Synkrisis in Matthew 14:1-21," *ABR* 69(2021): 1-14. 하지만 본 소고는 헤롯의 잔치와 오병이어의 잔치 모두를 베냐민 지파의 학살 사건과 대조적으로 비교하려고 한다.

3   아이성 정복 사건이 사사기의 베냐민 지파 내전의 모티브가 되었다는 주장에 대해서는 Nadav Na'aman, "The Battle of Gibeah Reconsidered(Judges 20:29-48)," *VT* 68(2018): 102-110, 특히 109를 참조하라.

4   이 여인 외에도 비극적 죽음을 맞이한 여인들이 구약에 등장한다. 입다의 딸 및 비느하스에게 살해당한 고스비이다. 이 여인들의 죽음이 고대 가나안에 있었던 '유아 제사(infant sacrifices)'와 더불어 '여인 제사(women sacrifices)'였을 가능성에 대한 주장에 대해서는 Lauren Monroe, "Disembodied Women: Sacrificial Language and the Deaths of Bat-Jephthah, Cozby and the Bethlehemite Concubine," *CBQ* 75(2013): 32-52를 참조하라. 위 기사들에

는 제사장의 용어가 등장하는데 공교롭게도 이어지는 주요 사건에도 한 인물이 등장한다. 바로 제사장 '비느하스'이다. 비느하스는 민수기 22-36장, 여호수아 22-23장, 사사기 17-22장(이전과는 다른 비느하스일 수 있다)의 주요 인물이다. Barbara Organ, "Pursuing Phinehas: A Synchronic Reading," *CBQ* 63(2001): 203-218.

5   예수가 세례 요한이 부활한 것이라는 헤롯의 주장(막 6:14)에 대해서는 Nathanael Vette & Will Robinson, "Was John the Baptist Raised from the Dead? The Origins of Mark 6:14-29," *BibAn* 9/2(2019): 335-354를 참조하라. 이 주장은 초기 유대 기독공동체 내부의 신앙에 근거했을 가능성이 높다.

6   정신적으로 피폐한 엘리야나 요나에 대해서도 마찬가지다. 하나님은 일단 이들의 허기를 채우고 휴식을 공급하셨다(왕상 19:6; 욘 4:6). 밤새 고기를 잡느라 고생한 제자들에게 예수님은 직접 고기를 구워 주셨다(요 21:13).

7   예수님은 세례 요한이 처형되었다는 소식을 듣고 외딴 곳으로 물러났다. 내전 당시 베냐민 패잔병들이 도망간 장소는 '광야 쪽 림몬 바위'였다(삿 20:45). 이곳은 '아이성'으로 추정되는 곳이다. 따라서 오천 명을 먹였다는 사실은 광야에서 쓰러진 베냐민 용사 오천 명을 강하게 상기시킨다. 성경이 굳이 여자와 어린아이를 제외하고 '남자'만 오천 명임을 강조하는 이유가 여기 있다. 림몬 바위(아이성)가 있는 광야는 예수님이 이날 백성들과 함께 있었던 외딴 장소이며, 예수님이 배불리 먹인 오천 명은 칼날에 희생된 또 다른 오천 명을 암시하고 있다. 림몬 광야에서는 오천 명이 살육을 당하였지만 갈릴리 주변 외딴 곳에서는 오천 명이 치유되었고, 배불리 먹었다. 림몬 광야에서는 이스라엘 지파 하나가 사라질 위기를 겪었지만, 갈릴리의 광야에서는 12지파 모두가 온전하였다.

8   오순절 이후 베드로와 요한이 체포되기 전 부활의 복음을 듣고 믿은 사람들이 남자만 오천 명이었다(행 4:4).

9   2023년 '에델만 트러스트 바로미터(Edelman Trust Barometer)'가 조사한 양극화(polarization) 위험도에 따르면 한국은 '위험국(at risk)' 가운데 브라질 바로 다음에 위치할 정도로 양극화의 위기에 노출되어 있다. 세계에서 양극화의 위기가 가장 높은 나라는 아르헨티나이며 '심각한 위험국(severely polarized)군'

에는 아르헨티나와 더불어 콜롬비아, 미국, 남아프리카, 스페인, 스웨덴 등 6개 국이 포함되어 있다. 우리나라는 브라질, 멕시코, 프랑스, 영국, 일본, 네덜란 드, 독일, 이탈리아와 함께 위험국군에 포함되어 있는데 우리나라는 브라질 바로 다음으로 사실상 세계에서 양극화 위험이 여덟 번째로 높은 나라에 해당한 다. *https://www.edelman.com/*

10 Robert Alter, *The Art of Biblical Narrative* (NY: Basic Books, 2011), pp. 95-96.

11 이하나, "하나님의 죽음 위협에 대한 서사비평적 연구: 출애굽기 '피 남편'과 민수 기 '발람과 나귀' 본문을 중심으로," 『구약논단』 28 (1, 2022): 124-155. 이하나는 이러한 하나님의 위협을 '교육과정'으로 이해한다. 필자의 주장과 비교해 보라.

12 신우철, 『성서와 문명』 (서울: 좋은땅, 2021), pp. 116-121을 참조하라.

13 하갈의 한탄은 이스마엘이 죽은 것이나 다름없다고 생각했을 수 있고, 혹은 하 나님의 개입을 요청하는 기도일 수도 있다. J. Gerald Janzen and John Nobel, "Did Hagar Give Ishmael Up For Dead? Gen. 21.14-21 Re-Visited," *JSOT* 44(2020): 517-531.

14 이스마엘이 '사람 중에 들나귀(Onager)'가 될 것이라는 말씀을 창세기 21장 사 건과 관련지어, 이스마엘과 하갈이 사회적 소외자, 피억압자가 될 것임을 암시 한다는 주장이 있는데, 이는 들나귀의 가치를 잘못 이해한 것이다. 오히려 창 세기 16장 12절은 이스마엘이 강성해질 것임을 의미한다. 들나귀는 가축화된 나귀에 비해 귀한 존재였다. Ekaterina Kozlova, "An Onager Man(Gen 16:12a) as a Metaphor of Social Oppression," *VT* 67(2017): 16-41.

15 하갈은 하나님이 단독으로 나타난 최초의 여성이다. 하갈은 하나님의 '이름' 을 지어 주었다. 하갈은 광야에서 구원을 받았고, 그가 발견한 우물은 세례를 의미한다. 기독교인들은 하갈을 재발견해야 한다. Andrea Saner, "Of Bottles and Wells: Hagar's Christian Legacy," *Journal of Theological Interpretation* 11(2017): 199-215.

16 이렇듯 논리적 설명이 힘든 율법의 규정을 '율례(히: 후카)'라 부른다. 율례에 대한 자세한 논의는 신우철, 『성서와 문명』 (서울: 좋은땅, 2021), pp. 45-49를 참조하라. 여기에서 붉은 암소 율례에 관한 자세한 논의를 찾아볼 수 있다.

17 아사셀 염소에 관한 논의는 신우철, 『구약에 나타난 그리스도』 (서울: 좋은땅, 2020), pp. 53-57에 자세히 논의했다.

18 신우철, 『성서와 문명』 (서울: 좋은땅, 2021), pp. 14-19.

19 시편 91편의 '삶의 자리(Sitz im Leben)'가 귀신을 쫓는 것이라는 최근의 연구는 Gerrit Vreugdenhil, *Psalm 91 and Demonic Menace* (*OTS* 77; Leiden: Brill, 2020)을 참조하라. 위 저자에 의하면 이 시편은 후에 종교적 부적(amulet)에도 인용되었고, 주술적 목적의 그릇에도 언급되었다. 탈무드에서도 이에 대한 논의가 존재한다.

20 이처럼 창세기의 결혼 관계는 이상적인 '부부 관계'에 초점이 맞춰져 있다. 이에 비해 고대 근동의 설화, 예를 들어 '아트라하시스'의 결혼 관계는 오직 노동력 제공을 위한 인구 증가에 집중하고 있다. Bernard Batto, "The Institution of Marriage in Genesis 2 and in Atrahasis," *CBQ* 62(2000): 621-631.

21 『구약에 나타난 그리스도』 (서울: 좋은땅, 2020), pp. 58-62의 '듣기와 보기'를 참조하라.

22 성경은 들릴라가 이방 블레셋 여인이었다는 사실을 굳이 강조하지 않는다. 단순히 소렉 골짜기에 살았던 여인이라고만 소개하고 있다(삿 16:4). 이는 삼손이 '이방 여인'과 사랑에 빠졌다는 것보다는 이방 여인이든 이스라엘 여인이든 그 관계 때문에 여호와와의 관계가 깨졌음을 강조한다. 삼손은 시각적 부분의 약점을 보완하고 경계하지 않아 하나님과 멀어지게 되었다. 장석정, "들릴라 다시 보기-사사기 16장을 중심으로," 『신학사상』 195(2021): 11-36.

23 이 부분은 사실 매우 특이한 현상이다. 기름 부음(anointing) 의례는 길가메시 설화의 엔키두(Enkidu), 아마르나 서신, 에마르 문서의 여사제(NIN.DINGIR) 제의 등, 고대 근동 초기부터 광범위하게 찾아볼 수 있으나 아론의 아들들처럼 기름과 피를 동시에 바르는 경우는 아직까지 발견되지 않았다. Daniel Fleming, "The Biblical Tradition of Anointing Priests," *JBL* 117(1998): 401-414. 특히 p. 410.

24 김민정, "광야의 미리암(민 12:1-15) 재해석," 『구약논단』 73(2019): 182-216. "미리암 지우기와 해방 전승 억압의 과정에도 불구하고 예언서에서 가서 그

녀가 다시금 출애굽의 지도자로 부상하는 본문을 만나게 된다(미 6:4)." *Ibid*. 206. 김민정은 미리암에 대한 억압전승이 사실상 미리암의 위대함을 드러내는 신호라는 점을 인식했더라면 더 좋았겠다.

25 미리암에게는 자손이 있었을까? 미드라쉬(Midrash)에 의하면 미리암의 남편이 갈렙(Caleb)이다. 이 갈렙을 통해 낳은 아들들이 다윗의 조상이 되었다. 미리암이 신약에서 예수의 어머니로 등장하는 것은 우연이 아니다. Moshe Reiss, "Miriam Rediscovered," *JBQ* 38(2010): 183-190. 특히 p. 189.

26 이처럼 스올에 대한 중립적 인식은 비교적 초대 교회에서도 전반적으로 공유되어 있었다. 초대 교부 중의 하나인 히폴리투스(Hippolytus)는 스올(하데스)에는 의인과 죄인이 모두 감금되어 있다고 주장했다. Ed Christian, "The Rich Man and Lazarus, Abraham's Bosom, and the Biblical Penalty Karet("cut off")," *JETS* 61(2018): 513-523. 위 주장은 p. 517에서 인용. 이러한 인식은 또한 요세푸스(The Antiquities of the Jews)에서도 나타난다(p. 518).

27 소천하신 어머니, 김미자 권사께서 병상에서 종종 하셨던 말씀이 기억난다. '분하고 원통하다.' 어머니께서는 비교적 젊은 나이에 쓰러지셔서 5년간 투병 끝에 주님의 품에 안기셨다. 자식들 다 키우고 편안하게 노후를 즐길 즈음에 쓰러지셨다. 어느 정도 기력이 있었을 당시 삶이 공평하지 않고 억울하다는 말씀을 하신 것을 기억한다. 그 후 말씀도 못 하시게 되었다. 그런데 돌이켜 보면 이 세상을 하직하면서 분하고 억울하지 않을 사람이 과연 한 명이라도 있을까 생각해 본다. 믿는 사람이든 그렇지 않든 모두가 분하고 원통할 것이다. 나도 그럴 것 같다. 결국 모두가 분하고 원통한 가운데 이 땅에서의 삶을 마무리하게 되어 있다. 결국 차이를 만드는 것은 죽음 이후의 세계라고 말할 수 있다.

28 나는 현재 우리 어머니가 이러한 모습으로 지내실 것이라고 확신한다. 5년간 병상에 누워 계시다 허망하게 돌아가셨지만 아브라함의 딸로, 하나님이 예수님께 보여 주었던 사랑과 위로, 보호, 만족 가운데 안식하고 계시다고 믿는다. 이제 분함과 원통을 내려놓고 아브라함의 품속에서 웃고 계시리라 믿는다.

29 원어민이나 랍비들이 발음하는 것을 보면 '슈마'에 더 가깝다. 'sh-m-'a'의 명령형이다.

30　신우철,『성서와 문명』(서울: 좋은땅, 2021), p. 73 참조.

31　예를 들어, 주기도문의 내용 가운데 '이름이 거룩히 여김을 받으시고…'는 히브리어로는 '이트카데쉬 쉼하(ithqadesh shimcha)'라고 한다. 누군가가 하나님을 거룩하게 만드는 개념이 아니라 하나님이 스스로를 거룩하게 한다는 의미이다. 참고로 주기도문의 이 부분은 전통적인 유대인 기도문에 흔히 나타나는데 이 내용들이 후대에 '아미다(standing)'라고 불리는 기도문으로 집대성되었다. '아미다'는 유대인들의 '주기도문'이라고 말할 정도로 그들에게는 가장 중요한 기도문인데 사실상 예수님이 가르쳐 준 기도에 그 기원을 두고 있다. 소위 메시아닉 유대인(예수를 메시아로 믿는 유대 신자들)들의 간증을 듣다 보면 주기도문과 '아미다'의 유사성에 큰 충격을 받았다는 이야기를 많이 듣는다. 유대인들이 신약성서를 읽으면서 예수를 자신들의 메시아로 믿게 되었다는 것이다.

32　이러한 기도의 의미를 이해하지 못하면 제자들의 기도가 부족했던 것으로 본문을 오해할 수 있다. Scott Spencer, "Faith on Edge: The Difficult Case of the Spirit-Seized Boy in Mark 9:14-29," *Review and Expositor* 107(2010): 419-424.

33　아래 구절에 '묵상'으로 번역된 말은 '라수아흐(to meditate)'이다. 이어지는 '들(field)'이라는 장소와 관련지어 다양한 해석이 가능하다. 먼저, 한글 본문 및 대부분의 번역이 채택하는 묵상이란 의미가 있다. 명사형인 '시아흐'가 대화라는 말이기 때문에 이러한 해석을 대부분 지지한다. 즉, 기도한다는 뜻이다. 하지만 또한 밭에서 일하다(planting)는 해석도 가능하다. 주로 미드라쉬적인 해석이다. 이 해석은 창세기 2장 5절에 나타난 바와 같이 '시아흐'가 관목이란 뜻에서 유추할 수 있다. 세 번째로 이삭이 들에서 산책하고 있었다는 해석도 가능하다. 이 해석은 아랍어 'saha'를 어원으로 보는 것이다. 어쨌든 이런 다양한 뜻을 모두 내포하고 있다고 보아도 상관은 없을 것이다. 이러한 이삭의 모습을 보고 리브가는 사랑에 빠졌다. 어쩌면 이런 다양한 모습에 리브가가 매력을 느꼈을 수도 있다. Zvi Ron, "Isaac's Personality and the Meaning of La-su'ah ba-Sadeh," *JBQ* 43(2015): 29-34. 또한 Gregory Vall, "What was Isaac Doing in the Field(Genesis xxiv 63)," *VT* 44(1994): 513-523도 참조하라.

34　뿐만 아니다. 리브가가 우물가에서 아브라함의 종을 만났을 때, 그녀는 아브라

함의 종이 요청하지 않은 부분까지도 제안함으로써 독립적이고 주도적인 모습 (창 24:25)을 보여 주었다. 이 부분에 대한 통찰은 Andrew Schein, "The Test of Rebecca," *Tradition* 31(1997): 28-33에서 얻었다.

35 후에 야곱은 14년 외에도 7년을 더 섬김으로 아내들의 가치를 더 빛내 주었다 (창 29:30).

36 왜 야곱은 첫째 므낫세 대신에 차남 에브라임을 장자로 입양했을까? 몇 가지 암시를 찾아보자. 에브라임은 '번성하다'는 뜻이다. 야곱은 두 손자를 부른 자리에서 하나님의 약속을 상기했다(창 48:3). 루스에서 나타난 하나님이 야곱에게 복을 주어 '생육(히: 파라)'하고 번성하게 할 것이라고 약속했다. 또한 야곱은 사랑했던 아내 라헬을 언급했다. 베냐민을 낳다 에브랏(베들레헴) 길에서 죽은 라헬을 추억했다. 에브랏이란 지명 역시 에브라임의 어원인 '파라'에서 유래했다. 이러한 이유로 야곱은 '잊다'는 뜻을 지닌 므낫세 대신에 하나님의 약속과 사랑했던 아내를 상기시키는 '에브라임'을 장자로 택하게 되었을 것이다. Zvi Ron, "The Preference of Ephraim," *JBQ* 28(2000): 60-61.

37 에브라임과 므낫세는 후에 이스라엘에서 가장 큰 지파로 성장하게 된다. 이스라엘이 북이스라엘과 남유다로 분열될 당시, 북이스라엘을 대표하는 지파는 '에브라임'이었고 북이스라엘을 에브라임이라고 부를 정도였다(호 4:17).

38 한글 성경은 대표적인 개역개정, 새번역 등에 지체 장애인들에 대한 번역이 여전히 시대의 변화를 따라가지 못하고 있음을 보여 준다. 벙어리, 소경, 앉은뱅이, 귀머거리 등이 그것이다. 이런 용어들이 성경에 등장할 뿐 아니라 설교 시 목회자의 입을 통해 나올 때 장애인들에게 큰 상처가 된다. 이미 교회 밖에서는 올바른 용어를 사용하고 있다. 벙어리는 언어장애인, 소경은 시각장애인, 앉은뱅이는 지체장애인, 귀머거리는 청각장애인이라는 적절한 용어가 있다. *기독신문*(2016. 04. 10).

39 저는 자, 다리 장애인의 회복은 '메시아' 시대의 증거이다. 저는 자는 히브리어로 '피세아흐(p-s-ch)'라고 한다. 원형인 p-s-ch는 유월절을 뜻하는 '페사흐'에도 사용된다. 따라서 p-s-ch는 원래 뛰어넘다(passover)라는 의미이다. 다리를 절다와 뛰어넘다는 서로 연관성이 없어 보인다. 유대 전승에 의하면 메시아가

다리를 저는 것이다. 이스라엘의 전승은 메시아가 유월절 때처럼 자신들을 구속할 것이라고 생각했다. 그런데 '유월'에 사용되는 단어가 또한 다리를 절다는 뜻으로 사용되기 때문에 이러한 전승이 시작된 것 같다. 구속사적으로 해석해 보면 예수님이 다리에 못이 박힘으로 다리에 장애를 입었다. 그런데 예수님이 부활했을 때 다리를 절었다는 기록이 없다. 예수님은 유월절 양이 되어 이스라엘을 구속하였다. 하지만 온전한 모습으로 부활하여 걸어 다녔다. 이처럼 다리를 저는 자가 완치되는 모습을 예수님 스스로 보여 주셨고, 공생애 기간 동안 저는 자를 회복시켰을 뿐 아니라, 사도들 역시 미문 앞에 앉아 있던 병자를 일으켜 세웠다. 이는 십자가에서 '절음발이'가 된 나사렛 예수가 바로 유대인들이 기다리던 메시아라는 사실을 보여 준다. 이방인들보다는 유대인들을 향한 표적이라고 말할 수 있다.

40 비단 모세의 부모뿐 아니라, 자녀들에 관한 언급도 직계 가족으로 한정된다. 두 가지 경우의 수가 가능하다. 첫째, 모세 이후 핵심 지도자로 부상할 제사장 계급을 부각하기 위해서이다. 따라서 모세보다는 아론의 가계도에 집중했다. 둘째, 모세 가족 내부의 문제이다. 모세는 미디안 여인 십보라 및 구스 여인을 아내로 맞이했는데(이 구스 여인이 십보라일 가능성도 있다), 이 자체가 문제가 되었을 수 있다. 게다가 탈무드에 의하면 모세의 아들 중 하나가 우상숭배에 빠졌다고 한다. Francis Nataf, "Moses's Non-Genealogy," *JBQ* 48(2020): 179-184.

41 현대 이스라엘에서 교육(education)을 '히누크'라고 한다. 같은 'ch-n-k' 어근으로 만들었다. 따라서 '하니크'는 교육받은 사람들, 즉 제자가 된다.

42 원문은 '교육받고, 태어난(educated and born)'으로 되어 있다.

43 이 논문은 2022년 5월 28일, 양재회관에서 열린 제28회 샬롬나비 학술대회에서 발표한 것이다.

44 이집트의 다신교 문화에 살던 이스라엘 백성들이 눈에 보이는 형상을 찾은 것은 당연하다. 두려움과 불안에 빠진 이들에게 있어 눈에 보이는 한 명의 신이 숲에 있는 두 명의 신보다 중요했다. John Holbert, "A New Literary Reading of Exodus 32, The Story of the Golden Calf," *QR* 10/3 (1999), p. 48.

45 출애굽기 32장과 그 이후에 전개되는 사건의 키워드는 '카할(q-h-l)'이다. 모이다, 소집하다는 뜻이다. 32장은 '카할'이 수동형(이카헬)으로 시작한다. 백성들을 이끌고 소집한 리더십이 없었음을 의미한다. 백성들은 모여든 것이다. 이와 대조적으로 공동체의 위기가 해소되는 35장은 '카할'이 능동형(능동 사역형)인 '야크헬'로 시작한다. 리더십이 복귀했다. 모세는 능동적이고 선제적으로 백성들을 소집했다.

46 이스라엘 회중들이 하나님을 대체한 다른 신을 섬기려 하기보다는 모세와 같은 중재자로서 금송아지를 만들었음이 분명하다. Michael Hundley, "What is the Golden Calf?," *CBQ* 79(2017), p. 598. 또한 Stephen Herring, "Moses as Divine Substitute in Exodus," *CTR* 9 (2012), pp. 53-68.

47 모세와 백성들이 이처럼 십계명 및 주요 계명을 계시받은 시점이 후에 소위 시반(Sivan)월 6일로 알려졌으며 이날은 첫 유월절(니산 15일) 이후 정확히 50일이 지난 시점이었다. 이날이 바로 칠칠절(샤부오트)이자 신약에서는 오순절로 불린다. 모세는 이 시반월 6일에 시내산에 첫 등정했으며 그로부터 40일이 지난 담무스(Tammuz) 17일에 하산하여 금송아지 사건을 목도하였다. 모세는 십계명 돌판을 파괴했으며 소위 네 번째 달 금식은 이날을 기념한다(슥 8:19). 이날은 후에 솔로몬 성전이 파괴된 아브달 9일(티샤 베 아브)로 이어지는 일련의 사건에도 등장한다. 이날 느부갓네살 군대에 의해 예루살렘 성벽이 파괴되고 이어 아브달 9일 성전마저도 같은 운명을 맞았다. 자세한 논의는 신우철, 『학개/스가랴』(서울: 연세대 대학출판문화원, 2021), pp. 254-255를 참조하라.

48 왜 하필이면 '송아지'였을까에 대한 현재까지의 가장 합리적 대답은 이집트에 존재했던 '아피스 황소(Apis Bull)' 제의이다. '아피스'로 불린 이 황소와 관련한 제의는 이집트 초기 왕조부터 존재했을 정도로 역사가 깊다. 실제로 '아피스'로 선택된 살아 있는 황소는 멤피스에 있는 '프타(Ptah)' 신전에서 사육되었다. 이 황소는 프타, 오시리스, 아툼 등 이집트의 전통적 주신(主神)의 현현, 혹은 매개체로 여겨져 신의 뜻을 전달하는 것으로 여겨졌다. 이집트인들은 신전에서 이 황소를 통해 신의 뜻을 물었고 신탁을 받았다. 하지만 아피스로 지목된 소는 시간이 지나면서 자연사하기 마련이었고, 새로운 아피스 황소가 될 송

아지를 전국에서 찾기 시작했다. 드디어 새 후보가 될 송아지가 확정되면 40일간 닐로폴리스(Nilopolis: '나일의 도시')에서 관찰하며 준비시켰다가 황금 상자에 넣어 배로 프타 신전으로 이송시켰다. 이집트인들은 이 송아지를 신의 현현으로 여기며 아피스 숭배를 이어 나갔다. 이러한 제의는 이집트에 오래 거주했던 히브리인들에게 알려졌고, 모세가 부재한 상황에서 하나님의 뜻을 알고자 금송아지 형상을 제작한 듯하다. Aidan Dodson, Divine Creatures: Animal Mummies in Ancient Egypt (Cairo/New York: The American University in Cairo Press, 2005), pp. 72-105. 또한 Allan Langner, "The Golden Calf and Ra," *JBQ* 31(2003), pp. 43-47에서 '아피스 불'과 '라'와의 관련성도 확인하라.

49   원문은 '마음이 자원하다(his heart volunteers)'이다.

50   현대인들이 정보, 사실에 접근하는 구글, 유튜브 등 검색 엔진들은 모두 개인화된 정보만을 제공한다. 이런 기업들이 채택하고 있는 맞춤식 알고리즘은 객관적 사실이나 진리가 아닌 각 개인이 원하는 정보, 각 개인과 동일하거나 유사한 생각을 가진 집단이 제공하는 정보만을 노출시킨다. 이로써 개인은 자신의 생각을 객관적으로 검증할 수 없으며 자신의 생각이나 의견이 객관적인 진리라고 더욱 확신하게 된다. 현대인들의 극단주의(extremism)는 이러한 정보 취득 방식에 근거한다. 자신과 동일한 생각을 가진 정보에 장기간 노출될 경우 극단주의적 사고로 경도될 가능성이 높아진다. Cass Sunstein & Reid Hastie, Wiser: Getting Beyond Groupthink to Make Groups Smarter (Boston: Harvard Business Review Press, 2014), pp. 84-85. 마크 저커버그(Mark Zuckerberg) 역시 자신의 페이스북 계정에 올린 'Building Global Community'에서 소셜 미디어가 분열(divisiveness)과 외로움(isolation)에 기여할 것이라고 고백했다. https://m.facebook.com/nt/screen/?params=%7B%22note_id%22%3A370797 1095882612%7D&path=%2Fnotes%2Fnote%2F&refsrc=deprecated&_rdr.

51   미 바이든 정부는 2022년 4월 11일부로 모든 여권에 gender x를 표기한다. 스스로 남성, 여성 어느 쪽도 속하지 않은 제3의 성을 선택할 권리를 부여한 것이다. 나아가 2023년부터는 모든 연방정부 서류에도 동일한 성정체성 표기가 허용될 것이다.

https://www.state.gov/x-gender-marker-available-on-u-s-passports-starting-april-11/ 미 국무부 2022년 3월 31일.

52 우크라이나-러시아 전쟁 가운데 일치된 행동을 보이던 EU가 균열을 보이고 있다. 유럽사법재판소(ECJ)는 최근 폴란드와 헝가리에 제재를 가했다. 이유는 두 나라가 LGBT 등에 대한 정당한 인권을 보호하지 않고 있다는 것이다. EC 회원국인 폴란드와 헝가리는 법치와 연대라는 '보편적 가치'를 거부하고 있다고 재판소는 판결하며, 300억 파운드의 지원금 지원을 보류시켰다. 피난민 수용 등 우크라이나에 대한 인도적 지원에 결정적 역할을 담당하고 있는 폴란드에 대한 이러한 비우호적 판결은 젠더 이슈가 전쟁과 같은 인도주의적 위기 해결까지 흔들고 있음을 보여 준다. 폴란드와 헝가리는 기독교적, 전통적 가치를 중요하게 여기는 우파 정부가 정권을 잡고 있으며 두 나라 모두 최근에도 우파 정부가 다시 정권을 잡았다.
https://www.reuters.com/world/europe/eu-top-court-dismisses-polish-hungarian-rule-law-challenge-2022-02-16/
바이든 정부는 또한 우크라이나-러시아 전쟁으로 야기된 난민 100,000명을 미국으로 이주시킬 계획을 밝히면서 LGBTQ+를 우선적으로 선발하겠다고 공표하였다.
https://www.hrc.org/press-releases/president-biden-announces-steps-to-make-it-easier-for-lgbtq-ukrainians-to-enter-united-states(2022년 3월 24일).

53 생명과 반대되는 개념은 죽음이다. 구약의 율법은 따라서 생명의 증가와 반대되는 모든 현상을 '부정(타메)'으로 규정한다. 자녀의 출산은 생명의 증가로 거룩한 것이지만 동시에 출산을 통해 산모의 생명이 감소했다는 의미에서 모든 산모는 부정해지며 속죄제를 드려야 한다. 여아를 출산할 경우 정결례 기간이 88일로 남아의 경우보다 2배가 긴 이유는 여아의 경우 생명을 잉태하고 창조하는 능력이 존재하고 있기 때문이다. 즉, 어머니는 딸을 출산함으로써 자신으로부터 아들의 경우보다 더 큰 생명을 빼앗김으로 생명이 크게 감소했다. 신우철,『성서와 문명』(서울: 좋은땅, 2021), pp. 14-19.

54 낙태는 인간의 수명을 4주-수개월로 감소시키고, LGBTQ+ 커뮤니티에 속한 사람들 역시 일반인 대비 20-30년 낮은 기대수명을 보인다. 이는 금송아지 사

건으로 수명이 단축된 회중 일부 사례와 대비된다. 이에 비해 장수와 만족은 하나님의 축복 가운데 하나이다(시 91:16).

55 성공회 대학은 2022년 3월 국내 대학 가운데 최초로 '모두의 화장실'을 설치했다.

56 이때 모세의 반응을 '편도체 납치(amygdala hijack)'란 개념으로 설명할 수 있다. 이는 내가 아닌 어떤 감정이 뇌를 지배하는 듯한 현상을 가리키는 것으로 극도의 스트레스에 대한 감정적 반응이다. 편도체 납치를 겪을 때 자신의 감정을 통제하지 못하게 된다. Daniel Goleman, *Emotional Intelligence: Why It Can Matter More than IQ* (New York: Random House, 2020), Part 1. chap. 2 Anatomy of an Emotional Hijacking. 하지만 이때 죽임을 당한 회중 3,000명은 첫 오순절에 구원을 받은 3,000명에 의해 상쇄되었다. 죄에 따른 심판이 용서와 구원으로 치환된 것으로 모세의 보복이 해소된 것으로 읽을 수 있다.

57 이렇듯 금송아지 사건에 대한 모세의 대응에 대한 신학적 해석은 대체적으로 부정적이다. Philippa Byrne, "Exodus 32 and the Figure of Moses in Twelfth Century Theology," *JTS* 68(2017), pp. 688-689.

58 "의회는 종교를 만들거나, 자유로운 종교 활동을 금지하거나, 발언의 자유를 저해하거나, 출판의 자유, 평화로운 집회의 권리, 그리고 정부에 탄원할 수 있는 권리를 제한하는 어떠한 법률도 만들 수 없다." 국교금지, 자유로운 종교 활동보장의 원칙이 명시되어 있다. 또한 정교분리의 원칙으로 해석되기도 한다.

59 Alexis de Tocqueville, *Democracy in America* (New York: Vintage Books, 1954), p. 314.

60 Ibid p. 319.

61 토크빌은 '강한 결혼관계(strong marriage)'라고 표현했다. 교회를 통해 결혼이라는 관계가 형성되고 가정이 사회적 유대와 구조의 기본 단위라고 파악했다.

62 Ibid p. 340.

63 이에 대한 대책으로 보수 정권에서 '작은 정부'를 외치지만 작은 정부를 보완할 '큰 사회'가 없다면 작은 정부의 효율성도 확보할 수 없다. 교회는 '큰 사회'를 만들 유일한 주체이다.

64 한국의 상황에 빗대자면 결혼 적령기 청년들이 결혼 여부를 결정할 때 가정 구

성에 대한 본인의 확신보다는 정부 시책이 더 중요해지는 것이다.

65 토크빌은 미국 지역사회 내의 다양한 형태의 자발적 자선단체, 조합, 기구, 조직들이 개인주의를 배제하고 정부에 대한 과도한 의존을 줄일 수 있는 핵심적 장치라고 주장했다.

66 토크빌은 이를 '공동체의 예술(art of associations)'이라 칭하고 '자유의 도제(apprentice of liberty)'라고 불렀다.

67 Robert Putnam, *Making Democracy Work: Civic Traditions in Modern Italy* (Princeton: Princeton University Press, 1993), pp. 89-91.

68 그런 의미에서 출애굽기 35장은 '바 야크헬(and he assembled)'로 시작한다. 모세는 이제 군중이 아닌 회중(케힐라)을 만들고 있다.

69 모세는 백성들이 '방자(파루아)'하였다고 적고 있다(출 32:25). 게제니우스에 의하면 이는 옷을 입지 않은 상태(naked)이며 고삐가 풀린 것이다. 혼동과 무질서가 극에 달하여 부끄러움조차 개의치 않은 수준까지 이르렀음을 보여 준다(롬 1:32).

70 유대인은 이러한 개념을 '찜쭘(contraction)'이라고 부른다. 창조주 하나님이 잠시 물러나 인간이 스스로 하나님을 위해 무엇인가를 창조하도록 스스로를 위축시킨다는 개념이다(R. Isaac Luria, 'self-effacement'/'self-limitation'). 하나님이 인간이 살 공간을 창조했다면 이제 인간이 하나님을 위해 '성막'을 창조한다. 이런 의미에서 세상 창조(창 1-2장)와 성막 제조(출 39-40장)는 병렬적이다. Shimon Bakon, "Creation, Tabernacle, and Sabbath," *JBQ* 25(1997), pp. 79-85에 창세기의 우주 창조와 성막 창조의 유사성이 자세히 나타난다. 또한 신우철 『학개/스가랴』(서울: 연세대 대학출판문화원, 2021), pp. 26-30을 참조. 이때 인간은 창조주 하나님의 형상을 드러내고 서로의 공간을 제공함으로 협력한다. 고대 근동의 '왕조 사상(Royal State Ideology)'을 대체할 수 있는 구약의 성전 건축 개념이다.

71 개인의 보편적 자유는 히브리 노예들이 이집트에서 첫 유월절 예배(아보다, service)를 드리며 실현되었다. 예배를 '서비스'로 부르는 이유는 예배가 '서비스(종살이)'에서 시작되었기 때문이다. 사람을 섬기는 노예의 노동(service)이

하나님을 섬기는 것이 될 때 그것은 더 이상 노동이 아니라 예배(service)가 된
다. 따라서 출애굽 이후 자유로운 이스라엘이 하나님을 섬기겠다는 선언은 예
배의 시작인 동시에 자유의 선포인 것이다. 그리고 그 자유를 광야를 거쳐 약속
에 땅에서 성취하였다. 고대 이스라엘이 누렸던 보편적 자유는 그리스도의 가
시 면류관 사역을 통해 모든 인류에게 주어졌다. 따라서 유대-기독 전통의 예
배는 단순한 종교적 의례가 아닌 모든 인류가 하나님 앞에서 자유인이라는 선
포에 다름 아닌 것이다. 신우철, 『성서와 문명』(서울: 좋은땅, 2021), pp. 39-44.

72 기독교가 개인주의를 입을 때 '타자는 지옥(hell is other people)'이다(사르트르).

73 '케힐라'라는 형태로 여성형도 존재한다. 이스라엘을 지칭한 것으로 오직 2회
만 등장한다(신 33:4, 느 5:7).

74 성막(미쉬칸)과 관련 이를 회막(Tent of Meeting)이라고 부르는데 이때 회막은
'오헬 모에드'를 번역한 것이다. '모에드'가 '야아드'에서 온 것으로 정해진 장소
나 시간을 의미한다.

75 이 사건에 관한 자세한 논의는 신우철, 『유대인의 메시아』(서울: 장신선교,
2022), pp. 64-68을 참조. 이스라엘 회중(에다)의 실패는 가나안 탐지의 목적을
잘못 이해했기 때문이다.

76 고라의 반역에 동참한 무리를 지칭할 때도 '에다'를 사용했다(민 16:22).

77 신우철, 『유대인의 메시아』(서울: 장신선교, 2022), pp. 115-117을 참조.

78 이와 관련 1950년대 실시된 무자퍼 쉐리프(Muzafer Sherif)의 '강도의 동굴
(Robber's Cave)' 실험은 큰 의미가 있다. '파리의 대왕(Lord of Flies)'과 대척점
에 있는 이 실험은 극한의 대립을 보이던 두 집단(십 대 소년들로 구성)이 서로
알아가는 과정과 공통의 문제 해결, 목표를 통해 어떻게 화해하고 건강하고 친
밀한 집단으로 변화될 수 있는지 보여 준다(가디언지 2018년 4월 16일). 한국
교회 역시 비슷한 시도를 해 볼 것을 제안한다. 정치적 스펙트럼이 상반된 교회
나 단체가 서로 만나 서로의 신학을 공유하고 이해하며 공통의 문제와 목표를
함께 해결한다면 교회 간의 반목과 갈등을 해결할 수 있을 것이라고 생각한다.

79 물론 '구원'이라는 뜻의 '예슈아'는 'y-sh-w-'a-h'이며 예수의 히브리어 이름 '예슈
아'는 'y-sh-w-'a'로 '구원'의 예슈아는 '헤이(h)'가 첨가되어 있다. 하지만 두 단

어의 원형(root)은 'y-sh-'a'로 동일하다. 발음도 동일하며 뜻도 동일하다. 구약에 나타난 '구원(예슈아)'을 고유명사, 혹은 예수라는 이름으로 넣어 읽어도 무방하다.

80 자세한 논의는 다음을 참조하라. Itamar Kislev, "What Happened to the Sons of Korah? The Ongoing Debate Regarding the Status of the Korahites," *JBL* 138 (3, 2019): 497-511.

81 삿 17:7, 9 및 삿 19:1을 참조하라.

82 고라 자손들에 대한 전반적인 논의는 다음을 참조하라. Itamar Kislev, "What Happened to the Sons of Korah? The Ongoing Debate Regarding the Status of the Korahites," *JBL* 138 (3, 2019): 497-511.

83 유월절은 '니산월' 15일에 시작한다. '저녁-아침'으로 하루를 계산하는 성경의 원칙에 따라 우리의 개념으로는 '니산월' 14일 저녁 6시쯤(해가 질 때) 유월절이 시작한다. 따라서 유월절에 사용할 어린 양은 이날(14일) 해가 지기 전에 잡아야 한다. 각 가정에서는 적어도 오후 3시쯤 이 작업을 완료했을 것이다. 당시 성전에서도 유월절 어린 양을 도살했는데 성전과 각 가정에서 일시에 유월절 어린 양을 도살하는 그 시간에 골고다 언덕에서 한 죄인이 십자가에서 죽음을 맞이했다.

84 'b-a-l'은 가나안 지역의 주요 신인 '바알'이란 뜻 외에 주인(master), 남편(husband)이란 의미도 있다. 히브리어도 남편을 '바알'이라고 한다. 신우철, 『성서와 문명』 (서울: 좋은땅, 2021), pp. 28-31 참조.

85 자세한 논의는 신우철, 『유대인의 메시아』 (서울: 장신선교, 2022), pp. 99-101를 참조하라. 칼랄의 본질적 의미를 이해할 수 있다.

86 '베인 아르바임'을 번역한 것인데 문자적으로는 '두 저녁 사이'라는 뜻이다. '저녁-아침'을 하루로 생각하는 히브리 사고에 기반한다. 따라서 이 문구는 '해가 지기 전'을 의미한다. 좀 더 구체적으로는 '해 지기 몇 시간 전'으로 이해하면 된다. '해질녘'이란 좋은 우리말이 있다. 유월절 양은 바로 이 시간(베인 아르바임)에 도살하는데 비둘기가 감람 잎을 물고 온 시간은 '저녁때'였다. 유월절 양이 도살된 이후이다. 그리스도의 죽음으로 노아는 희망을 본 것이다.

87 번제(burnt offering)의 의미에 대해서는 신우철,『성서와 문명』(서울: 좋은땅, 2021), pp. 32-38 '번제와 정신분석학'을 참조하라.

88 신우철,『유대인의 메시아』(서울: 장신선교, 2022), pp. 49-52를 참조하면 이와 관련한 세례의 의미도 새롭게 이해할 수 있다.

89 이와 관련하여 신우철,『유대인의 메시아』(서울: 장신선교, 2022), pp. 14-17도 유익할 것이다.

90 25절의 '그(못) 위에 걸린 물건(히: 마싸, load)' 또한 엘리아김이 유다의 집단 적 죄를 짊어질 것을 의미한다. 그의 죽음으로 이스라엘의 죄를 속할 것이 다. Trevor Tibbertsma, "O Happy Fall? What Happened to Eliakim in Isaiah 22:15-25?," *ABR* 68 (2020) 16-27.

91 이사야는 머릿돌 기준으로 두 가지를 제시한다. 우리말 성경은 '견고한 기초돌' 이라고 표현하여 마치 견고함이 세 번째 조건처럼 되어 있지만 이는 '무사드, 무사드(foundation)'라는 말을 의역한 것이다. 즉, 기초돌을 강조한 것이지 조 건을 제시한 것 같지는 않다.

92 아시리아는 결국 기원전 609년 바벨론에 의해 멸망했다. 고대 아시리아 제국의 후예들은 지금도 정체성을 지니고 살아가고 있다. 전 세계적으로 2-5백만 명의 아시리아 혈통의 소수민족으로 살아간다. 흥미로운 사실은 이들이 대부분 기 독교(시리아 정교)를 믿고 있다는 점이고 주로 이라크와 시리아 지역에 흩어져 산다. 최근 IS 및 시리아 내전으로 인해 주요 거주지가 많이 파괴되었고 종교적 핍박이 거세져 기도가 필요하다(위키피디아, Assyrian people). 마지막 때에 아 시리아는 이집트와 함께 이스라엘과 동일한 지위를 누릴 민족이다(삿 19:24).

93 적그리스도(Anti-Christ)는 그리스도를 적대한다는 의미보다는 그리스도 예 수를 대체(replace)한다는 의미가 강하다. 헬라어 '안티'는 누군가를 대신하다 (instead of)라는 의미가 포함되어 있다. 주위를 돌아보면 그리스도 예수를 부 인하고 적대시하는 것보다 예수 대신에 자신을 대입하여 스스로 그리스도가 된 사람들이 창궐하고 있음을 알 수 있다.

94 히브리어의 소망(티크바)은 아마 성경 전체에서 가장 위력적인 단어라고 주장 할 수 있다. 이 단어는 단순한 희망을 뛰어넘는다. '티크바'는 물과 관련 있다.

태초에 존재했던 원형 물질이 물이다. 태고의 물에게 명령하여 한 곳에 모이게 하였다. 이때 물을 모으다(gather the water)는 말이 희망, 소망의 뜻인 '티크바'의 원형이 되었다. 하나님께 소망을 둔다는 것은 천지의 창조주에게 이 태곳적 능력을 다시 한번 사용해 달라는 요청이다.

95 신우철, 『유대인의 메시아』(서울: 장신선교, 2022), pp. 115-117 '자색 옷'을 참조하라.

96 다윗은 아들들을 '대신'에 임명하였는데, 이때 '대신(히: 코하님, priests)'은 '제사장'을 의미한다.

97 현대 사회는 교회에서조차 십일조에 대한 거대한 부정적 담론이 존재한다. 그리스도인들은 절대 흔들리지 말아야 한다. 십일조는 내가 가진 모든 것이 하나님에게서 왔다는 믿음을 선언하는 것이다.

98 비록 예수님이 유다 지파의 자손으로 오셨지만 유대인들은 메시아의 모습이 또한 한편으로 요셉의 '자손'이라는 점을 알고 있었다. 즉 메시아는 다윗의 자손과 요셉의 자손의 모습을 함께 지니고 있다. 이것은 정통 유대교의 공식 입장이기도 하다. 이 사실은 기독교인에게 잘 알려져 있지 않다. 따라서 그리스도인들에게도 시사하는 바가 크다. 요셉의 형제들은 요셉을 노예로 팔았다. 예수님 역시 유대인들에게 의해 로마의 재판에 넘겨졌다. 후에 형제들은 이집트의 이인자가 된 요셉을 뒤늦게 알아보았다. 미래의 어느 순간 유대인들은 자신들이 못 박은 나사렛 예수가 자신들의 메시아라는 사실을 깨닫게 될 것이다. 요셉이 야곱의 모든 집안을 구원한 것처럼 예수님 역시 모든 이스라엘을 구원하게 될 것이다(롬 11:26).

99 예후다에 들어 있는 동사는 '야다(유드, 달렛, 헤이, to throw)'이다. 원래 무엇인가를 던진다는 뜻이지만 감사하다는 의미로 쓰일 때는 주로 '히프일(레호도트)' 형태로 쓰인다. 따라서 '레호도트'는 마치 손을 펴서 상대방에게 던지듯 취하는 모습이 감사의 의미로 이해되는 것 같다. 재귀형인 '히트파엘' 형은 '고백하다(confess)'라는 의미로 쓰인다(레 5:5; 16:21; 26:40). 스스로를 던지는 모습에서 이 의미를 짐작할 수 있다.

100 흔히 웨스트 뱅크(West Bank)라고 불리는 유대-사마리아 지역(Judea-Samaria)

이 그것이다.

101 표적과 이적(기적)의 차이는 본서 '표적과 기적'을 참조하라. 요한복음 2장의 첫 표적은 표적이자 이적에 해당하는 경우이다. 따라서 본 소고에서는 두 어휘를 혼용해서 사용해도 무방하다.

102 또한 신우철, 『성서와 문명』(서울: 좋은땅, 2021), pp. 157-160을 읽어 보라. 하나님의 창조와 예수님의 창조를 비교하였다.

103 혹은 무(無)의 상태에서 포도주를 창조했을 수도 있다. 물통에 들어 있는 물은 하나님의 천지창조 이전을 나타내는 장치일 수 있다(창 1:2). 물은 창조 이전의 혼돈, 흑암, 깊음과 함께 '무'의 표상이다. 예수님은 자신이 세상을 만든 창조주임을 드러내기 위해 포도주를 창조해 내었다. 『성서와 문명』(서울: 좋은땅, 2021), pp. 157-160.

104 이 구절에서 '소원'으로 번역된 말은 히브리어 '아디'가 원형으로 알려져 있다. 사전이나 주석을 찾아보면 알겠지만 정확한 의미는 확실하지 않다. 나이(age), 장신구(trappings), 심지어 입(mouth)까지 다양하다(Gesenius). 확실하지 않다는 것은 해석에 다양한 가능성을 부여한다는 장점이 있다. 개인적으로 '입'을 선호한다. 내 입이 구하는 것을 하나님이 좋은 것으로 만족하게 하신다는 의미가 되기 때문이다. 하나님의 창조성을 드러낼 수 있기도 하다.

105 나사로는 히브리 이름 '엘아자르(God helps)'의 헬라식 이름이다. '하나님이 도우시다'는 뜻이다.

106 유대인들은 죽은 자의 영혼이 3일 동안은 시신 위에서 떠돈다고 생각했다(예루살렘 탈무드 16:3). 영혼이 다시 몸으로 돌아올 수도 있다고 생각한 것이다. 사해 근처에서 발견된 돌 비문에도 3일 내 회생이라는 사상이 유대인 사이에 있었음을 알 수 있다. "나 가브리엘이 명하노니 3일 이후 살아날지어다"(*Gabriel's Revelation Stone*: 이스라엘 박물관). 예수님이 나흘째 나사로 무덤에 간 이유는 이러한 가능성을 완전히 배제시키고 부활시키기 위해서이다. 또한 죽음에서 일으키다(헬: 아이로, raise up)는 뜻의 '아이로'가 포도나무의 비유에서도 쓰였다. 열매를 맺지 못하는 가지는 제거하신다(헬: 아이로). 아이로의 일반적인 뜻을 배제하고 '제거하다'로 번역할 이유가 없다. 열매를 맺지 못

하는 가지는 (지지대를 세워) 세운다로 이해할 필요가 있다(요 15:2).

107 마태복음 9장 30절에도 '엠브리마오마이'의 원래 뜻이 잘 드러난다. 두 맹인의 눈을 고치신 예수님은 이들에게 엄히 경고(헬: 엠브리마오마이)하여 아무에게도 말하지 말라고 하였다. 분노한 표정의 엄격함을 나타낸다.

108 혹시 이것이 스올에서 부자가 말했던 불꽃이 아닐까? 본서 '아브라함의 품'을 참조하라(눅 16:24).

109 예루살렘 탈무드 16:3.

110 원문의 의미를 확실하게 보여 주기 위해 새번역을 사용했다. 개역개정은 다음과 같다. "젊은 자들아. 이와 같이 장로들에게 순종하고 다 서로 겸손으로 허리를 동이라. 하나님은 교만한 자를 대적하시되 겸손한 자들에게는 은혜를 주시느니라."

111 신우철,『구약에 나타난 그리스도』(서울: 좋은땅, 2020), pp. 107-112에 자세히 논의했다.

112 유대인(Jews)은 히브리어 '예후딤'의 번역이다. 예후딤은 '예후디'의 복수 형태이다. '예후디'는 '예후다(Judah)' 사람이란 뜻이다. 즉 유다 사람이란 말이다. 바벨론 포로기 이후 예루살렘으로 귀환한 사람들의 대부분이 유다 지파 출신이었다. 따라서 이스라엘이 유다인으로 불리게 된 것이다.

113 가룟 유다(Judas Iscariot)는 히브리어 '예후다 이쉬 크리요트'의 헬라어 표현으로 보인다. 즉 '크리요트' 출신의 남자(이쉬), 유다(예후다)라는 뜻이다. 동명이인이 많았기 때문에 출신지를 뒤에 붙여 구분한 듯하다.

114 현재의 magician(마술사)의 어원이다.

성서와 리더십

ⓒ 신우철, 2024

초판 1쇄 발행 2024년 12월 1일

지은이   신우철
펴낸이   이기봉
편집   좋은땅 편집팀
펴낸곳   도서출판 좋은땅
주소   서울특별시 마포구 양화로12길 26 지월드빌딩 (서교동 395-7)
전화   02)374-8616~7
팩스   02)374-8614
이메일   gworldbook@naver.com
홈페이지   www.g-world.co.kr

ISBN   979-11-388-3770-5 (03230)